Kohlhammer

Der Autor

Dr. Peter Conzen, Studium der Psychologie mit dem Abschluss Diplom-Psychologe. Stipendiat der bischöflichen Studienförderung des Cusanuswerkes. Promotion über Leben und Werk des Psychoanalytikers Erik Homburger Erikson. Ausbildungen in psychoanalytisch-systemischer Familientherapie und in psychoanalytisch-systemischer Kurztherapie. Seit 1985 Mitarbeiter in der Beratungsstelle für Eltern, Jugendliche und Kinder des Caritasverbandes für die Stadt Bonn e. V., seit 2005 Leiter der Stelle. 1999 Approbation zum psychologischen Psychotherapeuten. Von 2003 bis 2009 Lehrbeauftragter der Universität Bonn. Wissenschaftliche Veröffentlichungen zum Werk Erik H. Eriksons, zur psychoanalytischen Entwicklungspsychologie, zur Identitätsforschung, zu Themen von Extremismus, Fanatismus und Totalitarismus. Hauptwerke: »Erik H. Erikson. Leben und Werk«, Stuttgart 1996 (Kohlhammer); »Fanatismus. Psychoanalyse eines unheimlichen Phänomens, Stuttgart 2005 (Kohlhammer); »Die bedrängte Seele. Identitätsprobleme in Zeiten der Verunsicherung«, Stuttgart 2017 (Kohlhammer).

Peter Conzen

Erik H. Erikson

Grundpositionen seines Werkes

2. Auflage

Verlag W. Kohlhammer

Dieses Werk einschließlich aller seiner Teile ist urheberrechtlich geschützt. Jede Verwendung außerhalb der engen Grenzen des Urheberrechts ist ohne Zustimmung des Verlags unzulässig und strafbar. Das gilt insbesondere für Vervielfältigungen, Übersetzungen, Mikroverfilmungen und für die Einspeicherung und Verarbeitung in elektronischen Systemen.

Pharmakologische Daten verändern sich ständig. Verlag und Autoren tragen dafür Sorge, dass alle gemachten Angaben dem derzeitigen Wissensstand entsprechen. Eine Haftung hierfür kann jedoch nicht übernommen werden. Es empfiehlt sich, die Angaben anhand des Beipackzettels und der entsprechenden Fachinformationen zu überprüfen. Aufgrund der Auswahl häufig angewendeter Arzneimittel besteht kein Anspruch auf Vollständigkeit.

Die Wiedergabe von Warenbezeichnungen, Handelsnamen und sonstigen Kennzeichen in diesem Buch berechtigt nicht zu der Annahme, dass diese frei benutzt werden dürfen. Vielmehr kann es sich auch dann um eingetragene Warenzeichen oder sonstige geschützte Kennzeichen handeln, wenn sie nicht eigens als solche gekennzeichnet sind.

Es konnten nicht alle Rechtsinhaber von Abbildungen ermittelt werden. Sollte dem Verlag gegenüber der Nachweis der Rechtsinhaberschaft geführt werden, wird das branchenübliche Honorar nachträglich gezahlt.

Dieses Werk enthält Hinweise/Links zu externen Websites Dritter, auf deren Inhalt der Verlag keinen Einfluss hat und die der Haftung der jeweiligen Seitenanbieter oder -betreiber unterliegen. Zum Zeitpunkt der Verlinkung wurden die externen Websites auf mögliche Rechtsverstöße überprüft und dabei keine Rechtsverletzung festgestellt. Ohne konkrete Hinweise auf eine solche Rechtsverletzung ist eine permanente inhaltliche Kontrolle der verlinkten Seiten nicht zumutbar. Sollten jedoch Rechtsverletzungen bekannt werden, werden die betroffenen externen Links soweit möglich unverzüglich entfernt.

2. Auflage 2020

Alle Rechte vorbehalten
© W. Kohlhammer GmbH, Stuttgart
Gesamtherstellung: W. Kohlhammer GmbH, Heßbrühlstr. 69, 70565 Stuttgart
produktsicherheit@kohlhammer.de

Print:
ISBN: 978-3-17-038690-7

E-Book-Formate:
pdf: 978-3-17-038691-4
epub: 978-3-17-038692-1
mobi: 978-3-17-038693-8

Inhalt

Vorwort zur zweiten Auflage 9

Einleitung 11

1 **Leben und Werk Erik H. Eriksons** 13
   1.1 Kindheit, Jugend, psychoanalytische Ausbildung ... 13
   1.2 Der Aufstieg in den Vereinigten Staaten 17
   1.3 Eriksons Identität als Psychoanalytiker 21

2 **Eriksons Identitätspsychologie** 24
   2.1 Die Vielschichtigkeit des Identitätsbegriffs 24
   2.2 Eriksons Identitätsbegriff – der Ich-psychologische Aspekt 28
   2.3 Eriksons Identitätsbegriff – soziokulturelle, ethisch-religiöse und unbewusste Aspekte 32
   2.4 Eriksons Identitätsbegriff – der genetische Aspekt .. 37
   2.5 Identitätskrise des Identitätsbegriffs? 41

3 **Eriksons sozialpsychologische Beiträge** 46
   3.1 Die Gesellschaft ist keine »Außenwelt« 46
   3.2 Wechselseitige Regulation und das Prinzip der Generativität 51
   3.3 Die Pseudo-Arten des Menschseins 55
   3.4 Soziale Ritualisierung 60
   3.5 Totalitarismus 65
   3.6 Verwässert Erikson Freuds Kulturkritik? 69

4	**Die acht Stufen des menschlichen Lebenszyklus**	**72**
4.1	Die Säuglingszeit: »Urvertrauen vs. Urmisstrauen«	72
4.2	Das Kleinkindalter: »Autonomie vs. Scham und Zweifel«	79
4.3	Das Kindergartenalter: »Initiative vs. Schuldgefühl«	84
4.4	Die Grundschulzeit: »Werksinn vs. Minderwertigkeitsgefühl«	89
4.5	Die Adoleszenz: »Identität vs. Identitätsdiffusion«	92
4.6	Das junge Erwachsenenalter: »Intimität und Distanzierung vs. Isolierung«	98
4.7	Die mittleren Lebensjahre: »Generativität vs. Stagnation«	102
4.8	Das hohe Erwachsenenalter: »Integrität vs. Verzweiflung und Ekel«	106
4.9	Eriksons Beitrag zur Entwicklungspsychologie	109

5	**Die Neuformulierung der Triebtheorie**	**112**
5.1	Modi und Modalitäten	112
5.2	Die kulturelle Prägung der kindlichen Modi	118
5.3	Weibliche und männliche Geschlechtsidentität	121
5.4	Erziehung in zwei nordamerikanischen Indianerstämmen	125

6	**Erikson und die Lehre vom Unbewussten**	**132**
6.1	Die negative Identität in Mensch und Gruppe	132
6.2	Eriksons Traumlehre	136
6.3	Das Spiel als Botschaft des kindlichen Unbewussten	139

7	**Die ethischen und religiösen Beiträge Eriksons**	**144**
7.1	Das Drei-Phasen-Modell der Gewissensentwicklung	144
7.2	Ideologien und das Bedürfnis nach Sinn	148
7.3	Erikson zum Verhältnis von Psychoanalyse und Religion	153

8	**Erikson als Kliniker**	**158**
8.1	Eriksons ganzheitliches Krankheitsverständnis	158

	8.2	Neurosen und gestörte Organmodi	160
	8.3	Zustände der Identitätsverwirrung und Psychosen	164
	8.4	Die Identitätsverwirrung des Jugendlichen	167
9	**Der junge Mann Luther**		**174**
	9.1	Erikson als Psychohistoriker – die Auseinandersetzung mit Luther	174
	9.2	Luthers Kindheit und Jugend	179
	9.3	Das Moratorium im Kloster und die Entstehung einer neuen Theologie	185
	9.4	Der Weg in die Reformation	190
	9.5	Kann Erikson den historischen Luther erfassen?	195
10	**Gandhis Wahrheit**		**200**
	10.1	Auf den Spuren des Mahatma	200
	10.2	Gandhis Kindheit in der Großfamilie	204
	10.3	Jugend und Studium in England	209
	10.4	Gandhi als Rechtsbeistand in Südafrika	213
	10.5	Das »Ereignis« von Ahmedabad	218
	10.6	Eriksons Nähe zu Gandhis Wahrheit	223
Nachwort			**228**
Literatur			**231**
Personen- und Sachregister			**237**

Vorwort zur zweiten Auflage

Es hat mich sehr gefreut, dass das vorliegende Buch – verkürzte Fassung meiner bereits 1996 im Kohlhammer-Verlag erschienenen Veröffentlichung über Leben und Werk Erik Homburger Eriksons – nunmehr eine zweite Auflage erfährt. Nach wie vor gilt Erikson als einer der bedeutendsten Vertreter der Psychoanalyse nach dem Zweiten Weltkrieg, dessen ungemein anregendes und vielfältiges Werk mich schon seit meinen Studienjahren fasziniert hat. Seine wegweisenden Beiträge und Pionierleistungen auf dem Gebiet der Identitätstheorie, der Entwicklungspsychologie, der psychohistorischen Forschung oder psychoanalytischen Krankheitslehre beeinflussten weit über die Psychologie hinaus die Humanwissenschaften. Und Eriksons Mischung aus tiefenpsychologischer Betrachtung, gesellschaftskritischem Engagement und ethischer Besinnung prägte in den sechziger und siebziger Jahren des 20. Jahrhunderts das Denken einer ganzen Ära.

Wenn auch der gesellschaftliche Wandel Eriksons Konzept einer stufenförmigen Identitätsentwicklung mittlerweile in Frage gestellt hat – nach wie vor sind viele seiner Beiträge und Denkanstöße für das Selbstverständnis und soziale Miteinander moderner Menschen unverzichtbar. Gerade in der psychotherapeutischen Arbeit mit tiefsten Ängsten und Sehnsüchten des Individuums zeigen sich seine Lebensthemen, die menschlichen Kernkonflikte um Vertrauen und Misstrauen, Autonomie und Scham, das Ringen um kohärente Identität und liebende Intimität, in ungebrochener Aktualität. Und Eriksons entschiedenes Eintreten gegen Gewaltherrschaft, Rassismus und Krieg ist ein Appell an Vernunft und Mitmenschlichkeit, wie er – gerade im Zerrissenen und Bedrängenden des derzeitigen Weltgeschehens – nicht ungehört verhallen darf.

Ich danke dem Kohlhammer-Verlag, namentlich Herrn Dr. Ruprecht Poensgen, Frau Annika Grupp und Frau Stefanie Reutter, für das mir entgegengebrachte Vertrauen und die stets freundliche Unterstützung bei der Überarbeitung des Manuskripts.

Bonn, im Mai 2020
Peter Conzen

Einleitung

Mit Erik Homburger Erikson starb im Mai 1994 einer der letzten alten Grandseigneure der Psychoanalyse. Sein Aufstieg vom sensiblen Wandervogel zum weltbekannten Wissenschaftler, Schriftsteller und Psychotherapeuten steht für eine der ungewöhnlichsten Karrieren in der modernen Psychologie. Ohne je ein Hochschulstudium absolviert zu haben, wurde Erikson zum Professor einer amerikanischen Elite-Universität, zum mehrfachen Ehrendoktor und Pulitzer-Preisträger. Seine Bücher erreichten eine weltweite Leserschaft. Begriffe wie »Lebenszyklus«, »Urvertrauen« oder »Identitätskrise« fanden Aufnahme in den allgemeinen Wortschatz.

Worin gründet Eriksons enorme Popularität, was macht die Lektüre seiner Schriften auch heute noch so überaus bereichernd? Erikson war in erster Linie Kliniker, der während seiner psychoanalytischen Laufbahn mit den verschiedensten Patienten arbeitete: mit Kindern, labilen Jugendlichen, apathischen Opfern des Rassismus, traumatisierten Flüchtlingen und Kriegsheimkehrern. Alle seine Beiträge basieren auf klinischen Erfahrungen, die er in Traumberichten oder Spielbeobachtungen so meisterhaft wie kaum ein anderer zu vermitteln verstand. Aber Erikson war alles andere als ein orthodoxer Psychoanalytiker, der den Tag über hinter der Couch sitzt und abends daraus seine Theorien spinnt. Von ihm ging etwas Unvoreingenommenes, Unkonventionelles aus, eine Grundhaltung der Offenheit und Neugier. Über Monate lebte Erikson mit Indianern zusammen und betrieb völkerkundliche Studien. Er bereiste den indischen Subkontinent auf den Spuren Mahatma Gandhis oder vertiefte sich in das Studium mittelalterlicher Quellen, um die religiöse Krise des jungen Martin Luther nachzuempfinden. Er wurde zum Gesprächspartner der aufbegehrenden jungen Generation in den 1960er-

Jahren und trug als Vortragsreisender in aller Welt zu einer Verbreitung psychoanalytischen Gedankengutes in anderen Fachbereichen bei.

Die Originalität von Erikson Werk besteht vor allem darin, dass er in immer stärkerem Ausmaß die Psychoanalyse mit anderen Disziplinen zu verbinden suchte, angefangen von der Pädagogik und der Kulturanthropologie über die Soziologie und die Geschichte bis hin zu den Literaturwissenschaften und der Theologie. Im grundlegenden Bemühen, unterschiedliche Sichtweisen und Standpunkte zu versöhnen, ist Erikson gewiss nicht mit jenen »Systembauern« der Psychoanalyse wie Heinz Hartmann oder David Rapaport vergleichbar. »Ich bin«, so räumt er selber ein, »von der Kunst her zur Psychologie gelangt, was den Umstand erklären, wenn auch nicht rechtfertigen mag, dass der Leser zeitweise finden wird, ich malte Zusammenhänge und Hintergründe, wo er lieber Hinweise auf Fakten und Begriffe sähe. Ich musste aus einer konstitutionellen Notwendigkeit eine Tugend machen, indem ich das, was ich zu sagen habe, auf repräsentative Schilderungen gründe, statt auf theoretische Argumente« (1982a, S. 12–13). Das, was Eriksons Schriften so überaus eingängig macht, die brillante Art des Erzählens, kann sich für eine wissenschaftliche Auseinandersetzung bisweilen als schwierig erweisen. Erikson greift vieles auf, aber es bleibt mitunter bei Andeutungen und Impressionen, und immer wieder gehen Themen ineinander über. Oft muss man sich Sinn und Bedeutungsgehalt seiner Aussagen aus den verschiedensten Veröffentlichungen zusammensuchen und stößt bei näherem Hinsehen auf Lücken und Widersprüchlichkeiten.

Dieses Buch will – nach einem kurzen Abriss von Eriksons Lebensweg – die Fülle seiner theoretischen und klinischen Beiträge in zehn Kapiteln ordnen, um den Leser mit den Grundpositionen seines Werkes vertraut zu machen und das Studium der Originaltexte zu erleichtern. Vieles musste weggelassen werden, manches kann aus Gründen des Umfangs nur so knapp wiedergegeben werden, dass viel von Eriksons scharfer Beobachtungsgabe, den glänzenden Formulierungen und dem treffenden Humor verloren geht.

1 Leben und Werk Erik H. Eriksons

1.1 Kindheit, Jugend, psychoanalytische Ausbildung

Man hat Erikson als den »Pionier der Identitätskrise« bezeichnet, und es war nicht allein wissenschaftliches Interesse, sondern auch eine starke Affinität zu seiner eigenen Lebensgeschichte ausschlaggebend für die Beschäftigung mit diesem Thema. Es könne durchaus sein, gesteht Erikson, »dass ich dieser Krise einen Namen geben und sie in alle anderen Menschen hineinsehen musste, um selbst mit ihr fertigzuwerden« (1982b, S. 25). Obwohl er in behüteten Verhältnissen aufwuchs und es ihm in seiner Kindheit scheinbar an nichts mangelte, war Eriksons Leben von früh auf von Erfahrungen der Randständigkeit geprägt. Seine spätadoleszente Unausgeglichenheit bewegte sich nach eigenen Worten zeitweilig »an der Grenze zwischen Neurose und Jugendpsychose« (ebd., S. 25). Erst die eher zufällige Begegnung mit dem Wiener Kreis um Sigmund Freud, das Erlernen der Psychoanalyse, die ihm »Beruf und Berufung« wurde (1978b, S. 99), brachte größere Stabilität in sein Leben. Eriksons Aufstieg in den USA nach seiner Emigration im Jahr 1934 war kometenhaft. Er wurde zum ersten Kinderanalytiker in den Vereinigten Staaten, zum Dozent an unterschiedlichen amerikanischen Universitäten, zum psychoanalytischen Schriftsteller. Bücher wie »Kindheit und Gesellschaft«, »Der junge Mann Luther«, »Jugend und Krise« oder »Gandhis Wahrheit« wurden in den folgenden Jahrzehnten in viele Sprachen übersetzt und erlangten weltweite Beachtung.

Wie weit Eriksons Ruhm und moralische Autorität seiner inneren Verfassung entsprachen, ist aus heutiger Sicht schwer zu beurteilen. Neuere Veröffentlichungen, vor allem die Biographie des amerikanischen Historikers Lawrence Friedman (1999) und die Erinnerungen Sue Erikson Blolands (2007) an ihren Vater, zeichnen das Bild eines von geheimen Ängsten, Konflikten und Selbstzweifeln belasteten Menschen. Dass Erikson, wie inzwischen ans Licht gekommen, sein behindertes Kind in ein Heim gab und daraus ein Familiengeheimnis machte, verwundert bei einem Psychoanalytiker, der den Appell zu Fürsorglichkeit und Verantwortung in den Mittelpunkt seines Werkes stellte. Hier deutet sich ein Stück menschlicher Zwiespältigkeit an, das Erikson selber sicherlich am wenigsten geleugnet hätte. Vor allem zeigt sich die Macht des Wiederholungszwanges, scheint Erikson doch unbewältigte Themen aus seiner eigenen Biographie an Frau und Kinder weitergegeben zu haben.

Erikson wurde am 15. Juni 1902 in der Nähe von Frankfurt a. M. geboren. Seine Mutter, Karla Abrahamsen, stammte aus Kopenhagen und war in einer gut situierten jüdischen Familie aufgewachsen. Nachdem sie kurz nach der Hochzeit von ihrem Mann, dem Börsenmakler Valdemar Salomonsen verlassen worden war, ging sie, mit Erik schwanger, nach Deutschland. Durch die Recherchen Friedmans wissen wir mittlerweile, dass Salomonsen nicht Eriksons Vater war, er offenbar aus einer Affäre hervorgegangen ist. Das Rätsel um den leiblichen Vater konnte bis auf den heutigen Tag nicht gelöst werden und belastete Erikson bis ins hohe Alter offenbar schwer. Karla Abrahamsen heiratete schließlich im Jahr 1905 den Karlsruher Kinderarzt Dr. Theodor Homburger, und das großbürgerliche Haus des Stiefvaters Am Schlossplatz 9 wurde Eriksons prägendes Kindheitsmilieu. Erik erwies sich als ein musisch begabtes Kind, erlernte das Klavierspielen und zeichnete von früh auf mit großer Leidenschaft. Die modisch-elegante, an Kunst, Philosophie und Literatur interessierte Mutter und der gebildete, feinfühlige, strenggläubige Stiefvater führten ein an die bürgerlichen Konventionen der damaligen Zeit angepasstes Leben, vermittelten ihrem Sohn aber, ebenso wie den nach ihm geborenen zwei Stiefschwestern, ein liberales Klima geistiger Offenheit. Dennoch verschwiegen sie dem jungen Erik seine wahre Herkunft, so dass das Familiengeheimnis bei ihm vage Gefühle von Fremdheit, Befangensein, Anderssein zurückließ. Schon früh scheint er in seinen Tagträumen an einem Familienroman gestrickt zu haben, von einem dänischen Aristokraten abzustammen, als Sohn besserer Eltern zu Höherem berufen zu sein (vgl. Erikson, 1973, S. 808; Erikson Bloland, 2007, S. 45ff.)

In Karlsruhe besuchte Erikson zunächst die Volksschule und von 1912 bis 1920 das Bismarckgymnasium, »seine letzte wirklich durchgehaltene Auseinandersetzung mit formaler Bildung« (Coles, 1974, S. 29). Empfindsam, scheu, hielt er eher Abstand gegenüber den Klassenkameraden, konnte sich nicht gut gegen Angriffe wehren. Inmitten hochgeputschter nationaler Gefühle wurde Erik mitunter als »der Däne« abgetan oder Judenjunge verschrien, während er in der Synagoge des Stiefvaters, blond und blauäugig, als »Goy« galt. Allen Versuchen Theodor Homburgers, ihn in der Tradition des jüdischen Glaubens zu unterweisen, begegnete der junge Erik mit passivem Widerstand. Das liberale Judentum schlug in ihm keine bleibenden Wurzeln. Noch weniger behagten ihm die Tugenden des wilhelminischen Zeitalters, Disziplin, soldatische Zucht, Pauken und Auswendiglernen. Verträumt, sich oftmals in innere Welten zurückziehend, sehnte Erik sich nach etwas »ganz Anderem« jenseits der bürgerlichen Konventionen seiner Umgebung. Der Naturheilkundler und »Wasserdoktor« Edwin Blos, Vater seines Jugendfreundes Peter Blos, der sich damals wie Gandhi kleidete, beeindruckte ihn in seiner mutigen Exzentrizität. Quasi in Opposition zur Weltanschauung seines Stiefvaters fühlte Erik sich als Heranwachsender zu den christlichen Evangelien hingezogen. Und schon damals imponierte ihm die Person eines der größten Widerspruchsgeister der Geschichte: Martin Luther.

Nach dem Abitur widersetzte sich Erik dem Wunsch Theodor Homburgers, Medizin zu studieren, um dann die kinderärztliche Praxis zu übernehmen. Es folgten sieben krisenhafte Jahre der Unentschlossenheit und des oft ziellosen Sich-Treiben-Lassens. Immer wieder unternahm Erikson in dieser Zeit Versuche, eine formale künstlerische Ausbildung zu absolvieren, die er nach kurzer Zeit abbrach, um auf Wanderschaft zu gehen. All die Stimmungsschwankungen und Arbeitsstörungen, die er später bei seinen jugendlichen Patienten behandelte, durchlebte er als Spätadoleszenter selber. Erst die Bitte Peter Blos', ihn in Österreich beim Aufbau einer kleinen Privatschule für die Kinder amerikanischer Psychoanalyse-Anhänger zu unterstützen, brachte seinem Leben die entscheidende Richtungsänderung. Die Arbeit als Pädagoge in Wien von 1927 bis 1932 war die erste von vielen Tätigkeiten, für die Erikson nicht die richtigen Zeugnisse mitbrachte. Der junge Mann, der unkonventionell und antiautoritär unterrichtete, und die Schar der Wiener Psychoanalytiker, von denen manche ähnlich improvisierten Lebensläufen gefolgt waren – sie passten irgendwie zueinander. Anna Freud hatte gerade ihr später berühmtes kinderanalytisches Seminar eingerichtet und interessierte sich für das Experiment mit der Privatschule. Erikson wurde zum Kandidaten für die psychoanalytische Ausbildung vorgeschlagen und absolvierte von da an bei Anna Freud täglich eine Stunde Lehranalyse in Sigmund Freuds berühmter Privatpraxis, Berggasse 19. Der Gründervater der Psychoanalyse hatte sich damals aus der Wiener Gesellschaft weitgehend zurückgezogen und lehrte auch nicht mehr. Erikson begegnete ihm bisweilen im Wartezimmer zu Anna Freuds Praxis oder auf gemeinsamen Spaziergängen. Er vermied es jedoch, Freud anzusprechen, nicht nur aus Scheu, sondern auch, weil das Sprechen dem alten Mann aufgrund des fortgeschrittenen Kieferkarzinoms Schmerzen bereitete.

Neben der Ausbildung in der Kinderanalyse und einem parallel dazu absolvierten Montessori-Studium führte Erikson auch erste, vom Lehranalytiker kontrollierte Therapien Erwachsener durch und arbeitete sich am Wiener Institut gründlich in das Theoriegebäude der Psychoanalyse ein. Seine Lehrer waren jene später international renommierten Persönlichkeiten wie Heinz Hartmann, Paul Federn, Ernst Kris, Helene Deutsch, August Aichhorn oder Edward Bibring. Die Seminare fanden in der Regel abends statt. Die Gruppe der Teilnehmer – Ärzte, Lehrer, Erzieher, Literaten – war meist so klein, dass man sich bequem in den Wohnungen der Dozenten treffen konnte. Erikson bezeichnete diesen Kreis als eine Art psychiatrische »freie Universität« und empfand in dieser Forschungsgemeinschaft ein hohes Maß an Loyalität und gegenseitiger Achtung. Später mutmaßte er, dass es »irgendwie eine positive Stiefsohnes-Identität war, die mich wie selbstverständlich annehmen ließ, ich würde dort akzeptiert, wo ich nicht ganz dazugehörte. Aus dem gleichen Grund aber musste ich auch meine Nichtzugehörigkeit kultivieren und zu dem Künstler in mir Kontakt halten; meine Identität als Psychoanalytiker sollte sich daher erst viel später festigen, als ich mit Hilfe meiner amerikanischen Frau ein schreibender Psychoanalytiker wurde – wenngleich wiederum in einer Sprache, die nicht meine eigene war« (1982b, S. 28f.).

Die Wiener Zeit war nicht frei von Krisen. Je weiter die Lehranalyse fortschritt, desto mehr zeigte sich Eriksons tief verwurzelte Angst, festgelegt und in seinem persönlichen Freiraum beschnitten zu werden. Als er Anna Freud wieder einmal auseinandersetzte, dass er bei einem so intellektuellen Unternehmen wie der Psychoanalyse kein Betätigungsfeld für seine künstlerischen Neigungen sähe, soll sie mit leiser Stimme gesagt haben: »Sie könnten den Menschen helfen, sehen zu lernen« (1982b, S. 29). Dieses einfache Gebot wirkte auf Erikson wie eine Art Offenbarungserlebnis. Er war fortan nicht an einer strengen theoretischen Verankerung der Lehre vom Unbewussten auf naturwissenschaftlichem Fundament interessiert. Vielmehr fühlte er sich von jenen verborgenen künstlerischen, idiographischen und ethischen Seiten der Psychoanalyse angesprochen, die Freud aus Gründen wissenschaftlicher Redlichkeit eher zu unterdrücken versucht hatte. Die Heirat mit der aus Kanada stammenden Joan Serson im Jahre 1929 bedeutete einen weiteren Schritt seiner persönlichen Identitätsfindung. Erikson hatte die attraktive und gebildete Frau, die sich in Europa aufhielt, um für ihre Promotion die Geschichte des modernen Tanzes zu recherchieren, auf einem Faschingsball kennengelernt. Während all der späteren Jahre blieb die ebenso liebenswürdige wie manchmal energische Joan die komplementäre Ergänzung zu seiner Persönlichkeit, eine Art schöpferischer Resonanzboden und kritischer Inspirator vieler seiner Schriften.

1.2 Der Aufstieg in den Vereinigten Staaten

1934 emigrierte Erikson mit seiner Familie in die Vereinigten Staaten und nannte sich ab seiner Einbürgerung 1939 Erik Homburger Erikson. Er eröffnete eine kinderanalytische Praxis in Boston und fand als einer der letzten Nicht-Mediziner Aufnahme in die Amerikanische Psychoanalytische Gesellschaft. Amerikanische Universitäten empfingen damals Psychoanalytiker aus Europa mit offenen Armen. Die medizinische Fakultät der Harvard Universität ernannte Erikson zum Mitglied, ab 1936 erhielt er einen Lehrauftrag am Institute of Human Relations der Yale Universität und wurde wenig später zum Assistenzprofessor an der Yale Medical School berufen. Die Freiheit zu verschiedensten Forschungsprojekten, der undogmatische Gedankenaustausch mit Ärzten, Soziologen und Anthropologen beeinflusste Eriksons Denken stark. Sein wissenschaftlicher Weg, die psychoanalytische Lehre vom Unbewussten und die Triebtheorie mit dem Einfluss von Gesellschaft und Geschichte auf die Persönlichkeitsentwicklung zu verbinden, deutete sich hier bereits an. Freilich verstand sich Erikson in erster Linie als Kliniker. Ähnlich wie sein Stiefvater behandelte er Kinder aus wohlhabenden Bostoner Familien, kümmerte sich daneben aber auch um problematische Jugendliche aus sozialen Brennpunkten.

Eriksons Jahre in Kalifornien von 1939 bis 1950 waren die wohl schöpferischsten seines Lebens, in denen er endgültig aus dem Schatten Freuds heraustrat und einen eigenständigen Ansatz in der Psychoanalyse formulierte. Seine vielfältigen neuen Erkenntnisse auf dem Gebiet der Ich- und Identitätspsychologie, der psychoanalytischen Sozialpsychologie, Entwicklungstheorie und Psychosenforschung fasste Erikson 1950 in seinem Hauptwerk »Kindheit und Gesellschaft« zusammen. Dieses ungemein vielfältige und anregende Buch wurde ein Welterfolg und machte ihn mit einem Schlag zu einem der populärsten Vertreter der nachfreudianischen Psychoanalyse. Nach außen führte Erikson mit seiner Frau und seinen Kindern Kai, Jon und Sue ein harmonisches Familienleben, war aber nicht so kritiklos an das amerikanische Establishment angepasst, wie man es ihm später mitunter unterstellte. Sein entschiedenes Eintreten für die akademische Freiheit in den Zeiten antikommunistischer Hexenjagd, sein Rücktritt von der Professur an der Berkeley-Universität 1950 in der Debatte um den Treueeid, zeugten von Mut und Zivilcourage. Belastet wurden diese Jahre von einem Ereignis, das sich nur schwer in Eriksons Biographie einordnen lässt. Als das vierte Kind Niels 1944 behindert zur Welt kam, entschied Erikson nach Rücksprache mit einigen Experten, den Säugling sofort nach der Geburt in ein Heim zu geben. Ob dies nach damaliger Sachlage das Beste für das Kind war, ob Erikson, wie es bei Erikson Bloland (2007) anklingt, seine weitere Karriere nicht zu sehr belasten wollte, ist aus heutiger Sicht schwer zu beurteilen. Niels lebte noch 21 Jahre, ohne dass die Familie Kontakt zu ihm aufnahm. In ihrer Autobiographie »Im Schatten des Ruhms« führt Eriksons Tochter Sue aus, wie sehr ihre persönliche Entwicklung durch das Familiengeheimnis belastet wurde, welche Ängste und Selbstzweifel sie bei ihren Eltern hinter dem Streben nach Erfolg und Anerkennung stets gespürt habe.

1951 kehrte Erikson in den Osten der USA zurück und war für zehn Jahre am Austen-Riggs-Center tätig, einem kleinen, forschungsfreudigen Privatkrankenhaus in Stockbridge, Massachusetts. In der therapeutischen Begegnung mit präpsychotisch gestörten jungen Patienten rückte das Jugendalter in den Blickpunkt seines Interesses, arbeitete er das Syndrom der Identitätsverwirrung näher heraus. Zwischen 1954 und 1963 verfasste Erikson eine Reihe von Aufsätzen zur Entwicklungsproblematik der Adoleszenz, die er 1968 überarbeitet in seinem zweiten Hauptwerk »Jugend und Krise« zusammenfasste. Höhepunkt der Veröffentlichungen dieses Jahrzehnts war 1958 »Der junge Mann Luther«, eine faszinierende Biographie über den Weg des Reformators aus schweren Identitätsnöten zu historischer Größe, die Erikson zu einem Mitbegründer der psychohistorischen Forschung machte.

1960, nach seiner Berufung als Professor für Entwicklungspsychologie an die Harvard-Universität in Cambridge, musste Erikson seine klinische Tätigkeit weitgehend aufgeben. Er erwies sich als ungemein packender Dozent, ein Menschenführer, der in seinen jungen Studenten ein kritisches Bewusstsein zu wecken suchte. Nicht nur in den USA, weltweit besaß Erikson eine immer größere Schar von Anhängern, wenngleich er es stets ablehnte, eine eigene »Eriksonsche« Schule der Psychoanalyse zu gründen. Thematisch beschäftigte er sich in den 1960er-Jahren vor allem mit den Lebensstadien des erwachsenen Menschen, der Problematik des Alterns und des Lebenssinns: so flossen zunehmend ethisch-religiöse und politische Themen in seine Schriften mit ein. Engagiert wandte sich Erikson gegen den Rassismus in den Südstaaten, stellte sich auf die Seite der amerikanischen Bürgerrechtsbewegung um Martin Luther King und unterstützte die südafrikanischen Studenten in ihrem Kampf gegen die Apartheidpolitik. Entschieden sprach er sich gegen die schrankenlose atomare Aufrüstung aus, bezeichnete die Eskalation des Vietnam-Krieges als einen Rückfall in den Kolonialismus und trat für einen Dialog zwischen reichen und »unterentwickelten« Ländern ein. Auch die Psychoanalyse müsse ihre politische Kritikfunktion ernst nehmen. Angesichts der mörderischen Konsequenzen moderner Wissenschaft und Technik bedürfe es einer ständigen ethischen Rückbesinnung auf das eigene Tun. Ansonsten laufe auch jede Psychologie Gefahr, sich in den Dienst des Machtstrebens und der politischen Unterdrückung zu stellen. Weit über sein Fachgebiet hinaus wurde Erikson zum Mahner für Ausgleich und Versöhnung und zu einer Symbolfigur für Teile der Studentenbewegung, wenngleich er stets vor Einseitigkeiten und ideologischen Rigorismen warnte. Bei alldem war der Gedanke immer zwingender geworden, eine Biographie über das Leben des Mannes zu schreiben, der im katastrophalsten Jahrhundert der Menschheitsgeschichte einen überragenden ethischen Impuls gesetzt hatte. 1969, nach jahrelanger Vorbereitung, erschien »Gandhis Wahrheit«, das Alterswerk Eriksons, die Verbindung seiner persönlichen und wissenschaftlichen Erkenntnisse mit seiner humanistischen Ethik, ein brillant geschriebenes Buch, für das er im folgenden Jahr mit dem Pulitzer-Preis und dem National Award ausgezeichnet wurde.

Seit seiner Emeritierung im Jahre 1970 blieb Erikson bis in die 1980er-Jahre als Vortragsreisender und wissenschaftlicher Autor tätig. Aus der Vielfalt seiner Erfahrungen, aus unterschiedlichsten geistigen Strömungen, nicht zuletzt aus der fruchtbaren Widersprüchlichkeit seiner Person war ein eindrucksvolles Lebenswerk entstanden. Gerade von den akademischen Institutionen, die er anfangs so sehr gemieden hatte, war ihm Anerkennung im Übermaß zuteil geworden. Ob es eine schleichende Depression war, wie seine Tochter vermutet, oder die Folgen der Alzheimer-Erkrankung – Eriksons Geist verabschiedete sich in seinen letzten Jahren langsam aus dieser Welt. Eine Abhandlung über seinen großen dänischen Landsmann Kierkegaard zu schreiben, blieb ihm nicht mehr vergönnt. Als Erikson am 12. Mai 1994 hochbetagt in einem Seniorenheim in Harwich starb, würdigte ihn der damalige amerikanische Präsident Bill Clinton als hervorragenden Wissenschaftler und steten Anwalt der Humanität, der mit dazu beigetragen habe, das Bild des Menschen über sich selber, seine unbewussten Abhängigkeiten wie seine schöpferischen Potenzen, entscheidend zu erweitern.

1.3 Eriksons Identität als Psychoanalytiker

Schon aus dieser kurzen biographischen Skizze wird deutlich, wie sehr Eriksons Lebensschicksal mit der Psychoanalyse verschmolzen ist. Entscheidend war, dass die Lehre vom Unbewussten ihn, den Grenzgänger und Nonkonformisten, nicht festlegte, ihm Raum gab für die Entfaltung seiner vielfältigen Interessen und Begabungen – eine Art ideale »soziale Nische«, in der er zu beruflicher Identität finden konnte, ohne unzufrieden und unschöpferisch zu werden. Stets verstand Erikson sich als Schüler Freuds, der sich auf die Schultern des Meisters stellt und dessen geniale Denkanstöße, dessen Lust an Freiheit und Improvisation des Forschens fortführt. Aber ist sein interdisziplinärer Ansatz wirklich eine legitime Weiterentwicklung Freud'scher Ideen? Oder bleibt er ein habitueller Stiefsohn, der sich nie ganz mit der Psychoanalyse identifizieren konnte, ein begabter Künstler und Schriftsteller, der vieles aufgreift, im Grunde aber für kein Fachgebiet die notwendige Disziplin mitbringt? Nicht selten wurde Erikson, der den Begriff »Identität« in die Psychoanalyse eingeführt hat, vorgehalten, er mache seinen eigenen wissenschaftlichen Standpunkt zu wenig deutlich. Sogar die eigene Lehranalytikerin Anna Freud soll ihn als »Renegaten« bezeichnet haben, der das Werk ihres Vaters mit amerikanischen Soziologismen verwässert habe (vgl. Erikson-Boland, 2007, S. 135). Dass Erikson die Grenzen etablierter Fachbereiche stets souverän zu überspringen vermochte und sich wenig um theoretische Auseinandersetzung mit anderen psychoanalytischen Autoren kümmerte, ist sicher unbestritten. Andererseits hat er an seiner Loyalität zur Person Freuds und zur Internationalen Psychoanalytischen Vereinigung nie einen Zweifel gelassen. Freuds Werk ist für ihn »der Felsen«, auf dem er aufbaut (1975a, S. 8), die »ursprüngliche ideologische Kraft und Quelle der Inspiration« (1981a, S. 237). Theoretisch liegen viele von Eriksons Beiträgen zwischen der klassischen Ich-Psychologie Anna Freuds und Heinz Hartmanns und den Autoren der späteren Ich-, Selbst- und Objektbezie-hungspsychologie wie Spitz, Mahler, Klein, Jacobson, Winnicott, Kernberg oder Kohut, deren Auffassungen er sich bisweilen annähert bzw. in manchen Grundzügen auch vorwegnimmt. Aber die Breite und Vielschichtigkeit von Eriksons Denken lässt sich nicht auf eine dieser Strömungen reduzieren. In manchem nähert er sich Gedanken Adlers, der Neofreudianer oder Autoren der Humanistischen Psychologie an. Freilich ist Erikson nie der Verlockung erlegen, Teile des analytischen Lehrgebäudes herauszugreifen und weiterzuentwickeln, dabei aber die unbequemen Einsichten Freuds über die Triebgrundlage menschlichen Verhaltens fallenzulassen.

Der Künstler und Romantiker in ihm hat Erikson vom Theoretisieren mit Energiemetaphern und »seelischen Apparaten« zurückschrecken lassen, er überlässt metapsychologische Fragestellungen denen, »die in dieser Art zu denken zu Hause sind« (1981b, S. 9). Und vielleicht war Erikson insofern »illoyal«, als er Freuds Vermächtnis einer naturwissenschaftlichen Begründung des Seelenlebens nicht nur für sich selber ablehnte, sondern insgesamt als Hemmschuh für die Weiterentwicklung der Psychoanalyse sah. Die Einmaligkeit, Spontaneität und Kreativität der Lebensvorgänge, das ganzheitlich Gestaltete der menschlichen Psyche lässt sich für ihn nicht restlos in naturwissenschaftlichen Kategorien fassen, ebenso wie man das Seelenleben nicht hinreichend als Kampffeld mythisch anmutender Urtriebe betrachten kann. Zu wenig habe die frühe Psychoanalyse den Unterschied zwischen dem Belebten und Unbelebten erfasst, zwischen gesundem und pathologischem Verhalten, dem isolierten Patienten auf der Behandlungscouch und dem in vielfältigste soziale Beziehungen involvierten Menschen des Alltagslebens. Im Mittelpunkt von Eriksons Denken steht das erlebende, wollende, nach Gemeinschaftlichkeit und Sinn strebende Individuum, dessen Identität und Würde es stets herauszuheben und zu verteidigen gilt. Entschieden wendet er sich gegen den Trend moderner Wissenschaft, den Menschen zwischen Biologie, Psychologie und Soziologie aufzuspalten und mit immer komplizierteren Methoden in immer mehr Einzelteile zu zerlegen. Das, was die Psychoanalyse Es, Ich und Über-Ich genannt hat, steht nach Erikson für die drei großen, untrennbar miteinander verknüpften Organisationsprozesse menschlichen Lebens – die physiologischen Regelkreise des Organismus zur Aufrechterhaltung der körperlichen Funktionen; die psychischen Aktivitäten des Ich zur Ordnung unserer Erfahrungswelt und zur Steuerung unseres Verhaltens; schließlich die sozialen Organisationsvorgänge der Regelung menschlichen Zusammenlebens in Gruppen, Institutionen und der Gesellschaft als Ganzer. Jede gesunde

Entwicklung ist Resultat des gelungenen Zusammenspiels von Psyche, Soma und Gesellschaft. Ebenso resultieren aus der unvollkommenen Abstimmung der drei Ordnungen die typisch menschlichen Konflikte, welche schöpferische Spannung einerseits, Krankheit und Neurose ebenso wie soziale Dysfunktion und Gewalt andererseits hervorrufen. Das Individuum ist weder Marionette von Triebimpulsen, noch bloßes Bündel sozialer Rollen oder ausschließlich geistbegabtes Vernunftwesen. Es sind nicht die fehlerhaften »Gene«, die »schizophrenogene Mutter« oder das »verrückte Familiensystem« allein für eine seelische Störung verantwortlich.

Eriksons ganzheitlich-organismische Betrachtungsweise hat ihn vor allzu simplifizierenden Erklärungen bewahrt und mit den Boden bereitet für eine Richtungsänderung der Psychoanalyse hin zu bewusstseinspsychologischen und systemischen Ansätzen. Freilich wirkt es widersprüchlich, wenn er an all den klassischen Grundbegriffen der Metapsychologie festhält, sich von den zugrundeliegenden naturwissenschaftlichen Modellen aber distanzieren will. Es bleibt die Frage, ob Freud Eriksons Weiterentwicklungen zugestimmt hätte oder ob Erikson bei seiner Betonung der Ich-Psychologie, der sozialen Wechselseitigkeit und der ethischen Tugenden nicht bisweilen die Abgründe und Irrationalitäten des Unbewussten zu sehr außer Acht lässt. Zumindest an manchen Stellen hätte er deutlicher seine eigenen Positionen und manche Nähe zu den verfemten Dissidenten hervorheben sollen, selbst auf die Gefahr hin, schärfere Kritik von seinen psychoanalytischen Kollegen zu erfahren. So gewinnt man mitunter den Eindruck, Erikson kultiviert seine Originalität nur bis zu dem Punkt, wo er Angst haben muss, in der psychoanalytischen Bewegung nicht mehr dazuzugehören.

2 Eriksons Identitätspsychologie

2.1 Die Vielschichtigkeit des Identitätsbegriffs

Neben Adlers »Minderwertigkeitskomplex« haben wohl kaum psychologische Fachbegriffe weitere Verbreitung in der Alltagssprache gefunden als »Identität« bzw. »Identitätskrise«. Erikson ist zwar nicht der Begründer der Identitätspsychologie, aber er hat wesentlich dazu beigetragen, ein modernes Bedürfnis – mehr noch: ein modernes Leiden – in wissenschaftliche Worte zu fassen. In der Tat beschleicht das, was die Existentialisten als Lebensgefühl der Entfremdung beschrieben haben, heutzutage viele Zeitgenossen. Immer häufiger haben es Psychotherapeuten und Seelsorger mit verwirrten, isolierten oder überforderten Menschen zu tun, die sich nach festen Bindungen sehnen und gleichzeitig davor zurückschrecken, die sich von immer neuen Ersatzbefriedigungen treiben lassen und dennoch keinen Sinn in ihrem Dasein finden, die sich an so viele Rollen anpassen, dass sie kaum noch wissen, wer sie überhaupt sind. Die Psychoanalyse, glaubt Erikson, hat zu einem geschichtlichen Zeitpunkt begonnen, sich mit der Identität auseinanderzusetzen, da diese in besonderer Weise problematisch geworden ist, und die Beschäftigung mit diesem Thema wird nunmehr »zu einer genauso strategischen Frage, wie es das Studium der Sexualität zu Freuds Zeiten war« (1982a, S. 278).

Was aber hat es mit dem Wort »Identität« auf sich, das uns in der Alltagssprache so selbstverständlich von den Lippen kommt? Auf den ersten Blick scheint der Bedeutungsgehalt klar: Identität ist das Gefühl, »man selbst zu sein«, das Wissen, »wer man ist«. Aber sobald man sich mit dem Begriff ein wenig genauer auseinandersetzt, ergeben sich viele

Schwierigkeiten: Ist Identität gleichbedeutend mit Ausdrücken wie »Persönlichkeit«, »Ich«, »Selbstgefühl« oder »Charakter«? Handelt es sich um den Status, das »Ansehen« eines Menschen in der Öffentlichkeit, geht es um etwas, was man nach außen stets neu »präsentiert«? Oder bezeichnet Identität den Wesenskern, das »Eigentliche« einer Persönlichkeit hinter ihren sozialen Auftritten und Rollen? Wann konturiert sich ein festeres Identitätsgefühl, im ersten Erleben des Getrenntseins von der Mutter, in den Ablösungsprozessen des Jugendalters oder erst in der Abgeklärtheit der mittleren Jahre? Und wann endet menschliche Identität, in der Psychose, in der Demenz oder im Tod? All diese Fragen hat Erikson in bewundernswerter Sorgfalt aufgegriffen. Ob von »Ich-Identität«, »psychosozialer Identität«, »Gruppenidentität« oder »existentieller Identität« die Rede ist – weit über sein Werk verstreut finden sich 17 Umschreibungsversuche und Definitionen eines Phänomens, das, gerade weil es seinem Wesen nach »ebenso unergründlich als allgegenwärtig ist« (Erikson, 1981a, S.7), in der unkritischen Diskussion oft zum Schlagwort herabsank. Wenn im Folgenden einige Grundaspekte des Eriksonschen Identitätsbegriffs herausgearbeitet werden, dann soll eine Idee, die grundsätzlich etwas Ganzheitliches bildet, nicht in isolierte Fragmente zerlegt werden.

Identität in der ursprünglich streng metaphysischen Wortbedeutung kann es im steten Fluss menschlichen Seelenleben natürlich niemals geben. Dennoch zeigt sich in allem Wachsen und Sich-Entwickeln ein Zug zum Beharrenden, verändern sich manche Persönlichkeitseigenschaften gar nicht oder nur so langsam, dass man sich selbst und andere als im Wechsel der Zeit gleich bleibende Wesen erkennen und wiedererkennen kann. Erikson nennt die nach außen sichtbare, unverwechselbare Gestalt eines Individuums, die Summe seiner charakteristischen Merkmale, »persönliche Identität«. Es geht ihm dabei nicht um die Erstellung testpsychologischer Eigenschaftsprofile oder psychiatrischer Diagnose-Schemata. Eher ist die persönliche Identität ein Anmutungserlebnis, das Bild eines Menschen, der etwas Einheitliches in Erscheinung und Wesen ausstrahlt, seine Interessen, Begabungen und sozialen Rollen in einem typischen Habitus vereinigt hat, der »er selber« ist und gleichzeitig fest in der Tradition seiner Gemeinschaft verwurzelt.

2 Eriksons Identitätspsychologie

Meist spricht Erikson jedoch von Ich-Identität im Sinne eines subjektiven Empfindens. Es ist die »Ich-bin-Ich-Erfahrung«, das Gefühl, dass ich eine zusammenhängende, abgegrenzte Persönlichkeit bin, im Besitz meiner körperlichen und geistigen Kräfte, aktiv und entscheidungsfähig. Obwohl es sich quasi um den archimedischen Punkt unseres Seelenlebens handelt, unabdingbare Voraussetzung aller Reflexionsfähigkeit und geistiger Gesundheit, ist das Identitätsgefühl doch schwer zu charakterisieren. Es schwingt in all unserem Denken, Fühlen und Handeln selbstverständlich mit, wird manchmal in den verschiedensten Erfahrungen, Stimmungen oder Gefühlsnuancen deutlicher bewusst, um dann wieder zu verschwinden. Im unbestimmtesten Sinn, so Erikson, bedeutet Identität »natürlich viel von dem, was von einer Vielzahl von Bearbeitern das Selbst genannt wurde, sei es in der Form eines Selbst-Konzepts, eines Selbst-Systems oder in der der fluktuierenden Selbsterfahrung, die Schilder, Federn und andere beschreiben« (1981a, S. 216f.). Andererseits haben wir nicht ständig unser Persönlichkeitsprofil als kognitive Repräsentanz vor Augen, kreisen um uns selber wie der existentialistische Dramenheld. Nur in Momenten, wo wir intensiver über uns nachdenken, uns nach außen präsentieren müssen, uns besonders herausgehoben oder kritisiert fühlen, wird uns unser Selbst in seinen vielen Facetten und Widersprüchlichkeiten deutlicher bewusst. Eriksons Identitätsbegriff schwankt zwischen einem Prozess, der gelebt und erlebt wird, und einem Bild, das wir immer wieder aus diesem Prozess herausgreifen, um uns über uns selbst zu vergewissern. Im Gegensatz zu allzu starren Selbstbild-Konzepten der Akademischen Psychologie möchte er »lieber ›von einem Gefühl der Identität‹ als von einer Charakterstruktur oder einem ›Grundcharakter‹ sprechen« (1981b, S. 188).

Drei Grundkonstituenten sind es, die in Eriksons Umschreibungen des Identitätsgefühls immer wieder auftauchen: Gleichheit, Kontinuität und soziale Wechselseitigkeit. So bezeichnet er in seiner wohl bekanntesten Definition Identität als das »angesammelte Vertrauen darauf, dass der Einheitlichkeit und Kontinuität, die man in den Augen anderer hat, eine Fähigkeit entspricht, eine innere Einheitlichkeit und Kontinuität (also das Ich im Sinne der Psychologie) aufrechtzuerhalten« (1981b, S. 107). Egal, ob ich traurig oder fröhlich bin, angestrengt arbeite oder döse, mich vor einer Prüfung als Versager fühle und hinterher als Experte – in all meinem Denken, Fühlen und Handeln bin ich der einheitliche, gleichbleibende Erlebnisträger. Obwohl ich in meinem Leben stets neue Eigenschaften annehme und nicht mit der Person zu vergleichen bin, die ich vor 10 oder 20 Jahren war, erfahre ich mich in all meinen Erinnerungen und Zukunftsbezügen als kontinuierliches Wesen. Auch wenn ich mich in jedem Augenblick als abgegrenztes, einmaliges Individuum empfinde, fühle ich mich gleichzeitig stets einer materiellen und sozialen Umgebung zugehörig, könnte man ohne Informationen von außen sich selbst nicht kennenlernen, ohne aktives Wirken in der Welt seine Identität nicht spüren.

Permanent unterliegt das Identitätsgefühl, je nach inneren Gestimmtheiten und äußerem sozialen Involviertsein, Schwankungen, muss andauernd gegen unbewusste Impulse wie gegen äußere Gefahren und Abwertungen verteidigt werden. Obwohl zentrale Bereiche unseres Selbsterlebens gleich bleiben, unterliegt auch die Identität Veränderungen, müssen wir unsere Selbstauffassung angesichts des wechselnden persönlichen und historischen Schicksals immer wieder erweitern, unsere Persönlichkeit stets aufs Neue in der sozialen Umwelt verankern. Dieser Prozess beginnt nach Erikson »irgendwo in der ersten echten ›Begegnung‹ von Mutter und Säugling als zweier Personen, die einander berühren und erkennen können, und er ›endet‹ nicht, bis die Kraft eines Menschen zur wechselseitigen Bestätigung schwindet« (1981a, S. 19).

Meist ist ein gesundes Identitätsgefühl für Erikson ein vorbewusster Zustand, der sich stimulierend auf Verhalten und Erleben auswirkt, das Empfinden, »Herr seines Körpers zu sein, zu wissen, dass man ›auf dem rechten Weg ist‹ und eine innere Gewissheit, der Anerkennung derer, auf die es ankommt, sicher sein zu dürfen« (1981b, S. 147), Umschreibungen, die in manchem dem ähneln, was Kohut (1973) als den »gesunden Narzissmus« bezeichnet hat. Ganz bewusste Identitätserfahrungen überfallen den Einzelnen als erschütternde Empfindungen von Aufgewühltheit, Absurdität und Zerrissenheit in Grenzerfahrungen des Daseins ebenso wie in Ausnahmesituationen des Glücks und der Harmonie. Man denke an Momente tiefer Verliebtheit oder intensiver Solidarität, an Gefühle inneren Friedens in meditativen Stimmungen oder beim Angerührtwerden durch ein Naturerlebnis, an Erlebnisse des Fasziniertseins durch eine künstlerische Darbietung oder eine charismatische Persönlichkeit, Augenblicke, in denen wir ganz innig und entspannt unser Selbst als existentielles Phänomen spüren und uns gleichzeitig harmonisch in der Welt aufgehoben fühlen. Erikson spricht in Anlehnung an William James von einem Empfinden, »sich am tiefsten und intensivsten aktiv und lebendig« zu fühlen, einer inneren Stimme, die mir sagt: »Dies ist mein wirkliches Ich«, ein Erlebnis, das einhergeht mit einer Art »tiefer enthusiastischer Wonne« (1981a, S. 15f.).

2.2 Eriksons Identitätsbegriff – der Ich-psychologische Aspekt

Erikson nennt die Identität meist eine Ich-Identität, ist das Gefühl persönlicher Gleichheit und Kontinuität doch überwiegend eine Leistung der unbewussten Ich-Funktionen und wird von und in den bewussten Anteilen des Ich wahrgenommen. Freud und die klassischen Ich-Psychologen wie Hartmann, Kris, Loewenstein, Anna Freud oder Nunberg hatten das Ich als eine überwiegend unbewusste Instanz beschrieben, ein Modellbegriff für den hoch komplizierten neurologisch-psychologischen Organisationsvorgang der Psyche, Voraussetzung aller Reflexivität und bewusster Entscheidungsfähigkeit. So stimmt die »synthetische Funktion« des Ich die tausendfachen Funktionen und Reize innerhalb des Nervensystems zu einem zusammenhängenden Erleben, Denken und Handeln ab, speichert Erfahrungen als ein Netzwerk von Assoziationen im Gedächtnis, steuert die motorischen Verhaltensabläufe, sucht unablässig Kompromisse herzustellen zwischen Triebwünschen des Es, Gewissensforderungen des Über-Ich und momentanen Bedingungen der Realität. Ein »abwehrender Prozess« ermöglicht unsere Konzentrationsfähigkeit, filtert und selegiert die Unzahl der von innen und außen auf uns einströmenden Reize, kontrolliert das Unbewusste, wacht darüber, dass wir nicht von ungesteuerten sexuellen Impulsen, Wutaffekten oder Ängsten überschwemmt werden. Ein unbewusster »Anpassungsvorgang«

2.2 Eriksons Identitätsbegriff – der Ich-psychologische Aspekt

schließlich steuert unser Verhalten in der Außenwelt, lässt uns intuitiv Gestik und Mimik der Mitmenschen verstehen, sorgt, dass wir uns automatisch an Konventionen anpassen, lässt uns blitzschnell vor Gefahren, beispielsweise im Straßenverkehr, ausweichen.

Unbemerkt steuern die Ich-Funktionen Tag und Nacht einen Großteil unseres Verhaltens und Erlebens, suchen Ängste, Konflikte und Enttäuschungen abzubauen, neue Erfahrungen zu verarbeiten und dabei möglichst nichts Widersprüchliches, Belastendes in der Psyche bestehen zu lassen. Solange das Ich gut funktioniert – den, wie Erikson sagt, »Agens-Zustand« der Psyche aufrechtzuerhalten vermag –, fühlen wir uns wohl, harmonisch, aktiv und entschlossen. Identität wird bei Erikson nicht nur »gewusst«, sondern auch als Erfahrung von Kraft und Souveränität gespürt, schafft »bei jedem Schritt in Kindheit und Jugend durch die greifbare Tatsache sozialer Gesundheit ein zunehmendes Gefühl der Ichstärke« (1982a, S. 240) und ist »das einzige Bollwerk gegen die Anarchie der Triebe wie gegen die Autokratie des Gewissens« (1981b, S. 112).

Immer wenn wir etwas noch nicht können, versagen oder beschämt werden, trifft uns dies empfindlich. Der Mensch kann es, glaubt Erikson, nicht ertragen, wenn die Souveränität seines Ich über längere Zeit in Frage gestellt wird. Er interpretiert die Realität um, bricht Kontakte ab, flüchtet sich in narzisstische Illusionen, sucht mitunter durch exzessive Aktivitäten oder Drogenkonsum sein Selbstgefühl künstlich zu heben. Jede stärkere Identitätskrise geht mit einer Lähmung von Autonomie und Initiative einher. Erikson spricht vom »Patiens-Zustand« des Ich: Man fühlt sich ängstlich, zerrissen, kraftlos oder ausgeliefert. Das gesunde Ich überwindet solche Krisen und stellt mit der Zeit Selbstvertrauen und Kompetenz wieder her durch aktives Experimentieren und Gespräche ebenso wie durch unbewusste Regenerationsmechanismen des Träumens, Phantasierens oder Spielens. Im Gelähmtsein durch Depression und neurotische Konflikte kann der Patiens-Zustand dauerhaft Herrschaft über einen Menschen gewinnen und sich in der Psychose bis in den Zustand völliger katatoner Regungslosigkeit steigern.

Während Freud das Ich noch als »armes Ding« bezeichnete, von den »drei Zwingherren« Es, Über-Ich und Realität unterjocht (1923, S. 286), klingt Eriksons Identitätsbegriff oft wie ein psychoanalytischer Ausdruck für Gesundheit und Autonomie des Ich, ein Ich, das sich nicht von unkontrollierten Trieben und Affekten überrollen bzw. von Schuldgefühlen oder übermäßigen Idealen erdrücken lässt, das nach außen hin sicher und unerschrocken in der sozialen Umwelt aufzutreten vermag. Und während das Ich in Freuds Instanzenmodell der Persönlichkeit eher wie ein seelischer Roboter anmutet, betont Erikson, das »Ich« auch »ich« im Sinne des persönlichen Fürwortes bedeutet. Ähnlich wie die jüngere Ich- und Selbst-Psychologie will er deutlicher Phänomene von Selbstbewusstsein, Selbstwertgefühl und Willensstärke hervorheben, war es doch von Anfang an vornehmstes Ziel der Psychoanalyse, Reflexionsvermögen, Entscheidungsfähigkeit und Zivilcourage des bewussten Ich zu stärken. So unternimmt Erikson an einer Stelle den Versuch, bewusste und unbewusste Ich-Anteile begrifflich deutlicher voneinander abzugrenzen. Die unbewussten Abschirm- und Synthesevorgänge der Psyche nennt er das »Ego« (die englische Übersetzung des bei Freud substantivisch gebrauchten Ich) und will ihm »jene Domäne zuweisen, die es immer besessen hat, seit es in Freuds frühesten Tagen von der Neurologie in die Psychiatrie und Psychologie geriet: die Domäne einer inneren Organisation, die unsere zusammenhängende Existenz sichert« (1981a, S. 227). Das Ich als Subjekt der Wahrnehmung und letzter Bezugspunkt des Willens ist für Erikson etwas Bewusstes: »Man sollte wirklich entschieden sein und sagen, dass das ›Ich‹ voll bewusst ist, und dass wir nur insofern wirklich bewusst sind, als wir ›ich‹ sagen können und es auch meinen« (1981a, S. 227). Das Ego verarbeitet ununterbrochen das Chaos der von innen und außen auf die Persönlichkeit einströmenden Reize (Erikson: die »Faktizität«) zu einer geordneten Erfahrungswelt, dem subjektiven Modell, das wir uns von der Wirklichkeit machen (Erikson: die »psychische Realität«). Grundsätzlich lernen wir uns selbst und die Welt nur in unserer persönlichen Vorstellung kennen und wissen nicht, ob und inwieweit die psychische Realität der Selbst- und Objektrepräsentanzen mit der Wirklichkeit an sich übereinstimmt. Das Ich wird zur Stätte und zum Vollzugsorgan der Erfahrung, kann sich dabei aber nicht selber erfahren. Immer, wenn wir über uns selbst nachdenken, spaltet sich das Ich quasi auf in einen beobachtenden und beobachteten Teil. Dieses zweite, wahrgenommene Ich nennt Erikson das Selbst, das sich wiederum aus vielen einzelnen Selbsterfahrungen – Erikson spricht von den »Selbsten« – aufbaut. Ähnlich wie James und Mead unterscheidet Erik-

2.2 Eriksons Identitätsbegriff – der Ich-psychologische Aspekt

son also zwei Ebenen, wenn er behauptet, »dass hinsichtlich des wahrnehmenden und regulierenden Verkehrs des Ichs mit seinem Selbst die Bezeichnung ›Ich‹ für das Subjekt, die Bezeichnung ›Selbst‹ für das Objekt reserviert werden sollte. Es stünde dann dem Ich als der organisierenden Zentralinstanz im Laufe des Lebens ein veränderliches Selbst gegenüber, das jeweils verlangt, mit allen zurückliegenden und in Aussicht stehenden Selbsten in Übereinstimmung gebracht zu werden« (1981b, S. 191).

Damit stößt man rasch auf die jahrhundertealte Streitfrage, was denn eigentlich empfunden wird, die Identität des Ich oder die des Selbst? Trifft die rationalistische Auffassung Descartes', Kants oder Leibniz' zu, wonach die Identität auf einem transzendentalen Ich beruht, das aller Erfahrung vorausgeht und überhaupt erst Ordnung und Zusammenhang in die Erlebniswelt bringt? Oder ist die Identität, wie im Empirismus Lockes oder Humes, Resultat der Erfahrung, ergibt sich aus dem Erleben des Ähnlichen, Konstanten, Kontinuierlichen in der Selbstwahrnehmung allmählich die Ahnung eines mit sich selbst identischen Ich? Beide Positionen scheinen im Letzten logisch nicht stringent. Erikson selber hat sich in erster Linie aus einem therapeutisch-pädagogischen Anliegen mit dem Thema beschäftigt. In der Vielfalt seiner Bemerkungen kann man ihn weder der kontinentalen noch der angelsächsischen Tradition der Identitätsphilosophie zwingend zuordnen, zumal auch seine eigene Terminologie mitunter missverständlich wirkt. So hält Erikson in vielen Passagen seine Unterscheidung zwischen Ego und Ich nicht durch und benutzt den Ausdruck Ich eindeutig im Freud'schen Sinne. Vor allen Dingen bleibt die Unterscheidung zwischen den Ausdrücken Identität und Selbst unklar. Deckt sich Identität weitgehend mit dem Selbst im Sinne eines Selbstbildes oder Selbstprofils? Umfasst die Identität nur einen Ausschnitt des Selbst, die Eigenschaften, die das Individuum als besonders zentral für die eigene Selbstdefinition empfindet, vergleichbar dem »Kern-Selbst« oder dem »wahren Selbst«? Oder zählen zur Identität nicht auch Elemente aus der Objektwelt – »meine« Frau, »mein« Auto, »mein« Volk« –, die ich als grundlegend für mich in mein »erweitertes Selbst« aufnehme? Erikson hat in diesem Punkt genauere theoretische Debatten gescheut. Grundsätzlich ist Identität für ihn ein psychosozialer Mischbegriff, das »Gefühl der Realität des Selbsts innerhalb der sozialen

Realität« (1981a, S. 219), im Sinne der psychoanalytischen Ich-Psychologie letztlich ein Ausdruck für das Erleben der Gleichheit und Kontinuität des gesamten Realitätskonzeptes.

2.3 Eriksons Identitätsbegriff – soziokulturelle, ethisch-religiöse und unbewusste Aspekte

Schon jetzt ist deutlich geworden, dass es sich beim Identitätsprozess nicht um eine bloß binnenpsychische Regulierung von Triebspannungen oder seelischen Instanzen handelt. Die Selbstfindung des Menschen erstreckt sich nach »außen« in Gesellschaft und Geschichte hinein, nach »oben« in existentielle Bereiche von Ethik, Religion und Weltanschauung und nach »unten« zu verdrängten Anteilen des Unbewussten. Das Individuum ist kein isolierter Apparat oder primärer Egoist. Der soziale Anteil der Identität muss nach Erikson innerhalb der Gemeinschaft gesehen werden, in der der Einzelne sich findet: »Das ganze Leben hindurch hängt der Aufbau und die Erhaltung jener Ich-Stärke, die Zerrissenes zusammenfügen und Zweideutiges in Einklang bringen kann, von der Stützung zuerst durch elterliche, dann gesellschaftliche Modelle ab« (1973, S. 796).

Von früh auf entwickelt sich der Mensch in die unterschiedlichsten »Gruppenidentitäten« hinein, die geographische Umgebung, Geschichte, Lebensform, Sprache und Weltauffassung einer Familie, einer sozialen Schicht, eines Volkes und einer Kulturgemeinschaft, die er wie eine Art »Raum-Zeit« (Erikson, 1981b) verinnerlicht. Je nachdem, ob man in einem Bergtal, einer Wolkenkratzerumgebung oder einem Bürgerkriegsgebiet aufwächst, ob das Weltbild vom christlichen Evangelium oder einer kommunistischen Ideologie geprägt ist, ob man das ganze Leben sein Feld bestellt oder hektisch um die Finanzmärkte dieser Erde kreist – es entstehen die unterschiedlichsten Formen, wie ein Individuum über sich denkt, die Welt erlebt und sein Dasein bewältigt. Unablässig ist der

Mensch in Gemeinschaftsaufgaben involviert und erfährt hier Zugehörigkeit und Sinn. Individuelle und kollektive Identitätsfindung verschmelzen für Erikson zu einem großen Organisationsprozess, einem Prozess, »der im Kern des Individuums ›lokalisiert‹ ist und doch auch im Kern seiner gemeinschaftlichen Kultur, ein Prozess, der faktisch die Identität dieser beiden Identitäten begründet« (1981a, S. 18).

Ein einziges Mal hat Freud den Ausdruck »Identität« in einem Bewusstsein bitteren ethnischen Stolzes benutzt, um seine mächtigen Gefühlsbande an das jüdische Volk auszudrücken, die »Heimlichkeit der gleichen seelischen Konstruktion«, die Unbestechlichkeit des Denkens, die frei macht von »vielen Vorurteilen, die andere im Gebrauch ihres Intellekts beschränken«, der Außenseiterstatus, der darauf vorbereitet, »in die Opposition zu gehen und auf das Einvernehmen mit der ›kompakten Majorität‹ zu verzichten« (1941, S. 52). Vieles deckt sich mit dem, was Erikson die psychosoziale Identität nennt, ein Empfinden der Stärke und Solidarität durch die Zugehörigkeit zu einer völkischen oder religiösen Gemeinschaft. Man lebt in einer vertrauten geographischen Umgebung, in sicherheitsgebenden Beziehungen, fühlt sich in seinen Rollen anerkannt. Man ist mit anderen in einem Weltbild verbunden, das Orientierung und Sinn vermittelt, jenes grundlegende Vertrauensgefühl, »in seiner Zeit und an seinem Platze zu Hause zu sein« (Erikson, 1988, S. 119). Während in primitiven Kulturen Ich und Gruppen-Ethos quasi miteinander verschmelzen, besteht die psychosoziale Identität des postmodernen Menschen aus einer verwirrenden Vielfalt von Gruppenzugehörigkeiten. »Identitätsdarstellung« und »Identitätsbehauptung« werden zu normalen Stressoren der Konkurrenzgesellschaft, Probleme der Akkulturation und Migration stellen hohe Anforderungen an Toleranz und Integrationsbereitschaft. Mehr als in traditionsbestimmten Gesellschaften macht sich heute die Identitätskrise in Gefühlen der Ungeborgenheit, Rollenüberforderung, Heimatlosigkeit und Entfremdung bemerkbar, mitunter gefährlich kompensiert durch fundamentalistische oder fremdenfeindliche Attitüden.

Eriksons Identitätsbegriff bewegt sich im Spannungsfeld von Ich- und Mitsein. Stets geht es für das Individuum darum, soziale Identität herzustellen, sich in die Gedankenwelt anderer hineinzuversetzen, die Regeln einer Gemeinschaft zu akzeptieren, gleichzeitig aber auch Ich-

Identität als eigenständiges Wesen zu realisieren, das soziale Anforderungen kritisch überdenkt, unerschrocken eigene Standpunkte entwickelt, seine sozialen Rollen individuell mit Empathie, Toleranz und Humor zu durchdringen vermag. Bei zu großer Anpassung an die Umwelt wirkt die Identität hohl und banal. Man denke an Menschen, die in hysterischem Possenspiel etwas »aufführen« müssen, sich bis zur Selbstaufgabe mit einem Stereotyp identifizieren oder kritiklos-hörig äußeren Autoritäten unterwerfen. Bei zu großem Individualismus droht die Persönlichkeitsentwicklung egozentrisch und rücksichtslos zu werden. Echte Identität erlangt für Erikson nur derjenige, der sich auf Bindungen einlässt und sie nicht umgeht. Selbst überragende Gestalten der Geschichte wie Christus, Franz von Assisi oder Mahatma Gandhi mussten zunächst eine psychosoziale Identität annehmen, bevor sie über die Lebensform ihres Kulturkreises hinauswuchsen und Ideale einer weltweiten Brüderlichkeit und Versöhnung entwickelten.

Der Mensch wird erst zum Gemeinschaftswesen, indem er die ethischen und religiösen Grundüberzeugungen seiner Kultur in sein Gewissen übernimmt, die ihm besonders in Ausnahme- und Entscheidungssituationen des Daseins Kraft und innere Orientierung vermitteln. Werte stabilisieren und definieren das individuelle und kollektive Identitätsgefühl machtvoll, und nichts ist in der Auseinandersetzung unterschiedlicher Kulturen so verletzend, als die Prinzipien des jeweils anderen in Frage zu stellen. Keineswegs will Erikson Freuds Einsichten über die primitiven Wurzeln menschlicher Moral leugnen. Individuen, deren Gewissen sich überwiegend aus bloßen Dressaten und sadistischen Introjekten aufbaut, bleiben ihr Leben lang einem primitiv-katagorischen Über-Ich gehorsam und können zur großen Gefahr für sich selber und für andere werden. Normalerweise vermag der junge Mensch die anerzogenen Gebote und Moralismen der Kindheit zu relativieren, einen persönlichen Freiheitsspielraum zu erarbeiten, welcher »die Zwingherrschaft des kindlichen Über-Ichs neutralisiert« (Erikson, 1982a, S. 275). Die Fähigkeit, nach vernünftigen, humanen ethischen Prinzipien zu urteilen und zu handeln ist eine der wesentlichsten Indikatoren reifer Identitätsfindung. In der Tat wird Identität als ethische Stärke »vornehmlich dort evident, wo jemand sich entschlossen einer Sache verschreibt« (Erikson, 1978a, S. 198), zeigt sich überall, wo der Einzelne mutig seinen Überzeugun-

2.3 Soziokulturelle, ethisch-religiöse und unbewusste Aspekte

gen treu bleibt, kritische Vorbehalte und Zivilcourage gegen Gruppendruck, Propaganda oder totalitäre Einschüchterung bewahrt. Märtyrer, Bekenner und Widerstandskämpfer setzten in dunkelsten Phasen der Geschichte für Gedankenfreiheit und Menschlichkeit ihr Leben aufs Spiel, lieferten überragende Beispiele für die Aufrichtigkeit und Widerstandsfähigkeit des Ich.

Über Jahrtausende hinweg haben die Religionen am stärksten das menschliche Urbedürfnis nach Glaube und Sinn befriedigt und wirkten sich machtvoll auf die Lebensführung einzelner und ganzer Kulturen aus. Beeindruckt von der Numinosität der Religionsstifter und Heiligen, hat Erikson den an sich nicht biblischen oder theologischen Begriff »Identität« auch auf das religiöse Erleben des Menschen bezogen, »den Glauben an eine höhere Identität irgendwo im großen Unbekannten. Aussehen und Gestalt dieser Identität sind in den verschiedenen Zeitaltern und Kulturkreisen unterschiedlich. Ihr entlehnen die Menschen den Teil ihrer eigenen Identität, den wir als existentiell bezeichnen können, da er durch den Bezug der Seele auf ihre reine Existenz bestimmt ist« (1975a, S. 194–195). Einem gläubigen Menschen vermittelt eine religiöse Überzeugung gerade in den Krisen und Grenzsituationen des Lebens Trost und Hoffnung. In Gebet und Meditation fühlt der Einzelne sich geborgen durch schützende, tröstende Mächte, Erfahrungen, die sich in mystischen Erschütterungen und den Offenbarungen Heiliger bis zu Erlebnissen absoluter Gottesgewissheit steigern. Es handelt sich für Erikson um geheimnisvolle und vielleicht tiefste Empfindungen von Identität, die als ganz gewiss erlebt werden, aber nur schwer kommunizierbar und schon gar nicht wissenschaftlich beweisbar sind.

Keinesfalls lässt Erikson bei der Diskussion des Identitätsproblems die fundamentalen Erkenntnisse Freuds über die primitiven, abgründigen Anteile der Persönlichkeit außer Acht. In jedem Menschen gibt es einen schattenhaften Bereich, all die wunden Punkte, Fehler und Schwächen, die, auch wenn wir sie nicht wahrhaben wollen und auf andere projizieren, untrennbarer Bestandteil unseres Wesens sind. Erikson spricht von der »negativen Identität«, die »Summe all jener Identifikationen und Identitätsfragmente, die der Einzelne unterdrücken musste, weil er sie ablehnte oder für unzumutbar hielt, oder weil seine Gruppe ihn lehrte, sie als Merkmale fatalen ›Anders-Seins‹ in Geschlechtsrolle oder Rasse, in sozialer Klasse oder Religion wahrzunehmen« (1982b, S. 18). Ständig schleichen sich belastende Erinnerungen, Selbstvorwürfe, perverse Triebregungen oder unterdrückte Wutgefühle in Gedanken, Träume und Phantasien ein, können unsere Stimmung verdüstern und uns in schwere Konflikte stürzen. Stets bestimmt die Psychodynamik des Seelenlebens ein weitgehend unbewusst bleibender Kampf zwischen bewusster Selbstauffassung und negativer Identität. All die Techniken von Verdrängung, Reaktionsbildung, Projektion, Rationalisierung, Verleugnung oder Isolierung sind quasi die unbewussten Korsettstangen unserer Identität, ohne die wir von unkontrollierten Impulsen überflutet würden und eine Gesellschaft in Anarchie versänke. Jeder Mensch entwickelt eine typische Kombination von Abwehrgewohnheiten, die mit seinen sozialen Beziehungen, seinen Anschauungen und Werten verschmelzen und das Feste und Gleichbleibende in seinem Erleben und äußeren Auftreten mitbestimmen. Ein Versagen der Abwehrmechanismen, z. B. ungesteuerte Jähzornsanfälle oder plötzlich durchbrechende exhibitionistische Impulse, stürzt den Einzelnen in große Schwierigkeiten, ebenso wie alle schwereren Identitätskrisen die Abwehrmechanismen labilisieren. Man denke an Phasen extremer Fresssucht nach einer enttäuschenden Liebesbeziehung oder irrationale Hass- und Eifersuchtsdurchbrüche im Rahmen einer Scheidungsauseinandersetzung. Eriksons Identitätsbegriff geht also weit über das »Selbst-Bild« oder »Selbst-Konzept« aus der Akademischen Psychologie hinaus. Das bewusste Selbsterleben spiegelt nur einen kleinen Teil unseres Wesens wider, obendrein durch die Arbeit der Abwehrmechanismen verzerrt und retuschiert. Vieles, was unser Ich-Ideal, unsere politischen oder religiösen Überzeugungen gefährdet, kann nicht richtig zum Bewusstsein zugelassen werden, wird uminterpretiert oder ganz verleugnet. Zu jeder ehrlichen Selbstauseinandersetzung gehört auch der Umgang mit der eigenen Schattenseite. Ansonsten bleibt es bei narzisstischen Selbstbeschwichtigungen und oberflächlichen Identitäts-Präsentationen.

2.4 Eriksons Identitätsbegriff – der genetische Aspekt

Eriksons Identitätstheorie ist vor allem eine genetische. Es geht ihm darum, die Entwicklung und Veränderung des Selbsterlebens in den einzelnen Phasen des Lebenszyklus nachzuvollziehen, ist die Identität doch nie »als eine ›Errungenschaft‹ in der Form eines Panzers der Persönlichkeit oder sonst als irgendetwas Statisches und Unveränderliches ›festgelegt‹« (1981a, S. 20). Identitätsfindung unter entwicklungspsychologischem Aspekt heißt, die unterschiedlichen Wachstumsformen des Körpers, der Triebe, der kognitiven Funktionen und des Gewissens mit neuen Sozialisationseinflüssen und Rollenanforderungen abzustimmen, aus all den vielfältigen Einflüssen, Stadien und Aspekten des Lebens immer wieder die Einheit der Persönlichkeit herzustellen. Subjektiv wird dies als Aufbau einer immer komplizierteren Erfahrungswelt empfunden. Unablässig strömen neue Eindrücke und Informationen auf uns ein, die wir mit Hilfe bereits bestehender kognitiver Schemata verarbeiten und die unser Selbst- und Weltbild erweitern, eine von vielfachen unbewussten Einflüssen gesteuerte Art persönliche Geschichtsschreibung. Auf jeder Entwicklungsstufe sehen wir uns selbst und unsere Lebensumstände in einem anderen Licht. Stets geht es, so Erikson, darum, »in den Wandlungsprozessen wesentliche Grundformen zu bewahren« (1966a, S. 87), Einstellungen und politische Urteile zu überdenken, sich Herausforderungen zu stellen, den Mut zu Neuentscheidungen aufzubringen und sich dennoch in aller Weiterentwicklung selber treu zu bleiben.

Der gesamte Lebenszyklus ist in Eriksons Entwicklungsmodell eine Abfolge von psychosozialen Krisen, und bei jedem Schritt seiner Entwicklung als abgegrenzte Person neigt der Mensch dazu, »sich innerlich entwurzelt zu fühlen« (1966a, S. 93). Die Psychoanalyse hat aufgezeigt, wie massiv Kindheitsängste die Persönlichkeitsentwicklung prägen. In allen Kränkungen und Identitätsverunsicherungen des Alltagslebens schwingen die infantilen Erfahrungen von Liebesverlust, Beschämung, Schuld oder ödipaler Niederlage mit. Von einer Identitätskrise sollte man erst dann sprechen, wenn zu viele Belastungen auf einmal oder zu abrupte Veränderungen der Lebensperspektive – plötzliche Schicksalsschläge, Erkrankungen, Verluste, historische Katastrophen – Selbstvertrauen und Initiative massiv und über längere Zeiträume untergraben. Lebenskrisen sind für Erikson nicht von vornehereim etwas potentiell Gefährliches, Pathologisches, sie sind gekennzeichnet »sowohl durch eine scheinbare Schwankung in der Ich-Stärke wie durch ein hohes Wachstumspotential« (1981a, S. 168). Ob das Individuum daraus gestärkt hervorgeht oder in Stagnation, Krankheit oder Neurose verfällt, hängt von der persönlichen Vorgeschichte, oft auch von winzigen biographischen und historischen Zufällen ab.

Schon vor den Anfängen des Selbstbewusstseins wurzelt das Identitätsgefühl für Erikson in den Entwicklungsprozessen der oralen Phase. In den periodischen Kontakten mit der Pflegeperson sucht sich der Säugling die äußere Lust- und Befriedigungsquelle quasi »einzuverleiben« und damit unverlierbar zu machen. Die Introjektion eines »guten Mutterbildes« weckt das Urvertrauen, dass man liebenswert ist, dass es lohnt, sich auf das Leben einzulassen. Die wechselseitigen Blickkontakte, das Freudige im Auge der Mutter verleiht ein erstes »Ansehen« und »Anerkennen«, vielleicht die frühesten Ahnungen eines positiven Identitätsgefühls, während sich bei schweren Störungen der oralen Phase die uranfänglichen Erfahrungen von Mutter mit radikalen Ängsten, Wut- oder Schuldgefühlen verbinden. Solch verzerrte »böse Introjekte« bleiben lebenslang Fremdkörper im Selbst eines Menschen, tragen zu brüchigen, gespaltenen, misstrauischen Haltungen sich selbst und der Welt gegenüber bei.

Je vertrauensvoller sich die Säuglingszeit gestaltet, desto mehr entwickelt das Kleinkind den Drang, sich neugierig-exploratorisch mit der Welt auseinanderzusetzen. Identität ist nach Erikson »dort am gesichertsten, wo sie in Aktivität begründet ist« (1975b, S. 119). Schon im zweiten Lebensjahr lässt sich beim Kind ein mächtiger Drang nach Kompetenz, nach dem Ausprobieren seiner Kräfte und Geschicklichkeiten beobachten, löst der Mechanismus der Identifikation die primitiven Introjektionen ab. Kleine Jungen und Mädchen ahmen das motorische Gehabe, die Einstellungen und Gefühlsäußerungen ihrer Eltern nach, nehmen deren Vorbild quasi in ihr Selbst hinein. Fast alle wichtigen Entwicklungsprozesse der ersten Lebensjahre, die Entfaltung der Motorik, der Sprache, des Gewissens oder der Geschlechtsrolle, verlaufen größtenteils über die Angleichung an Eltern und andere wichtige Bezugspersonen, die wiederum Lebensart, Weltbild und Moral eines bestimmten Kulturkreises repräsentieren. Wichtig ist, dass Erwachsene die Identifikationsversuche des Kindes lobend stimulieren, ihm das Gefühl vermitteln, immer weitere Bereiche des Daseins aktiv beherrschen zu können. Gerade die Mischung aus körperlicher Bemeisterung, funktioneller Lust und sozialem Beifall beim Erlernen der Ich-Funktionen stärkt Stolz und Selbstachtung und verdichtet sich allmählich zu der Überzeugung, »dass das Ich fähig ist, erfolgreiche Schritte in Richtung einer fassbaren kollektiven Zukunft zu tun, dass es sich zu einem gut organisierten Ich innerhalb einer sozialen Wirklichkeit entwickelt« (Erikson, 1981a, S. 47). Natürlich sind infantile Identitätsphantasien, die Vorstellung, den Vater zu heiraten, Zoodirektor zu werden oder Superman zu sein, noch rasch wechselnd und unreif. Dennoch bündeln sich laut Erikson in diesen spielerischen Probeidentifikationen eine Vielzahl von Selbstrepräsentanzen zu Persönlichkeitsentwürfen und Zukunftsvorstellungen, »Erwartungshaltungen, die zu Teilen der Identität werden, indem sie Schritt für Schritt in entscheidenden Erfahrungen auf ihre psychosoziale ›Eignung‹ hin geprüft werden« (1981b, S. 142).

Keineswegs ist die weitere Entwicklung jedoch »nur« eine Entfaltung des in der Kindheit Angelegten, und eine bloße Addierung von Identifikationen könnte laut Erikson »nicht zu einer funktionsfähigen Persönlichkeit führen« (1981a, S. 162). Die eigentliche Identitätsfindung vollzieht sich in der Selbstauseinandersetzung des Jugendlichen, der sich aus seinem Kindheitsmilieu ablöst und aus dem »Material« der Identifikationen, aus veränderten gesellschaftlichen Einflüssen und Rollenanforderungen sowie eigenen Überlegungen und Plänen allmählich ein eigenständiges Persönlichkeitsprofil formt. Die Erwartungen, die an den jungen Menschen gestellt werden – seine Sexualität in eine liebende Beziehung überführen zu lernen, sich als mündiger Bürger ein eigenständiges Urteil zu bilden und sich für eine berufliche Laufbahn im Erwachsenenleben zu entscheiden –, sind, gerade in komplexen Gesellschaften, oft verwirrend und überfordernd. Nicht umsonst bezeichnet Erikson das Jugendalter als Zeit einer »normativen Identitätskrise«. Innerlich aufgewühlt durch sexuelle und aggressive Antriebe, äußerlich verunsichert durch den unklaren Status zwischen Kindheit und Erwachsenenwelt, erleben junge Menschen sich selbst und ihre Umwelt problematisch. Frühere Berufswünsche und Moralvorstellungen, der religiöse Kinderglaube oder die naive Idealisierung der Eltern werden fragwürdig; manche Identifikationen, der »Musterschüler«, der »Liebling der Mutter«, der »Trotzkopf«, werden abgestreift, andere kritisch überdacht und erweitert. Feste und in sich stimmige Identifikationen erleichtern den Übergang ins Erwachsenenalter. Mangelnde Identifikationen (z. B. mit einem schwachen, häufig abwesenden Vater), ausgesprochen ungünstige Identifikationen (etwa mit einer depressiv-suizidalen Mutter) oder stark widersprüchliche Identifikationen (z. B. mit gänzlich entgegengesetzten Erziehungsauffassungen von Eltern und Großeltern) behindern ebenso die Identitätsfindung wie übermäßige Identifikationen (z. B. mit den überspannten religiösen Ideen sektiererischer Eltern).

Es ist eine Zeit des Nachdenkens und Experimentierens mit Selbstvorstellungen, Kontakten, Plänen und Rollen, des wechselseitigen Bespiegelns und Definierens, wer man ist, wie man sein möchte, wie, mit wem, wofür man leben will. Obwohl Adoleszente bisweilen nach außen narzisstisch-unnahbar erscheinen, sind ihnen Anleitung und Bestätigung Erwachsener ausgesprochen wichtig, können Begegnungen mit Vorbildern die Persönlichkeitsentwicklung entscheidend prägen. Die Identität, wie sie sich günstigenfalls am Ende der Adoleszenz herauskristallisiert, »schließt alle bedeutsamen Identifizierungen in sich, aber sie verändert sie auch, um ein einzigartiges und entsprechend zusammenhängendes Ganzes aus ihnen zu machen« (1981a, S. 165). Erikson spricht von einem »spezifischen Zuwachs an Persönlichkeitsreife« (1981b, S. 123), der sich in einem zunehmenden Gefühl innerer Sicherheit ausdrückt. Man kennt seine Vorzüge und Schwächen, weiß um seinen inneren Wert, ist nicht mehr auf ständige Spiegelung und Bestätigung von außen angewiesen, man hat sich eine eigenständige Meinung gebildet, die nicht permanent von Emotionen und Ängsten untergraben wird. Solch innere Festigkeit ist wichtig, damit der erwachsene Mensch sich in der Erziehung von Kindern, im sozialen und politischen Engagement verantwortlich und glaubwürdig weiterzugeben vermag. Identitätsfindung bedeutet niemals eine rein private »Selbstverwirklichung«, und ausdrücklich grenzt sich Erikson von den Meditierern und Berufs-Existialisten unserer Tage ab, die beim zwanghaften Vordringen in die Tiefe ihres Selbst Bindung und Verzicht oft genug als Einschränkung ihrer Subjektivität erleben: »Die Gefahr des ganzen Existentialismus, der jugendlich zu bleiben wünscht, ist, dass er die Verantwortung für den Prozess der Generationen umgehen möchte und damit eine abortive menschliche Identität verficht« (1981a, S. 39).

2.5 Identitätskrise des Identitätsbegriffs?

Mit der Diskussion des Identitätsproblems hat Erikson eine Brücke geschlagen von Grundthemen der abendländischen Philosophie zur modernen Ich-Psychologie, von den unter unbewussten Triebkonflikten leidenden Patienten Freuds zu neuen Pathologien des narzisstisch isolierten, verarmten oder gespaltenen Selbst. Viele Experimente zur Stärkung individueller Freiheit und Kreativität in Pädagogik, Psychotherapie und Seelsorge gehen unter anderem auf Eriksons Identitätspsychologie zurück, wenngleich er manch modische Ausdeutung der Populärpsychologie nicht verhindern konnte. Während die meisten Autoren heutzutage die Identität in Faktoren, Erfahrungsfelder oder Subelemente zerlegen, hat Erikson anfechtbare Detaildefinitionen abgelehnt und die ganze Kompliziertheit des Themas aufgewiesen. Freilich ist die Gefahr eines solch weit angelegten Konzepts, dass es kaum noch einen wissenschaftlichen Aussagewert besitzt und jeder Leser sich einen Identitätsbegriff nach eigenem Gutdünken zurechtlegt. Ob es beispielsweise sinnvoll ist, einen Terminus der Logik selbst auf das Unbewusste auszuweiten, für Freud der absolut irrationale Anteil des Seelischen, scheint zumindest diskussionswürdig.

In der sehr komplexen und unübersichtlichen Identitätsforschung nimmt Erikson eine Mittelstellung ein zwischen »Eigenschaftstheoretikern« wie De Levita oder Lichtenstein, die Identität als feste persönliche Struktur, als eine Art inneren Kompass auffassen, und »Interaktionstheoretikern« wie Krappmann oder Goffman, die Identität im Gegenteil als eine stets neu zu erbringende Beziehungsleistung, als momentane Präsentation ansehen. Erikson betont den Entwicklungs- und Veränderungscharakter der Identität in den Phasen und Brüchen des Lebenszyklus. Aber Identität ist nicht eine bloße Maske, die man einem wechselnden Publikum gegenüber auf- und absetzt. Aus der persönlichen Verarbeitung von Kindheitsidentifikationen entsteht ein Kern an Überzeugungen und Werten, eine Souveränität des Auftretens und Urteilens. Sobald der junge Erwachsene sich selbst und seinen Platz in der Gesellschaft gefunden hat, scheint die Identität doch relativ festgelegt zu sein, schleifen sich bestimmte Daseinsauffassungen, Prinzipien und Wege der Konfliktbewältigung immer mehr als automatisierte Formen der Ich-Synthese ein. Natürlich ergeben sich auch im Erwachsenenalter neue Erfahrungen und Krisen, die Art und Weise, wie diese wahrgenommen und verarbeitet werden, bleibt jedoch relativ konstant, kann offenbar noch nicht einmal durch eine psychoanalytische Behandlung wesentlich korrigiert werden: »Therapie und Lenkung können versuchen, wünschenswerte Identifikationen anstelle nicht wünschenswerter zu setzen, aber die ursprüngliche Richtung der Identitätsbildung bleibt unveränderbar« (Erikson, 1981a, S. 51).

So wird Identität vom unkritischen Leser doch leicht, wie beispielsweise Haußer (1983), Krappmann (1978) oder Frey und Haußer (1987) monieren, »verdinglicht« zu etwas, was man irgendwann erringt und dann quasi als unverlierbaren »Besitz« mit sich trägt, etwas, was man in modernen Leistungsgesellschaften als Kriterium für Gesundheit, Reife oder soziale Angepasstheit missverstehen kann. Gefühle von »Ganz-Sein, Aktiv-Sein und Auf-einen-Mittelpunkt-bezogen-Sein« (Erikson, 1966a, S. 77), wie sie im Übrigen dem Ich-Ideal eines »guten Amerikaners« entsprechen, gaukeln leicht ein Maß an Selbstsein und Freiheit vor, das in einer verwalteten Welt rasch zu etwas Illusorischem wird. Im subjektiven Erleben kann dies einer Selbstgenügsamkeit Vorschub leisten. Man ist stolz darauf, seine Identität gefunden zu haben, fühlt sich wohl und integer, weicht aber eigenen Widersprüchlichkeiten aus und verleugnet das Ausmaß an Zwang, Manipulation und Inhumanität in seiner gesellschaftlichen Umgebung. Schon Adorno bezeichnete das Ziel der gut integrierten Persönlichkeit als die »falsche Versöhnung mit der unversöhnten Welt« (1955, S. 29) und warnte davor, dass der Identitätsbegriff, der die Autonomie des Individuums betonen will, in Wirklichkeit eine »Charaktermaske der Unterwerfung« widerspiegele.

Gewiss liegen Erikson solche Gedanken fern. Nie hat er eine bloße Anpassung an vorgegebene Rollen und Normen empfohlen. Aber mitunter beschwört er in seinen Schriften doch Bilder einer traditionsbestimmten Gesellschaft herauf, wo der Jugendliche durch feste Bräuche einen Platz in seiner Gesellschaft zugewiesen bekommt, »eine Nische, die fest umrissen und doch wie einzig für ihn gemacht ist« (1981b, S. 138). Solch statische Kulturen, die keine großen Anpassungsleistungen im Erwachsenenalter mehr verlangen, sind mit dem hektischen Pluralismus moderner Industriegesellschaften kaum noch zu vergleichen. Schützende Familiengefüge, Halt gebende Traditionen oder glaubhafte Identifikationsvorbilder, auf denen ein Heranwachsender eine stabile Identität aufbauen könnte, drohen im Schnelllebigen, Überbordenden postmoderner Lebensverhältnisse zunehmend verloren zu gehen. Wo, muss man fragen, vermag der Einzelne in unserer bürokratisierten und mechanisierten Welt überhaupt noch seine Originalität zu entfalten, es sich zu leisten, wirklich aufrichtig und kreativ zu sein? Herrscht nicht in nahezu allen Lebensbereichen ein Grundgefühl des Inkonsistenten, Unverbindlichen, letztlich der Nicht-Identität?

Zu keinem Zeitpunkt hat die Primärsozialisation so wenig auf das Erwachsenenleben vorbereitet wie heute. Zumindest in den modernen Industrienationen kann von einer quasi stufenförmigen Identitätsfindung am Ende der Adoleszenz vielfach nicht mehr die Rede sein, ebenso wie man das Erwachsenenalter kaum noch auffassen kann als das Durchspielen einer in ihren Grundzügen feststehenden Identitätsformation. Unter dem Druck immer neuer Anpassungsleistungen parzelliert sich die Identität bei vielen Individuen in immer unterschiedlichere Bereiche, droht das Gefühl von Zusammenhang und Zusammenhalt im Patchwork heterogener Beziehungskonstruktionen und Sinnsuggestionen verloren zu gehen. Eher vertrauensvolle, in sich ruhende Lebensweisen lösen sich auf, ein Grundgefühl der Verunsicherung erstreckt sich bis in den Bereich der privatesten Beziehungen. Wie soll man heutzutage überhaupt eine Partnerschaft gestalten, Kinder erziehen, sich eine eigene Meinung bilden angesichts einer überwältigenden Flut von

Informationen und einer Komplexheit von Problemen, die scheinbar nur von Experten richtig durchschaut werden können?

Eine selbst gestaltete Identität, wie sie Erikson vorschwebt, erfordert ein hohes Maß an Reife und intellektuellen Fähigkeiten, wie es am ehesten noch auf die Gruppe der Gymnasiasten und Studenten zutrifft. Es ist die Frage, ob Erikson die vielen außengeleiteten Menschen erfassen kann, deren Leben nahezu glatt in den Rollen und Konsumangeboten heutiger Massengesellschaften aufgeht, ob nicht ohnehin viel an unserem modernen Persönlichkeitskult Selbsttäuschung, falsches Bewusstsein ist. Sicher gab es noch nie eine Zeit, wo die Chancen zu Bildung und zur persönlichen Gestaltung des Daseins für breite Bevölkerungsschichten so groß waren wie heute. Aber die Versuche, sich einen Stil, eine persönliche Note in Kleidung, Geschmack und Lebensführung zu verschaffen, werden von raffinierten Werbestrategien manipuliert, so dass Identität sich oft auf die Auswahl eines vorgefertigten Angebotskatalogs beschränkt. Bei vielen Menschen scheint in der dumpfen Suche nach immer neuen Reizen und Befriedigungsmöglichkeiten eine wirkliche Reflexion über die eigenen Lebensumstände gar nicht erst aufzukommen. Andere weichen Identitätsproblemen aus, indem sie sich ganz und gar einer Beziehung unterwerfen oder in naiv-vertrauensvoller Weise an Autoritäten und vereinfachte Weltbilder klammern. Wieder andere leiden darunter, keinen Mittelpunkt im eigenen Dasein zu finden. Oft handelt es sich um Menschen, die quasi zum Zerrbild der äußeren Inkonsistenz werden: Man sehnt sich nach Intimität und Geborgenheit, schreckt andererseits vor enger Bindung und Verantwortung zurück; man experimentiert mit immer neuen Wegen und fühlt sich doch innerlich leer; man ist empört über soziale Missstände, passt sich aber im Ernstfall resigniert an.

Und zunehmend bringt die Moderne Persönlichkeitstypen hervor, die den Widerspruch quasi zum Lebensprinzip machen und überhaupt nicht mehr den Anspruch auf eine konsistente Identität zu erheben scheinen. Man passt sich nach allen Seiten glatt an, sucht narzisstisch den eigenen Vorteil, verleugnet in der einen Situation, was man in der anderen war, ohne dabei größere Gefühle von Schuld oder Verwirrung zu empfinden. Von den »Superstars« der Casting-Shows bis zum Unechten der Polit-Inszenierungen – Identität ergibt sich in gespielten Gefühlsäußerungen, in momentanen Posen oder Rollen, die man in unterschiedlichen Umgebungen einnimmt, ohne Anspruch auf Verbindlichkeit und persönliche Tiefe. In manchen Zügen mag Eriksons Identitätsbegriff das Bild des bürgerlichen Individuums aus längst vergangenen Tagen heraufbeschwören. Aber, ganz in der Tradition psychoanalytischen Denkens, hat er stets an die Widerstandskraft des Ich gemahnt, eine Widerstandskraft, die derzeit unter dem Druck sich immer totalitärer entwickelnder Marktbedingungen mehr denn je gefragt ist.

3 Eriksons sozialpsychologische Beiträge

3.1 Die Gesellschaft ist keine »Außenwelt«

Die Verbindung der Psychoanalyse mit den Sichtweisen von Sozialpsychologie, Soziologie und Kulturanthropologie ist ein weiterer Schwerpunkt in Werk und Wirken Erik H. Eriksons. Obwohl Freud in seinen späten Schriften revolutionäre Einsichten in das Verhältnis Individuum Kulturgemeinschaft gewonnen hatte, betrieben er und seine unmittelbaren Nachfolger den Ausbau einer psychoanalytischen Sozialpsychologie nach Einschätzung Eriksons eher halbherzig. Hauptforschungsanliegen blieb das Unbewusste. Die psychoanalytische Kur zielte darauf ab, so weit wie möglich das Verstricktsein des Patienten in seine Alltagswelt auszuschalten, damit sich ungestört das Reich der Träume und geheimen Phantasien entfalten konnte. Die sozialen Beziehungen und Konflikte des Patienten, sein Familien- und Arbeitsleben, das besondere kulturelle Milieu, in dem er lebte, verblassten zu einer »Umwelt« oder »Außenwelt«. Durch asketische Innenschau suchten die Pioniere der Tiefenpsychologie selbst die rätselhaftesten und verborgensten Schichten der Seele aufgeklärter Vernunft zugänglich zu machen. Derweil rotteten sich in der »Außenwelt« faschistische Horden zusammen, die bald darauf das nackte Leben mancher jüdischer Analytiker bedrohen sollten.

Energisch kritisiert Erikson das biologistische Modell eines in sich geschlossenen »seelischen Apparates« und einer »Umwelt«, die im klassischen psychoanalytischen Schrifttum ein vages, nicht näher festgelegtes Gebiet blieb, von dem behauptet wurde, »es sei draußen, bloß weil es nicht innen ist – nicht innerhalb der Körperhaut des Individuums oder innerhalb seines psychischen Systems oder innerhalb seines Selbsts im weitesten Sinn« (1981a, S. 230). Um den Menschen als ein ständig in soziale Vorgänge und politische Konflikte einbezogenes Wesen begreifen zu können, müsse sich die Psychoanalyse endgültig vom ökonomischen Denken des 19. Jahrhunderts in Kräften, Apparaten und Instanzen weg orientieren hin zum ökologischen Denken des 20. Jahrhunderts in Verflechtungen, gegenseitigen Aktivierungen und gemeinsamen Wachstumsprozessen. Es geht laut Erikson um die schwierige Gratwanderung, sich zwischen den inneren Trieben und Bildern des Unbewussten und den äußeren Kraftfeldern der zwischenmenschlichen Beziehungen und institutionellen Machtverhältnisse hin und her zu bewegen, ohne die psychologische bzw. die soziologische Perspektive jeweils auf die andere zu reduzieren.

Keine ernsthafte Psychologie und Gesellschaftstheorie kann es sich heute noch leisten, Freuds Einsichten in die latente Pöbelhaftigkeit gesellschaftlicher Organisation und die katastrophalen Folgen liebloser Erziehung zu leugnen. Die unbewussten und gesellschaftlichen Wurzeln von Krankheit, Identitätsverwirrung und Gewalt herauszuarbeiten, Verbindungen herzustellen zwischen den Neurosen des Einzelnen und den großen Pathologien des Zeitgeistes, war Grundanliegen von Eriksons psychotherapeutischer Arbeit und aller sich daraus ergebenden wissenschaftlichen Fragestellungen. Andererseits warnt Erikson davor, die gesunden Ressourcen der Psyche ausschließlich mit pathologischen Denkmodellen fassen zu wollen, bei aller Betonung des repressiven Einflusses der Gesellschaft auf die menschliche Triebnatur ihre schlichte Unentbehrlichkeit zu übersehen. Seit der Homo sapiens sich aus der tierischen Instinktordnung zu lösen begann, wurde alles menschliche Leben und Überleben abhängig vom Zusammenspiel der innerpsychischen Organisation des Ich mit einer in Regeln und Institutionen geronnenen gesellschaftlichen Organisation. Im Zusammenschluss der Menschen zu immer umfassenderen kulturellen Ordnungen und im technisch-zivilisatorischen Fortschritt setzt sich das Grundstreben der Evolution nach steter Weiter- und Höherentwicklung des Lebens fort. Die Frage, wie die lebensschaffende, lebenserhaltende Kraft des Generativen die Identitätsfindung des Einzelnen und den Kreislauf der Generationen bestimmt, den Ethos unterschiedlicher Kulturen, letztlich das historische Wachsen menschheitsverbindender Ideale, scheint Eriksons Denken am tiefsten zu bewegen, ohne dass er jemals Freuds Einsichten über das Irrationale und Triebbestimmte alles Psychischen relativiert.

Die frühe Psychoanalyse hat nach Erikson das Phänomen der gesellschaftlichen Organisation in ihrer Auswirkung auf das individuelle Ich vernachlässigt. Menschliches Leben, von den privaten Beziehungen bis hin zu den politischen Ordnungsbemühungen in Staat und Gesellschaft, ist ein ständiger Prozess des Kommunizierens, Planens und Kooperierens, verläuft stets verzahnt mit öffentlichen Einrichtungen. Alles Denken, Fühlen und Handeln wird bis in tiefste Schichten des Unbewussten vom Leben der wirtschaftlichen, technischen, künstlerischen, wissenschaftlichen und religiösen Institutionen mitbestimmt, die uns schützen, leiten und lenken, an denen wir uns reiben, die uns in schwere Ängste und Konflikte stürzen und die sich im Extremfall in repressive, lebensfeindliche Mächte verwandeln können. Aus all den unterschiedlichen Kräften, Meinungen und Interessen, den Gruppen, Verbänden und Organisationen eine lebensfähige gesellschaftliche Ordnung herzustellen, die den Einzelnen nicht nur am Leben erhält, sondern ihm auch Zufriedenheit, Stolz und Lebenssinn vermittelt, ist, gerade in sich rasch wandelnden, komplexen Sozietäten, eine unermesslich schwierige Aufgabe, die keinen Augenblick außer Kontrolle geraten darf. Den Gesellschaftsprozess mit Freud in Begriffen der Massenpsychologie beschreiben zu wollen – ein Begriff, der Planlosigkeit und Ungeordnetheit suggeriert –, hält Erikson für eine zu große Vereinfachung. Ebenso wenig kann man die Soziologie als »angewandte Psychologie« (Freud, 1933, S. 194) bezeichnen, soziales Geschehen restlos aus individuellen seelischen Prozessen ableiten wollen und die Eigendynamik gesellschaftlich-ökonomischer Kräfte – auch in Hinblick auf historische Katastrophen wie Faschismus oder Krieg – verkennen. Die Psychoanalyse, so Erikson, müsse »neben der Autonomie des einzelnen Ichs auch eine Autonomie des sozialen Geschehens anerkennen. Die Erwachsenen immer nur als ehemalige Kinder anzusehen und ihre Institutionen als Notbehelfe für versagte Kinderträume, erweist sich als ungenügende soziale Theorie« (1957a, S. 62).

Weiter könnte ein primär egoistisches, die Reize der Außenwelt hasserfüllt ablehnendes Wesen, wie Freud die psychische Verfasstheit des Säuglings in seiner Narzissmus-Theorie 1914 umschrieb, keine Werte und

Tugenden entfalten, keine dauerhafte Sozialordnung errichten. »Der kindliche Narzissmus, von dem es heißt, er kämpfe so tapfer gegen die Einbrüche einer enttäuschenden Umwelt, wird in Wirklichkeit durch die Bereicherung der Sinnenwelt und die Ermutigung genährt, die ihm aus eben dieser Umwelt zuteil werden« (Erikson, 1981b, S. 40). Je mehr der Einzelne sich engagiert, Sorge trägt, seiner Verantwortung als politisches Wesen im weitesten Sinne gerecht wird, desto mehr fühlt er sich lebendig und zufrieden. Erikson bezeichnet die Sphäre der sozialen Teilhabe als die »Aktualität« eines Individuums, »die Welt der Partizipation, geteilt mit anderen Teilnehmenden« (1966a, S. 150), und glaubt, dass Freuds Wirklichkeitsbegriff Realität und Aktualität gleichermaßen umfasst, also eine »konsensmäßig gewertete Tatsachenwelt mit gegenseitiger Aktivierung gleichgesinnter Menschen« (1973, S. 824).

Gerade die Aktualität des Menschen hat die Psychoanalyse in ihrer Betonung von Introspektion und Kontemplation vernachlässigt. Das klinische Arrangement – der Psychoanalytiker sitzt hinter dem auf der Couch liegenden Patienten – ist das wohl perfekteste Verfahren, um die Übertragungsdynamik in Gang zu setzen und Zugang zum Unbewussten zu erlangen. Es schließt andererseits den Gesichts- und Augenkontakt, Impulse zu motorischer Entladung und Gewalt aus, das heißt nahezu alle Aspekte einer natürlichen sozialen Begegnung. Indem die Psychoanalyse unbewusste Wahrnehmungsverzerrungen bearbeitet, übertriebene Moralismen und Ängste abbaut, verdrängte Wünsche zum Bewusstsein zulässt und so die Einsichtsfähigkeit des Individuums stärkt, leistet sie für Erikson nur einen Teil der Arbeit. Genauso wichtig für den Heilungsprozess ist die äußere Stützung des Ich, die Heranführung an die nährenden Kräfte des Gemeinschaftslebens. Erikson spricht von einer »Multiplikation von Energien« (1973, S. 824), wenn der einsame und sich abgelehnt vorkommende Patient wieder die Erfahrung macht, an Gemeinschaftsaufgaben zu partizipieren und dadurch Solidarität und Anerkennung zu erhalten.

Noch in weiteren Punkten kritisiert Erikson Einseitigkeiten der frühen psychoanalytischen Sozialpsychologie. Heinz Hartmann (1939) hatte die Persönlichkeitsentwicklung als »Anpassung an eine im Durchschnitt zu erwartende Umgebung« bezeichnet, womit er für Erikson viel zu wenig den historischen Wandlungscharakter individuellen und gesellschaftlichen Daseins erfasst. Menschliche Sozialisation ist kein einmaliges Sich-Eingewöhnen in eine fiktive Durchschnittswelt, vergleichbar dem Einklinken des tierischen Instinktapparates in den Lebensplan der Artgenossen. Es handelt sich um eine ganze Kette von Umwelten, an die der Einzelne sich in den verschiedenen Phasen seines Lebenszyklus anpassen muss, stets mit dem Risiko der Fehleinschätzung, der Fehlentwicklung, des Scheiterns. Ebenso steht jede Gesellschaft vor der permanenten Aufgabe, die sich in unterschiedlichem Wandlungstempo befindlichen Institutionen aufeinander abzustimmen, in der Vielfalt der Strömungen, Kräfte und Ideen Zusammenhang und Zusammenhalt aufrechtzuerhalten. Allzu großer Konservativismus zementiert asymmetrische Machtverhältnisse, führt zu geistiger Enge, wachsender sozialer Ungerechtigkeit und politischen Spannungen. Ein zu rascher und zielloser Wandel stellt das Identitätsgefühl breiter Massen in Frage und weckt irrationale Ängste. Politik im weitesten Sinne ist für Erikson das immerwährende Bemühen, ein feines Gleichgewicht zwischen konservativen und fortschrittlichen Kräften zu wahren, so dass im Optimalfall für die große Mehrheit der Menschen, vor allem für die besonders Angst anfälligen Kinder, ein Gefühl der Sicherheit und des kontinuierlichen Flusses gewahrt bleibt.

Weiter verstellt das Modell einer fiktiven Durchschnittswelt den Blick auf die ungeheure kulturelle Vielgestaltigkeit. Freud hatte das Bürgertum des 19. Jahrhunderts noch als selbstverständliche Gesellschaftsordnung angesehen. Ein Eindenken in außereuropäische Völker und Lebensauffassungen blieb ihm weitgehend fremd. Hartmann (1939) räumte ein, dass der gesunde Menschenverstand den Analytiker durchaus die kulturellen Unterschiede bedenken lasse, diese aber zunehmend unbedeutend würden, je mehr man sich in der Therapie auf den inneren Kern des Unbewussten zubewege. Erikson hingegen fordert, »dass das Bewusstsein der kulturellen Unterschiede beim Analytiker ziemlich weit über den ›gesunden Menschenverstand‹ hinausgeht« (1981a, S. 233). Ein Schwerpunkt seines Werkes ist der Versuch, die Psychoanalyse im Lichte der Kulturanthropologie zu interpretieren und dadurch zu erweitern. Er zeigt sich fasziniert von der unendlichen Vielfalt der Sitten, Gebräuche und Weltbilder der Völker und Religionen dieser Erde, möchte ein Gespür dafür vermitteln, wie verletzend und ungemein konfliktträchtig es ist, achtlos die eigene Lebensform als die einzig denkbare aufzufassen und die Werte und Mentalitäten fremder Kulturkreise vorschnell in Frage zu stellen.

3.2 Wechselseitige Regulation und das Prinzip der Generativität

Mit dem Konzept der wechselseitigen Regulation, des im Prinzip konstruktiven Aufeinanderbezogenseins von Individuum und Gesellschaft, führt Erikson das adaptive Denken Heinz Hartmanns und der Ich-Psychologie weiter. Freuds These des prinzipiellen Gegensatzes von Kultur und individueller Triebnatur hat das Weltbild des 20. Jahrhunderts geprägt, die Auffassung von Familie und Erziehung ebenso wie das Verständnis sozialer und politischer Konflikte in revolutionärer Weise verändert. Freilich verführte die Analyse der unbewussten Wurzeln menschlicher Beziehungsstörungen leicht zu einer skeptisch-pessimistischen Grundhaltung. Es kann für Erikson nicht sein, dass der Homo sapiens von vornherein eine antisoziale Fehlkonstruktion ist, die Gesellschaft ein finsterer Unterdrückungsapparat und der Erziehungsprozess eine sadistische Dressur des hilflosen Kindes durch haltlose Eltern. Wenn auch höchst vage und störanfällig, hat die Evolution die Möglichkeit zu einer adaptiven Wechselbeziehung zwischen dem Neugeborenen und seiner sozialen Umgebung vorgezeichnet. Im Prinzip drängen die epigenetisch ausreifenden Triebmodi und Ich-Funktionen in den psychosozialen Krisen der Kindheit auf Auseinandersetzung mit der Welt. Im Prinzip ist elterliche Erziehung – unter Hilfestellung gesellschaftlicher Institutionen – darauf eingerichtet, hieraus Charakterzüge und Motive zu formen, die möglichst optimal in den gegebenen kulturellen Rahmen passen. Mit Bedacht spricht Erikson von einem »Lebenszyklus«, einem prinzipiellen Eingebundensein individuellen Schicksals in den steten Fortzeugungsprozess des Lebens. Von Generation zu Generation aufs Neue verwandelt sich die Liebe, die das Kind empfangen hat, in den generativen Drang des Erwachsenen, selber Kinder zu zeugen und zu erziehen, überhaupt Verantwortung für den Fortbestand der Tradition zu übernehmen. Der individuelle Lebenszyklus, der Generationenprozess und die gesellschaftlichen Institutionen sind untrennbar miteinander verzahnt, ein ständiger Kreislauf der Zeugung und Wiedererzeugung menschlichen Lebens, der die instinktiv-biologische Fortzeugung des Tierreichs überlagert und ersetzt. Das bedeutet, so Erikson, »dass die Lebensstadien des Individuums ›ineinanderleben‹, zahnradartig in die Lebensstadien anderer eingreifen, die es vorantreiben, wie es die anderen vorantreibt« (1966a, S. 102).

Überall, wo die, wie Erikson es nennt, »wechselseitige Regulation« zwischen Menschen gelingt, ältere und jüngere Generation sich in ihren Entwicklungsmöglichkeiten fördern, Institutionen Begeisterungsfähigkeit und Engagement wecken, wachsen »Tugenden« wie Hoffnung, Fleiß, Willensstärke, Treue, Liebe, Fürsorge oder Weisheit, nicht im Sinne bestimmter Morallehren, sondern von »menschlichen Qualitäten der Stärke« (1966b, S. 243). Tugenden sind gleichsam das Äquivalent für den tierischen Sozialinstinkt, Kräfte der Liebe, Solidarität, Fürsorge und Verantwortung, auf denen unterschiedlichste Kulturen immer wieder ihre moralischen und religiösen Überbauten errichtet haben und deren Realisierung das eigentliche Lebenselixier des Menschen ausmacht.

Das Herausfallen aus der instinktiven Sicherheit, das grundsätzlich Konflikthafte menschlicher Existenz durchsetzt freilich selbst höchste Tugendhaftigkeit mit einer Schicht antisozialer Motive. Überall, wo Wechselseitigkeit nicht gelingt, wo der Mensch an der Entfaltung seiner Tugenden gehindert wird, entstehen laut Erikson »dysthonische Leidenschaften«, Wut, Misstrauen, Neid, Gier, Hass und Rachsucht, die in Kombination mit verselbständigten Machtverhältnissen immer wieder die ethischen Grundlagen menschlichen Zusammenlebens untergraben. Untrennbar mit aller menschlicher Generativität verbunden ist ein Moment der Stagnation, was Fürsorge veröden lässt, kreative Phantasie und engagierte Mitmenschlichkeit in neurotischen Zwängen oder Gleichgültigkeit erstickt, was fruchtbare soziale Organisation mit Korruption und institutioneller Versteinerung bedroht, die Aufgeschlossenheit gegenüber dem Fremden mit Misstrauen und Vorurteilsbereitschaft durchsetzt. Von den privatesten Beziehungen bis in internationale Verständigungsbemühungen vermögen Menschen in Sympathie und solidarischem Miteinander aneinander zu wachsen oder in eine »Ablehnungshaltung« (Erikson, 1978b, S. 48) sich selbst und dem Leben gegenüber zu verfallen, wie sie im Extremfall vor der Misshandlung und Tötung eigener Kinder nicht Halt macht.

Freud hatte das Zerrissensein des Menschen zwischen Liebe und Hass, höchster zivilisatorischer Gesittung und abgründigster Barbarei in den Kampf der mythologischen Mächte Eros vs. Thanatos zu fassen versucht. Erikson sieht nicht so sehr das Walten unpersönlicher Urtriebe, sondern das Atmosphärische im sozialen Miteinander, insbesondere in der Beziehung zwischen dem überlegenen Erwachsenen und dem abhängigen Kind, als entscheidend für das Wohl und Wehe menschlichen Schicksals. Alles kommt darauf an, dass eine sichere und liebevolle Erziehung in früher Kindheit unvermeidliche Erfahrungen von Angst und Enttäuschung überwiegt. Die Hilflosigkeit des Neugeborenen ist für Erikson eine relative, ist er doch mit Ausdrucksformen ausgestattet, welche die Zuwendung und das Entzücken der Erwachsenen provozieren. Das Lächeln, das Greifen und Anklammern des Säuglings löst mütterliche Impulse aus, ihn zu nähren, zu schützen und zu liebkosen. Dadurch werden im Kind Grundkräfte von Vertrauen und Hoffnung geweckt, die wiederum Zuneigung und Fürsorglichkeit der Mutter stärken. Die Eltern-Kind-Liebe als »Kraftwerk von Tugenden« ist gleichsam Urmodell wechselseitiger Regulation, wo Menschen ihr Verhalten so aufeinander abstimmen, dass alle Beteiligten in ihren Möglichkeiten gefördert werden. Ein Kind, das sich nicht akzeptiert fühlt, entwickelt Verweigerungstaktiken, die wiederum die bewusste oder unbewusste Ablehnung der Eltern erhöhen und das Kind noch wütender und hilfloser machen. Oft kommt es zu Situationen, wo beide Seiten versuchen, sich gegenseitig den Willen aufzuzwingen, statt verständnisvoll aufeinander einzugehen. Solch frühes Versagen der Wechselseitigkeit findet sich als Grundmuster in allen späteren sozialen und politischen Konflikten, in denen Menschen und Gruppen sich in ihrer Entwicklung gegenseitig blockieren. Fronten verhärten sich, die Neigung zu Misstrauen und Projektion wächst, Hass staut sich auf, Energien werden nicht freigesetzt, sondern verschwendet.

Ursprünglich, am ehesten noch in den streng ritualisierten Lebensordnungen von Naturvölkern zu beobachten, muss eine Gesellschaft darauf bedacht sein, bei ihren Mitgliedern so viel wie möglich an Solidarität und Einsatzbereitschaft zu wecken, Tugenden zu fördern und antipathische Gefühle zu minimieren bzw. nach außen abzulenken. Je arbeitsteiliger und hierarchischer sich Kulturen entwickelten, desto mehr drohte das Prinzip wechselseitiger Regulation durch Mechanismen einseitiger Machtausübung und roher Gewalt außer Kraft gesetzt zu werden. Blütezeiten der Geschichte wechselten mit Phasen der Dekadenz, überragende religiöse und humanistische Visionen verwandelten sich in Höllenrealitäten. Immer, wenn politische oder ökonomische Machtkonstellationen sich zu sehr auf Kosten des Allgemeinwohls verselbständigen, finden, so Erikson, lebensnotwendige Dialogprozesse nicht mehr ausreichend statt. In welchen Formen und unter welchen ideologischen Fahnen auch immer: Mächtige, so sehr sie an Werte und Tugenden appellieren, neigen dazu, das Repertoire der Kindheitsängste der Unterdrückten auszubeuten, oft subtil kaschiert mit der Suggerierung von Schutz und Wohlfahrt, in Krisenzeiten hingegen bis hin zu nacktem Terror. Schleichend verwandeln die anerzogenen Scham- und Schuldgefühle, die Einschüchterungen und Denkverbote äußeren in inneren Zwang, entsteht ein Über-Ich, das selbst den Gedanken an Widerspruch mit stärkstem Schuldgefühl belegt. Aber die Unterdrückung kritischer Spontaneität, wissenschaftlicher Neugier und künstlerischer Phantasie durch repressive Herrschaftsformen untergräbt Gemeinsinn und politischen Gestaltungswillen. Gelingen nicht an kritischen historischen Wendepunkten entscheidende Regenerationen, drohen große Institutionen immer wieder in Illusion und Willkür zu verenden. Welchen Ausmaßes an psychischer und gesellschaftlicher Deformierung es oft bedarf, um politische Fehlentwicklungen zu korrigieren, hängt für Erikson auch mit der Konservativität der Psyche zusammen. Oftmals über Generationen vermögen ausgebeutete Massen Elend und Entwürdigung hinzunehmen, ehe aufgestaute Wut in revolutionärem Aufbegehren explodiert.

Das Wirken des Eros, der »Kulturprozess« (Freud, 1930) scheint im Lauf der Geschichte immer mehr Menschen und Völker in Verständnis und Zusammenarbeit zu verbinden. Dennoch, weder strengste religiöse Askese noch totalitär verordnete Solidarität vermochte bislang die antisozialen Neigungen des Individuums zu bannen und jene »Kombination aus innerer Abwehr und politischen Machenschaften« zu verhindern, die »Individualität und Gemeinsamkeit mit der Versteinerung legalistischer, bürokratischer und technokratischer Systeme bedroht« (Erikson, 1978b, S. 140). Die verborgenen Ängste des Menschen lassen nur schrittweise Veränderungen seiner gesellschaftlichen Umgebung zu. Erikson warnt vor hochfliegenden ideologischen Visionen, die oft genug in Diktatur und anarchische Gewalt umgeschlagen sind. Vor allem appelliert er an die ureigenste generative Verantwortung des Erwachsenen: »Doch um die Welt für Demokratie sicher zu machen, müssen wir sie erst einmal für das gesunde Kind sicher machen. Um Unterdrückung, Ausbeutung und Ungleichheit aus der Welt zu schaffen, müssen wir uns zuerst einmal klarmachen, dass die erste Ungleichheit im Leben diejenige von Kind und Erwachsenem ist« (1981b, S. 121). Sämtliche Erziehungsmethoden, die offen oder subtil mit Repression arbeiten, lassen ein lebenslanges Ohnmachts- und Verletzungsgefühl zurück. Das Kind mag äußerlich einen Kadavergehorsam an den Tag legen; innerlich entwickelt es brennende Zweifel an der Aufrichtigkeit der Erwachsenen und wartet auf den Tag, wo es groß genug sein wird, um anderen anzutun, was ihm selber angetan wurde. Vielleicht, so Erikson, »wird es einmal unsere glühende Überzeugung sein, dass das größte aller Verbrechen die Verstümmelung der kindlichen Seele ist, denn hier wird das Lebensprinzip des Vertrauens verletzt« (1975a, S. 75).

3.3 Die Pseudo-Arten des Menschseins

In der sich über Jahrzehntausende hinziehenden Soziogenese hat die Menschheit verschiedenste Untergruppen herausgebildet, Stämme, Völker, Rassen, Klassen oder Religionsgemeinschaften, die ein starkes Eigenbewusstsein entwickelten und sich von anderen Gemeinschaften abgrenzten, oft in einem Maße, dass das Empfinden der gleichen Artzugehörigkeit verloren ging. In Anlehnung an Konrad Lorenz spricht Erikson von den »Pseudo-Arten« bzw. »Pseudo-Spezies« der Gattung Mensch. Die soziale Identitätsfindung ist eine Speziation. Das biologisch ungemein plastische kindliche Wesen wird in eine ganz bestimmte kulturelle Version des Menschseins hineinsozialisiert, die es mehr prägt als seine Erbanlage. Zu seiner eigenen Gemeinschaft eine besondere Loyalität zu entwickeln, so wie diese zu denken und zu fühlen – einschließlich aller Vorurteile gegen andere, Nichtdazugehörige –, geht von Anfang an in Fleisch und Blut über.

In der Frühgeschichte der Menschheit ist die Pseudo-Speziation ein Überlebensmechanismus gewesen. Die allerersten »Kulturen«, lockere stammesmäßige Verbindungen, erlebten vermutlich nur das eigene Territorium als »Welt«, nur die eigenen Stammesgenossen als »Menschen«, während Fremdes magisch als Quelle des Bösen empfunden und als Bedrohung der eigenen Lebensform misstrauisch gemieden wurde. In für evolutionäre Verhältnisse atemberaubendem Tempo kam es zu einer immer größeren Ausweitung und Durchmischung der Kulturen bis hin zur Entstehung universaler Weltreiche und Weltreligionen. Aber auch in größeren staatlichen Gebilden begannen Kasten, Stände oder Klassen sich so entschieden voneinander abzugrenzen, als gehörten sie nicht der gleichen Spezies an. Unter furchtbaren Irrwegen und Rückschlägen scheint der Mensch allmählich zu realisieren, dass er einer zusammenhängenden Art gleicher und gleichberechtigter Wesen angehört. Nach wie vor sind die Auseinandersetzungen zwischen verfeindeten Großgruppen von Exzessen der Grausamkeit begleitet, wie sie im Tierreich unter Artgenossen unbekannt sind. Heute, da gewaltsame Konflikte nicht mehr mit Speeren, sondern mit Massenvernichtungswaffen ausgetragen werden, ist die Überwindung der Pseudo-Spezies-Mentalität zu einer Überlebensfrage der gesamten Menschheit geworden.

Erikson versteht unter Pseudo-Speziation, »dass zwischen der eigenen und anderen ›Arten‹ unabänderliche Unterschiede bestehen, die sowohl hochentwickelte Verschiedenheiten menschlicher Populationen als auch kleine und kleinste Unterschiede betreffen können, die zu großer Bedeutung gelangt sind« (1978b, S.62). Das Wort »pseudo« soll nicht in erster Linie an Lüge und Betrug gemahnen. Es geht Erikson vor allem um jenen Satz an Überzeugungen und Illusionen, mit denen Gruppen ihre eigene Bedeutsamkeit zu überhöhen suchen. Die Mythologie und Geschichtsschreibung der Völker und Religionen ist voller ethnozentrischer Vorstellungen, im Mittelpunkt der Welt zu stehen, von Gott oder vom Schicksal auserwählt zu sein, die einzig wahre Version allen Menschseins zu vertreten und gegenüber anderen Gemeinschaften einen Führungsanspruch zu haben. Quer durch alle Kulturen und Epochen widmeten verschiedene Pseudo-Spezies dem Anspruch, eine bevorrechtete Art zu sein, einen Großteil ihrer Ethik, ihres Denkens und Strebens und suchten mit besonderem Nachdruck ihre Nachkommenschaft in dieser Überzeugung zu unterweisen. Religiöse Glaubensbekenntnisse, politische Ideologien, sogar wissenschaftliche Theorien dienten bis in die unmittelbare Gegenwart dazu, die eigene Überlegenheit gegenüber feindlichen Völkern, »Ungläubigen«, »minderwertigen« Rassen oder »Klassenfeinden« zu unterstreichen.

Der Stolz, einer bevorrechteten Gemeinschaft anzugehören, erhöhte die Treue zu einem Gruppen-Ethos und seiner Wirtschaftsform, ließ innigste Gefühle der Verbundenheit zwischen den Mitgliedern einer Pseudo-Spezies entstehen, wertete das individuelle Selbstgefühl durch die Teilhabe an einer »gesegneten« Volks- oder Glaubensgemeinschaft auf. Dies weckte unglaubliche kulturelle Leistungen und höchste Formen von Opferbereitschaft bis hin zum Einsatz des eigenen Lebens für eine gute, »gerechte« Sache. Andererseits – und dies ist für Erikson der düstere Aspekt von »pseudo« – verführte der elitäre Gruppennarzissmus leicht zu der manichäischen Spaltung, sich selber als den Inbegriff des Wahren, Guten, Gerechten anzusehen, andere »böse« Menschenarten hingegen als Projektionsfläche der eigenen negativen Identität zu missbrauchen und rücksichtslos ökonomisch zu übervorteilen. Stets aufs Neue ist es jene Mischung aus Angst vor Bedrohung des eigenen Territoriums, der eigenen Lebensform, Dämonisierung des Fremden und Suche nach wirtschaftlichen Vorteilen, die Konflikte destruktiv entgleisen lässt, die Geschichte zur Mordgeschichte der Kriege, Glaubens- und Klassenkämpfe machte, der mitleidslosen Ausbeutung, Versklavung und Vernichtung ganzer Völker. Da, wo chauvinistische oder religiöse Fundamentalismen das Gewissen panzern, Gruppen-Egoismen gewaltsam nach dem Recht des Stärkeren ausgetragen werden, fegen heuchlerische Selbstidealisierungen, Lügen und Realitätsverzerrungen regelmäßig die Kräfte von Vernunft und Toleranz hinweg, endet die Humanität an den Grenzen der eigenen Gemeinschaft. Gewiss entziehen sich die Exzesse menschlicher Destruktivität letztem wissenschaftlichem Verstehen. Aber die Entwertung des anderen in der falschen Kategorie zu einem nur noch hassenswerten Objekt hebt entscheidend die Hemmschwelle zum Quälen und Vernichten von Artgenossen auf. Typischerweise spricht die Gerüchteküche, die perfide Propaganda im Vorfeld der Pogrome, ethnischen Säuberungen und kriegerischen Auseinandersetzungen der Gegenseite alle menschlichen Züge ab. Der »Feind«, gleichgültig, ob es sich um Frauen, Kinder oder Greise handelt, wird als Inkarnation des Bösen zu einer nur noch zu bekämpfenden Kategorie, ein schmutziger Flecken im Zielfernrohr der Heckenschützen, industriell auszurottendes Ungeziefer, ein bloß strategisches Ziel in den Steuerungsprogrammen der eigenen Raketen.

Natürlich ist das, was Erikson die Pseudo-Speziation nennt, ubiquitäres Phänomen in allen Vorurteils-, Diskriminierungs- und Feindbildungsprozessen, zeigt sich überall, wo Einzelne und Gruppen Mauern der Entwertung und Unversöhnlichkeit gegeneinander aufbauen. Die Verächtlichmachung ganzer Populationen als »unkultiviert«, »primitiv«, »barbarisch« war Grundpfeiler der Feudal- und Kastensysteme, der kolonialistischen und rassistischen Herrschaftsideologien. In den Aufständen und Klassenkämpfen der Geschichte ging es den Beleidigten und Entrechteten nicht allein um ökonomische Besserstellung, sondern oftmals um die Erlangung grundlegender Formen von Menschenwürde. Chronifiziert werden ungleiche Herrschaftsverhältnisse nach Erikson durch die Tatsache, dass das Individuum, das einer unterdrückten und ausgebeuteten Minderheit angehört, die sich der herrschenden kulturellen Ideale wohl bewusst ist, aber daran gehindert wird, ihnen nachzueifern, dazu neigt, »die negativen Bilder, die ihm die herrschende Mehrheit vorhält, mit der negativen Identität zu vermischen, die in seiner eigenen Gruppe gepflegt wird« (1981a, S. 318). Über Generationen vererbte Minderwertigkeitsgefühle und latenter Selbsthass führen bei Minoritätengruppen oftmals zu einer tief verwurzelten Hemmung, Gleichheit zu nutzen, selbst wenn sie in allmählichen Demokratisierungsvorgängen angeboten wird. Zu einer echten historischen Emanzipation gehört für Erikson ein Durcharbeiten der inneren Unfreiheit, das Überwinden schambesetzter Unterwürfigkeit und der schrittweise Aufbau eines positiven Selbstbildes – seinerzeit etwa das entschiedene »Black is beautiful« der farbigen amerikanischen Bürgerrechtler. Dazu zählt freilich auch die Bewusstmachung der geheimen Abmachungen (»deals«) der Unterdrückten mit ihren Unterdrückern, jene Mischung aus Zustimmung zum negativen Urteil und sekundärem Krankheitsgewinn, welche die unbewusste Beziehungsdynamik in asymmetrischen Machtverhältnissen regelmäßig mitbestimmt.

Die menschheitsverbindenden Ideale der Weltreligionen, der Aufklärung, des Sozialismus, der Abbau der Klassengegensätze und die zunehmende Demokratisierung – der vermeintliche Fortschritt der Geschichte wird konterkariert durch das absolut Böse und Sinnlose von Auschwitz, Angriff auf Ordnung und Würde des Lebens schlechthin. Wir wissen nicht, welche Wunden der Holocaust bei Erikson schlug. Aber das Entsetzen über kühl geplante Szenarien der Massenvernichtung trug sicher bei zur Mischung aus Appell an Verantwortlichkeit und Toleranz, wissenschaftlicher Aufarbeitung menschlicher Destruktionsneigung und Sorge um die Zukunft, wie sie für das Denken vieler jüdischer Intellektueller der Nachkriegszeit so typisch wurde. Lange vor den Friedens- und Ökologiebewegungen der 1970er- und 1980er-Jahre wurde Erikson zum Mahner der Umkehr, warnte vor einer weiteren Kultivierung der Feindbilder, vor bedenkenloser Aufrüstung und Ausbeutung der natürlichen Ressourcen, was zum Untergang der Menschheit führen könne, bevor diese sich überhaupt gebildet habe. Gleichwohl blieb er bis in seine letzten Interviews hinein ein Stückweit von einer – vielleicht messianischen – Hoffnung getragen. Durch gemeinsame politische, wissenschaftliche und technische Anstrengungen, die Suche nach einer universalen Ethik könne es zu einer weiteren Versöhnung der Kulturen kommen, seien die elementaren Menschheitsübel zu einem Großteil überwindbar. Letztes Ziel müsse eine Weltordnung sein, die irgendwann »jedem Kind, das zu gebären wir uns entscheiden, gleiche Chancen auf volle Entwicklung gewährt« (1982b, S. 254).

3.4 Soziale Ritualisierung

Obwohl ungleich plastischer und unvorhersehbarer als die instinktiven Zeremonielle höherer Tierarten, gibt es auch im menschlichen Verhalten die vielfältigsten Ritualisierungen, welche unbemerkt das persönliche und kollektive Identitätsgefühl stützen. Erikson denkt dabei nicht in erster Linie an feierliche Zeremonien oder pompöse Veranstaltungen, eher an die »sorgfältig dosierten, spielerisch wiederholten Alltagsgebräuche« (1978b, S. 64), die Reibungslosigkeit und Routine in das soziale Miteinander bringen. Rituale erleichtern Arbeitsabläufe, regeln das Zusammenleben in Familien, Gruppen und Institutionen, erfolgen bei bestimmten, stets wiederkehrenden Anlässen quasi reflexhaft. Wertschätzung, Ausgelassenheit, Trauer oder Ehrfurcht werden häufig in Ritualen zum Ausdruck gebracht, eine Formgebung und zugleich Dämpfung starker Emotionen. Man denke an die Elegie des jüdischen Totengebets, die Pracht der katholischen Liturgie oder das Freudige vielfältiger kultureller Hochzeitsbräuche. Rituale schaffen Bindung und Vertrautheit zwischen Menschen, wirken Gefühlen von Ambivalenz und Entfremdung entgegen, stärken die Gruppenkohäsion gegen Gefahren der Desintegration und Spaltung. Von Generation zu Generation weitergegeben entlasten Rituale den Einzelnen von Abwehr- und Anpassungsaufgaben und werden damit für Erikson zu einem »wichtigen Bindeglied zwischen dem Verlangen des Ichs nach Orientierung in Zeit und Raum und den Weltsichten (...), die eine Gesellschaft beherrschen« (1978b, S. 67).

In stark traditionsbestimmten Gesellschaften sind Rituale bis auf den heutigen Tag Teil des Brauchtums geblieben, bestimmen Auftreten, Kleidung oder Gefühlsäußerungen besonders in den Grenz- und Schwellensituationen des Daseins oder an den Festen des Jahreszyklus. Alle Pseudo-Spezies haben im Laufe ihrer Geschichte die Sozial- und Respektbeziehungen, die Rechtsordnung und Glaubensausübung in ganz eigener Weise ritualisiert, und die Einhaltung des Rituals war besonders zwingende Forderung des gemeinsamen Sitten- und Moralkodexes. Oft entschieden geringfügige Unterschiede – der »Narzissmus der kleinen Differenzen« (Freud, 1930) – über die Zugehörigkeit zu einem Volk, einem Stand oder einer Konfession, während fremde Umgangsformen,

3.4 Soziale Ritualisierung

z. B. andere Erziehungsmaßstäbe oder Sauberkeitsvorschriften, Befremden hervorrufen. Obwohl sich in Zeiten weltweiter Kommunikation und Kooperation viele bindende Traditionen abgeschliffen haben, sind wir oftmals immer noch von den Verhaltensgewohnheiten unseres Kulturkreises so fest geprägt, dass wir uns mitunter fragen, warum sich nicht alle so verhalten wie wir. Man denke daran, welche Schwierigkeiten es einem Europäer bereitet, sich an die ungemein subtilen Höflichkeitsformen und Tabus eines asiatischen Landes anzupassen.

Erikson betrachtet Rituale keineswegs als bloß vorgegebene soziale Stereotype. Sie sind »spielerisch und doch förmlich; sie werden durch Wiederholungen vertraut und scheinen doch immer voller Überraschungen« (1988, S. 55). Die Rituale zwischen Liebenden beispielsweise entsprechen einem bestimmten kulturellen Brauchtum; und doch kommt in die zärtlichen Gesten und Blicke, das Liebeswerben und den erotischen Kontakt ein Moment des persönlich Improvisierten, soll das Verhalten nicht steif und unemotional wirken. Von Anfang an, so Erikson, wird das Kind »durch Ritualisierung mit einer bestimmten Version menschlicher Existenz vertraut gemacht« (1978b, S. 64). Schon die Art und Weise, wie die Mutter den Säugling anspricht, ihn füttert und wiegt, ist von festen Gewohnheiten bestimmt, die ein Moment der Regelmäßigkeit in die chaotische Empfindungswelt des Kindes bringen und so die schrittweise Abgrenzung des Selbst von der Außenwelt ermöglichen. Die ritualisierte mütterliche Anerkennung lässt früheste Gefühle von Vertrauen und Sympathie entstehen, die in vielen Begrüßungsritualen und Freundschaftsbekundungen des späteren Lebens – sich in die Augen schauen, umarmen, küssen – wiedererweckt werden.

Der Erfolg einer Erziehung ist wesentlich davon abhängig, dass die ungestümen Triebimpulse des Kindes in sozial gebilligte Verhaltensmuster kanalisiert werden. Die Essens- und Hygienegewohnheiten einer Kultur, die Sitten der erotischen Annäherung oder Konfliktaustragung zügeln primärprozesshafte Energien und unterstützen das Ich darin, das Realitätsprinzip gegen die Leidenschaften des Es durchzusetzen. Von daher repräsentiert Ritualisierung im besten Sinn »eine kreative Formalisierung, die sowohl impulsiven Überschwang als auch zwanghafte Selbstbeschränkung verhindern hilft, soziale Anomie ebenso wie moralistische Unterdrückung« (Erikson, 1978b, S. 66). Selbst in feindseligen Auseinandersetzungen gab und gibt es noch gewisse dämpfende Rituale (die Geschichte des Duells, bestimmte »Fairnessregeln« in der Kriegsführung), während man beim exzessiven Durchbruch menschlicher Destruktivität in Massakern und Pogromen von einer totalen De-Ritualisierung sprechen muss.

Wo Angewohnheiten zu privat, zu eigenbrötlerisch werden, der Buchstabe dem Geist geopfert wird, verlieren Rituale ihre erleichternde, gemeinschaftsfördernde Funktion und erstarren zu einem, wie Erikson es nennt, krankhaften »Ritualismus«. Die Grimassen und Manieren des Schizophrenen oder die zeitraubenden Obsessionen des Zwangsneurotikers verschwenden ungeheure Energien in sinnlose Handlungen, die den befreienden Kontakt zur Welt der Beziehungen und Gefühle verstellen. Auch die Rituale des öffentlichen Lebens werden starr und inhaltsleer, wenn ein zwanghaft-formalistisches Element überhandnimmt und echte Gemeinschaftlichkeit und emotionales Angesprochensein erstickt. Religiöse Frömmigkeitsbezeugungen sinken zu mechanischen Zwangshandlungen herab oder politische Zeremonien zur oberflächlichen Schauspielerei. Totalitäre Zwangssysteme – man denke an den High-Tech-Irrationalismus faschistischer Massenveranstaltungen – benutzen regelmäßig das Ritual für destruktive Zwecke. Perfekt inszenierte Paraden, pathetische Totenehrungen oder fanatisierte Formen des Führerkults züchten ein Klima pseudoreligiöser Selbstüberhöhung, lenken aufgeputschten Hass systematisch nach außen auf vorgefertigte Feindbilder.

Erikson glaubt, dass jedes Ritual aus einer Reihe von Grundkomponenten – und den entsprechend ritualistischen Fehlfunktionen – aufgebaut ist und sieht deren Wurzeln in Affinität zu den Stadien des Lebenszyklus. Feierliche Zeremonien beispielsweise heben aus der Alltagswirklichkeit heraus und scheinen früheste Gefühle der Säuglingszeit wieder zu beleben. Erikson spricht vom »numinosen Element« des Rituals, jenes narzisstische Urempfinden, sich als Einzelwesen von einer guten Macht heraus- und emporgehoben zu fühlen und zugleich im »ozeanischen Gefühl« (Freud, 1930, S. 421) mit der Umwelt zu verschmelzen. Entsprechende Fehlfunktion ist der »Idolismus«, wo – etwa im götzendienerischen Parteien- und Personenkult autoritärer Regime – Schmeichelei und fanatisch-blinde Formen der Hingabe an die Stelle echter Verehrung treten. Weiter gibt es kein Ritual, das nicht irgendwie zwischen gut und böse, erlaubt und unerlaubt unterscheidet. Erikson spricht vom »richterlichen Element« und ordnet es der zweiten Phase des Lebenszyklus zu, wo der überschießende Wille des Kleinkindes erstmals durch elterliche Gebote reglementiert wird. Am deutlichsten zeigt sich diese bewertende Komponente im öffentlichen Ritual des Strafprozesses, wo in genau geregelter Form über Schuld oder Unschuld entschieden wird. Dies kann in »Legalismus« abgleiten, das moralistische (und oft sadistische) Beharren auf einer Bloßstellung und Bestrafung des Angeklagten ebenso wie dessen Bemühen, durch Zurschaustellung hohler Reue glimpflich davonzukommen.

Zum Ritual gehört darüber hinaus ein »dramatisches Element«, das besonders bei öffentlichen Darbietungen zum Tragen kommt, wo Funktionen und Rollen oft mit feierlichem Pathos ausgeübt werden. Die Bühne und der Film bringen typische Grundkonflikte des Lebens in künstlerischer Verdichtung zum Ausdruck. Hier sieht Erikson Analogien zum Spielalter im vierten und fünften Lebensjahr, dem Freud nicht zu Unrecht einen dramatischen Namen gegeben hat. Entsprechender Ritualismus ist das unechte und unverbindliche »Rollenspiel«, die oberflächliche Schauspielerei hysterischer Inszenierungen. Je festlicher sich ein Ritual gestaltet, desto genauer muss es nach einem klaren Schema verlaufen, das Abweichung und Improvisation wenig Raum lässt. Erikson spricht vom Ritualisierungselement der »methodischen Leistung« und ordnet es dem Grundschulalter zu, wo vom Kind beim systematischen Lernen erstmals Genauigkeit und Disziplin verlangt werden. Gefahr ist das Abgleiten in »Formalismus«, jener bis zur Selbstversklavung reichende Drang zur Perfektion, der Spontaneität und Einfallsreichtum im privaten Handeln wie im öffentlichen Leben zu ersticken droht.

Ein Ritual bewirkt Solidarität und Gemeinsamkeit, jedoch stets nur für Eingeweihte und Vertraute. Dieses Moment des »Ideologischen« hat eine Affinität zu jugendlichem Erleben, das oft entschieden zwischen sympathisch und abstoßend, dazugehörig und ausgeschlossen unterscheidet. Gerade die Exklusivität in der Handhabung des Rituals schlägt leicht in »Totalismus« um, jene – allen Attitüden von Fundamentalismus und Fremdenfeindlichkeit gemeinsame – elitäre Ablehnung anderer, Nicht-Dazugehöriger, die von vornherein als Bedrohung eigener

Identität gesehen werden. Der Beitrag des Erwachsenenlebens zur Ontogenese der Ritualisierung schließlich ist die Fähigkeit, selber Ritualsetzer zu werden und der jungen Generation in überzeugender Weise einen Satz an tradierten Verhaltensmustern zu vermitteln. Erikson spricht vom »generationalen« Ritualisierungselement, all die Formen, in denen Erwachsene in der Rolle als Eltern, Lehrer, Vorgesetzter oder Arzt in überzeugender Weise Autorität ausüben. Seit jeher hat sich die männliche Vorherrschaft auf ritualisierte Autorität gestützt, denkt man an die Aura der Verehrung, die Könige, Präsidenten, Propheten oder Gottväter umgab. Schlägt dies in Schmeichelei und Megalomanie um, zeigt sich der Ritualismus der unechten, »widerrechtlich angeeigneten Autorität« – in allen Spielformen, von einem haarspalterischen Dogmatismus über Korruption und Nepotismus bis hin zu tyrannischer Unterdrückung.

Sicherlich sind Eriksons Analogieschlüsse zwischen tierischen Instinktmustern und menschlichen Verhaltensgewohnheiten mitunter spekulativ. Aber es ist sein Verdienst, als einer der ersten Psychoanalytiker auf die stark vertrauens- und identitätsstärkende Funktion privater und öffentlicher Rituale hingewiesen zu haben. Angesichts eines rapiden Traditionsverlusts schleifen sich Rituale heutzutage oft ab bzw. wirken sinnentleert. Was in den Medien in verkitschter Form als »Heimatbewusstsein« beschworen wird oder Touristik-Unternehmer als »fremdländische Folklore« verkaufen, kann nicht mehr die Überzeugungskraft eines über Generationen erprobten Brauchtums vermitteln. Andererseits, so Erikson, lässt sich gerade im Verhalten moderner Jugendlicher ein Hang zu spontanen, selbstgeschaffenen Ritualierungen beobachten. In Kleidung, Gestik und Redensart schafft man einen eigenen »Stil«, eine »Szene«, die Vertrautheit und Zugehörigkeit vermittelt. Dass derzeit in gewaltbereiten und reaktionären Extremgruppen fragwürdige Rituale aus unseligen Zeiten wieder gepflegt werden, muss Anlass zur Sorge geben.

3.5 Totalitarismus

Was steckt hinter dem menschlichen Drang zum Extrem? Was verwandelt Friedenskämpfer in blindwütige Terroristen, lässt Massen ihren eigenen Untergang herbeischreien, macht ganze Völker zugänglich für die Parolen eines Rassenfanatikers? Die ideologischen Konstrukte der Fundamentalisten und Demagogen, die Wutexplosionen und Realitätsverzerrungen, die Zerstörung jeder Art von Ordnung und Gesittung in den Extremphasen der Geschichte muten zutiefst wahnhaft an. Dennoch warnt Erikson davor, das oft unvermittelte Umschalten seelischen Gleichgewichts in unerbittliche Freund-Feind-Attitüden als etwas ausschließlich Pathologisches zu betrachten. Statt von Paranoia oder Massenpsychose will er vom Wechsel des Zustandes seelischer Ganzheit in den der Totalität sprechen, wie er sich in den Stimmungsschwankungen des Alltagslebens häufig vollzieht, in der seltsam aufgewühlten Glaubenskraft totalitärer Bewegungen aber dauerhaft ganze Soziatäten erfassen kann. »Ganzheit scheint«, so Erikson, »zugleich eine Ansammlung von Teilen zu bedeuten, selbst ganz mannigfaltiger Teile, die in eine fruchtbare Gemeinschaft und Organisation eintreten. Als Gestalt betont Ganzheit also eine gesunde, organische, fortschreitende Wechselseitigkeit zwischen vielfältigen Funktionen und Teilen innerhalb eines Ganzen, dessen Begrenzungen offen und fließend sind. Im Gegensatz dazu ruft die Totalität eine Gestalt wach, bei der die absolute Begrenztheit betont ist: angesichts einer bestimmten, willkürlichen Grenzziehung darf nichts, was hereingehört, draußen gelassen werden, nichts, was draußen sein soll, kann innen geduldet werden. Eine Totalität ist ebenso absolut einschließlich, wie sie völlig ausschließlich ist, gleichgültig, ob die absolut-zu-machende Kategorie eine logische ist oder nicht und ob die konstituierenden Teile wirklich eine Affinität zueinander haben oder nicht« (1981a, S. 80).

Ganzheit steht offenbar für einen reiferen, ausgeglichenen Seelenzustand, die Fähigkeit, sich selber und die Mitmenschen in aller Vielschichtigkeit und Unvollkommenheit sehen und ertragen zu können. Drohen Ängste und Triebimpulse das Ich von innen zu überschwemmen, fühlt man sich obendrein durch tatsächliche oder vermeintliche

Gefahren von außen bedroht, muss das seelische Gleichgewicht durch primitive Spaltungen stabilisiert werden. Man beginnt, sich selber und seine Gemeinschaft als total widerspruchsfrei und »gut« zu erleben, empfindet alles Negative, Verwirrende, Angst Machende als von außen kommend, von Fremden, Andersgläubigen oder Gemeinschaftsfeinden in die Welt gesetzt. Es resultiert das allen Feindbildungsprozessen gemeinsame Verfallen in die paranoid-schizoide Position (vgl. Klein, 1950), die strikte Trennung in gut und böse, vertraut und unvertraut, rein und unrein, die von der Last des Abwägens und Tolerierens befreit. In persönlichen Rachefeldzügen wie in eskalierenden Großgruppenkonflikten entsteht häufig ein typischer paranoider Zirkel: Je böser der Gegner in der Phantasie wird, desto härter darf er bekämpft werden, und die Gegenreaktion des Feindbildes bestätigt wiederum die eigene Projektion.

Die Psychoanalyse hat aufgezeigt, wie stark die Neigung zu totalen Reaktionen das Seelenleben des Kleinkindes beherrscht, denkt man an die elementare Angst vor dem fremden, »bösen« Gesicht, das radikale Beharren auf der Anwesenheit des Übergangsobjekts, die durch nichts zu beeinflussenden Wut- und Trotzanfälle der analen Phase. Auch der Erwachsene neigt in seinen Zornausbrüchen, Vorurteilen und Idealisierungen zur zeitweiligen Regression auf totale Erlebensweisen. In extremen Persönlichkeitsentwicklungen, wenn starre, nicht mehr korrigierbare Überzeugungen in den Kern der Identität rücken, werden borderlineartige Spaltungen habituell. Fundamentalisten suchen in totaler Unterordnung unter ein unhinterfragbares Prinzip – eine Schrift, eine Lehre, Gott – Schutz vor Identitätsverwirrung und Existenzangst. Fanatiker sind von vorneherein mehr darauf aus, die dem absolut Guten entgegenstehende »radikal böse« Macht aufzuspüren, zu verfolgen, im Extremfall zu vernichten, um so mit einem Schlag alles Übel aus der Welt zu bannen. Immer wieder in diesen schweren Gewissenspathologien ist es der Hass, der sich im Gewand des Ideals Befriedigung sucht (vgl. Conzen, 2005).

Wenn lang anhaltende nationale Entwürdigung oder akute historische Krisensituationen zu massiv das kollektive Sicherheits- und Identitätsgefühl bedrohen, erweisen fanatische Demagogen sich als Meister in der Schiefheilung verletzten Urvertrauens. Diabolisch schüren sie Bedrohungsszenarien, lenken mit simplen Parolen und primitiven Schuldzuweisungen Hass auf ein und nur ein Feindbild, dessen entschiedene Bekämpfung mit einem Schlag alle Dissoziationen der Epoche aufzuheben scheint. Oft blitzartig im Vorfeld geschichtlicher Katastrophen schlagen lange verleugnete Konflikte und Gegensätze in totale Erlebensweisen um, werden ganze Massen bereit, »Doktrinen zu unterstützen, die ein völliges Eintauchen in eine synthetische Identität (des extremen Nationalismus, Rassismus, Klassenbewusstseins) und eine kollektive Verdammung eines total stereotypisierten Feindes der neuen Identität anbieten« (Erikson, 1981a, S. 89).

Psychodynamisch regrediert totales Erleben für Erikson auf die frühesten Spaltungsmechanismen der oralen Phase. Die eigene Gruppe, die eigenen politischen oder religiösen Überzeugungen werden zum Gegenstand einer absolut vertrauensvollen Hingabe. Man vereinigt sich mit einem »idealen Objekt«, einer Nation, einem Führer, dem allmächtigen Gott, gleichsam wie der Säugling, der sich in präambivalentem Vertrauen ganz und gar bei der »guten Mutter« aufgehoben fühlen kann (vgl. Bohleber, 1992). Gleichzeitig äußert sich das Urmisstrauen in totaler Wut gegenüber denjenigen, die allein durch die Tatsache ihres Andersseins die brüchige Eigenidentität bedrohen. In einem furchtbaren »Narzissmus der Reinheit« (Grunberger, 2001) wird das Feindbild nicht nur als schmutzig, pervers, zersetzend dehumanisiert, sondern auch zum schuldigen Prinzip schlechthin erklärt. Jedwede Form von Chauvinismus, Rassismus und Antisemitismus verführt dazu, sich des schlechten Gewissens zu entledigen, indem man ganz radikal bestimmte Personen oder Gruppen mit absurd überzogenen Vorwürfen für alle möglichen Missstände verantwortlich macht. Infam und perfide nutzt totalitäre Hetze frühkindliche Schuldgefühle aus, indem sie, so Erikson, »die Menschen auffordert, schamlos und kollektiv die totale Schlechtigkeit auf jeden inneren und äußeren ›Feind‹ zu projizieren, der sich durch Staatsdekret und Propaganda als total untermenschlich und ungezieferartig erklären lässt, während sich der Bekehrte als Mitglied einer von der Geschichte gesegneten Nation, Rasse oder Klasse total gut fühlen darf« (1981a, S. 86). Die entwürdigende und sadistische Behandlung der Opfer eines Terror-Regimes entspricht in der Tat den nach außen projizierten Racheimpulsen des kindlichen Über-Ich. Aber das Gefühl eigener Sicherheit und Rechtschaffenheit ist brüchig. Das künstlich nach außen verlagerte Böse droht sich permanent wieder in die eigenen Reihen einzuschleichen. Deshalb müssen Geheimpolizei und ein Netzwerk von Spitzeln jede Regung der Bürger überwachen und eine Grundatmosphäre ängstlich-paranoiden Misstrauens schüren. Wer Schuldige sucht, muss stets auf der Hut sein, nicht selber beschuldigt zu werden.

Ungeahnt neue Techniken des Nachrichtenwesens, der propagandistischen Manipulation, der Kriegsführung und Massenvernichtung machten die faschistischen und kommunistischen Systeme des 20. Jahrhunderts zum Alptraum. Erikson hat in »Die Legende von Hitlers Kindheit« (1982a, S. 320–352) den Totalitarismus unter anderem anhand der verhängnisvollen Entwicklung seines Heimatlandes studiert. Das, was die Nationalsozialisten »Gleichschaltung« nannten, die Ausschaltung jeglichen Widerspruchs und die Zusammenfassung aller gesellschaftlichen Kräfte auf einen einzigen hierarchischen Befehlsapparat hin, scheint exemplarisch für den totalitären Staat zu sein. Vielfalt, Relativität und Schwäche können nicht mehr ertragen werden. Starr und unerbittlich kehrt man zu ganz festen Prinzipien zurück, lädt das Größen-Selbst durch die Identifikation mit einer scheinbar omnipotenten Instanz (der »Führer«, die »Partei«, die »auserwählte« Rasse) künstlich narzisstisch auf, gibt in absurder Unterwerfungsbereitschaft die eigene Urteils- und Kritikfähigkeit auf. Gerade die Ersetzung des individuellen durch ein kollektives Gewissen macht den einzelnen zu destruktiven Handlungen bereit, zu denen er in ausgeglichenem Zustand nie in der Lage wäre. Der Kampf kann erst dann enden, wenn das die eigene Grandiositätsvorstellung bedrohende Böse vollständig besiegt und ausgemerzt ist. Ganz unvermittelt kann der Zustand der Totalität unter veränderten persönlichen oder historischen Bedingungen wieder in den der Ganzheit übergehen. Man denke an die faschistischen Häscher, die sich nach dem Zweiten Weltkrieg lautlos an das Getriebe eines demokratischen Staates anpassten, oder an prominente Terroristen, die nach Phasen amokläuferischen Agierens in unauffällige bürgerliche Existenzen zurückkehrten.

Es ist für Erikson gerade die Vermischung von irrationalen mit rationalen Denkformen, die den Totalitarismus so gefährlich macht. Gewiss ist die Idee, eine völkische Minderheit für alle Übel der Welt verantwortlich zu machen, eine primitive Projektion und entspricht nicht dem Stand der aufgeklärten Vernunft, den die Menschheit mittlerweile erreicht hat. Und dennoch schürten intelligente Köpfe antisemitische Wahnideen in höchst raffinierten Propagandamaschinerien, wurde der Holocaust mit einer kühlen Werkzeugintelligenz in die Tat umgesetzt. Wenn es auch angesichts der Schreckensszenarien nüchtern klingen mag – noch einmal warnt Erikson davor, die Neustrukturierung der Welt mittels totaler Denkweisen als etwas ausschließlich Regressives, Krankhaftes oder Infantiles anzusehen. Es handelt sich um »eine entgegengesetzte, wenn auch primitivere Art, mit Erfahrungen umzugehen und hat daher, wenigstens bei vorübergehenden Zuständen, einen gewissen Anpassungs- und Überlebenswert. Sie gehört zur normalen Psychologie« (1981a, S. 80). Kritische historische Situationen und gefährliche Personen zu identifizieren, bevor es zur Katastrophe kommt, müsse vorrangiges Ziel politischer Anstrengungen und wissenschaftlicher Forschung werden.

3.6   Verwässert Erikson Freuds Kulturkritik?

Vieles an Leid ist menschengemacht, ließe sich durch eine liebevollere Erziehung, überhaupt durch einen Abbau gesellschaftlicher Macht- und Gewaltverhältnisse verhindern – mit dieser Botschaft trat Erikson für eine stärkere Einbeziehung der »sozialen Aktualität« in Theorie und Praxis der Psychoanalyse ein und nährte manch politische Aufbruchstimmung der 1960er Jahre. So sehr er zum Teil mit der Studentenbewegung sympathisierte – nie verfiel er in ideologische Rigorismen, sah das Individuum als ausschließliches Opfer von Erziehungsfehlern und politischen Zwängen oder vertrat die Ansicht, mit einer einzigen revolutionären Anstrengung lasse sich die Menschheit in eine Gemeinschaft friedliebender Weltbürger verwandeln. Zu jeder Kritik ungerechter Herrschaftsverhältnisse müsse die aufrichtige Analyse des individuellen Anteils hinzutreten, all die Wahrnehmungsverzerrungen, Aggressionen und Autoritätskonflikte, die wir in politische Konflikte hineinprojizieren, all unsere bewussten und unbewussten Händel mit der Macht. Obwohl Erikson entschieden ein politisches Bewusstsein der Psychoanalyse forderte und das Schicksal der Außenseiter der amerikanischen Gesellschaft anmahnte, trieb er seine Kapitalismuskritik nie so weit, dass er dadurch in die Nähe der verfemten Dissidenten geraten oder in der amerikanischen Öffentlichkeit nicht mehr annehmbar gewesen wäre.

Gerade manch persönliche Uneindeutigkeit zwischen liberaler Vision und konservativem Verhaftetsein brachte Erikson Kritik ein. Gewiss sind, eingedenk seiner mutigen politischen Stellungnahmen, Vorwürfe ungerecht, er habe als Nachfahre der Ich-Psychologie Freuds kulturpessimistischen Ansatz verwässern und einer dem amerikanischen Establishment entgegenkommenden Anpassungspsychologie das Wort reden wollen (vgl. Elrod et al., 1978; Neubaur, 1981; Parin, 1980). Dennoch, wie viele Autoren vor und nach ihm vermag auch Erikson die Kluft zwischen Psychoanalyse und Soziologie letztendlich nicht befriedigend zu überbrücken. Er fordert »neue, schonungslose Einsichten in die Funktion und Dysfunktion der Gesellschaft« (1982b, S. 102f.), aber er macht theoretisch zu wenig deutlich, wie autoritäre Herrschaftsformen oder ungleiche Macht- und Besitzverhältnisse zur Deformierung der individuellen Psyche beitragen. Erikson bezeichnet die Arbeit als das »in der Psychoanalyse theoretisch und praktisch am stärksten vernachlässigte Problem« (1975a, S. 18), aber geht kaum darauf ein, wie stark wirtschaftliche Ausbeutung, entfremdete Arbeitsbedingungen, berufliche Konkurrenz oder Arbeitslosigkeit das Seelenleben des Erwachsenen belasten und mit zur Auslösung neurotischer Krisen beitragen. So sehr Erikson das Recht des Kindes auf spielerische Unbeschwertheit gegen puritanische Strenge verteidigte: Manche Überschriften seines Entwicklungsmodells lassen sich auch im Sinne eines bürgerlich-calvinistischen Tugendkatalogs missverstehen, wie er für den Erfolg im amerikanischen Wirtschaftsleben notwendig ist. Sicherlich schwingt in Eriksons Begeisterung für die Unverbogenheit und den revolutionären Elan junger Menschen viel an eigener spätadoleszenter Opposition gegen das Establishment mit. Aber die drei Phasen des Erwachsenenlebens in seinem Entwicklungsmodell kreisen inhaltlich fast nur noch um Ehe und Familie, zeichnen das Bild eines sich vorwiegend in privaten Beziehungen verwirklichenden bürgerlichen Individuums. Hat der junge Erwachsene seine Identität gefunden, wird die Gesellschaft in Eriksons Theorie wieder überwiegend zu einer »Außenwelt«, die kaum noch in das seelische Innenleben einzugreifen scheint.

Eriksons Vorstellung einer im Evolutionsprozess angelegten, schrittweise wachsenden gesamtmenschlichen Identität knüpft an christliche, hegelianische oder marxistische Geschichtstheorien an, wenngleich er kaum darüber spricht, wie denn eine solch weltbürgerliche Identität des Zukunftsmenschen konkret aussehen könnte, die ja stets auch ein Einebnen humanitätsstiftender völkischer und religiöser Traditionen bedeutet. Offen bleibt bei Erikson auch, ob ein weiteres Zusammenwachsen der Menschheit automatisch mit einem Abbau des Kulturhindernisses Hass einhergeht oder es zukünftigen Gesellschaftsentwürfen höchstens darum gehen kann, der allgegenwärtigen Feindseligkeit weniger schädliche Wege der Entladung aufzuzeigen. Eriksons politische und pädagogische Konzepte wirkten in ihrer Zeit weise und aufrüttelnd, erwiesen sich mitunter aber eher als Humanitätsappelle, die über die ungeheure Komplexität sozialer und politischer Probleme in einer immer komplizierteren Welt hinwegzugehen drohen. Das, was Erikson bei Anna Freud, Hartmann und anderen Ich-Psychologen kritisiert, trifft in einem gewissen Maß auch auf seinen eigenen Ansatz zu: Er bleibt bei der Konzeptualisierung einer psychoanalytisch fundierten Sozialpsychologie und Gesellschaftskritik auf halbem Wege stehen.

4 Die acht Stufen des menschlichen Lebenszyklus

4.1 Die Säuglingszeit: »Urvertrauen vs. Urmisstrauen«

Das Konzept des Lebenszyklus ist das Herzstück der Eriksonschen Theorie und gilt nach wie vor als eines der bekanntesten Modelle der Persönlichkeitsentwicklung in der modernen Psychologie. Danach stellen sich dem Einzelnen nach einem epigenetisch ausreifenden Grundplan von der Geburt bis zum Tode acht Grundaufgaben, Grundprobleme menschlicher Existenz, die stets im spannungsvollen Zusammenspiel von Individuum und Gesellschaft bewältigt werden oder unerledigt bleiben und zur Quelle von Angst, Stagnation und Neurose werden. Die Frage, ob beim Säugling in den frühesten Kontakten zur Welt ein Übergewicht des Vertrauens gegenüber dem Misstrauen grundgelegt wird, stellt die erste und schicksalhafteste Entwicklungskrise im Leben des Menschen dar. In jeder Hinsicht ist ein ausreichendes Maß an Urvertrauen »Eckstein der gesunden Persönlichkeit« (Erikson, 1981b, S. 63). Erst an den radikalen Misstrauenshaltungen psychotischer Störungen lässt sich erahnen, wie ungeheuer fragil die ersten Keime von Zuneigung und Hoffnung sind, wie sehr das Neugeborene nach dem plötzlichen Ausgestoßenwerden aus dem intrauterinen Paradies einer verlässlichen Mutterbeziehung bedarf.

Freud hat das Säuglingsalter als orale Phase bezeichnet, und in der Tat wird der Mund das früheste Kontakt- und Sinnesorgan, lebt und liebt das Kind für Erikson »durch und mit dem Mund, und die Mutter lebt und liebt durch und mit ihren Brüsten« (1982a, S. 66). Freilich will das Saugen und Trinken erst allmählich gelernt sein. Der vage Drang

4.1 Die Säuglingszeit: »Urvertrauen vs. Urmisstrauen«

zum Einverleiben muss mit der Nährtechnik der Mutter in Einklang gebracht werden, wobei der Säugling höchst komplizierte motorische Leistungen des Saugens, Atmens und Schluckens koordinieren muss. In den ersten Monaten beginnt das Kind erst dann zu saugen, wenn ihm die Brustwarze in den Mund geschoben wird; deshalb spricht Erikson zunächst von einem »passiv-inkorporierenden« Triebmodus. Aus psychosozialer Sicht ist das Stillen ein Stück Objektbeziehung, in der die Mutter ihre Mittel des Gebens mit den infantilen Mitteln des Nehmens in Übereinstimmung bringt, und Erikson bezeichnet die einfachste und früheste soziale Verhaltensweise die Modalität des »Bekommens«, das heißt: »empfangen und nehmen, was gegeben wird« (1982a, S. 70). Schon in der Art des mütterlichen Gebens – liebevoll-entspannt, zärtlich, sicher, energisch, ängstlich oder unbeteiligt – zeigen sich große interindividuelle Unterschiede, die stark von der Vorgeschichte der Mutter, dem Bejahen ihrer Weiblichkeit, dem Erleben der Schwangerschaft, vor allem ihrer bewussten und unbewussten Einstellung dem Kind gegenüber abhängig sind.

Die basalen Interaktionen und libidinösen Lustgefühle der ersten Lebensmonate sind geradezu Grundmodell der wechselseitigen Regulation zwischen zwei Menschen, von deren Gelingen oder Misslingen alles weitere Kontaktverhalten geprägt wird. Indem der inkorporierende Modus sich auf die sensitiven Bereiche des gesamten Körpers ausdehnt und Haut, Augen und Ohren zunehmend Reize »aufnehmen«, beginnen sich einzelne Sinneswahrnehmungen aus dem diffusen Erleben abzuheben – die Anfänge des Ich. Das Kind schmeckt und riecht laut Erikson gleichsam die Mutter, sucht mit dem Kopf in ihren Körper einzudringen, sich dieses lustvolle Universum quasi »einzuverleiben«. Die allerfrühesten Wurzeln des Bewusstseins und Urvertrauens scheinen in der Oralität des Säuglings zu liegen, der dumpfen Ahnung, mit einer guten Macht verschmolzen zu sein, welche den Hunger stillt, wärmt und angenehme Reize vermittelt. Über das gesamte Leben werden Sympathie, Trost und Mitgefühl am nachhaltigsten über den Körperkontakt vermittelt, während die Anfänge des Misstrauens aus körperlichen Unlust- und Spannungszuständen des Neugeborenen herrühren. Häufig spiegelt sich darin Konflikthaftes in der mütterlichen Psyche wider, Ängste, Aggressionen, Überforderungsgefühle ebenso wie offen oder verdeckt trieb- und leibfeindliche Haltungen, die den lustvollen körperlichen Austausch verkümmern lassen. Mitunter fehlen dem Kind dann ganze sinnliche Erfahrungsbereiche, was im Erwachsenenalter die Fähigkeit zu Zärtlichkeit, Entspannung und sexueller Hingabe einschränkt. Man denke daran, mit welch archaischen Mitteln bis hin zur Selbstverletzung Borderline-Patienten ihren Körper zu spüren versuchen, wie unwillig manch schizoide oder narzisstische Persönlichkeiten Nähe und Berührung meiden.

Ab dem 6. Lebensmonat entwickeln sich die Zähne und mit ihnen die oral-aggressive Fähigkeit, zu beißen, abzubeißen, zu kauen und herunterzuschlucken. Mit diesem neuen »aktiv inkorporierenden« Triebmodus ändert sich das Sozialverhalten. Das Kind hält jetzt ungeduldig nach der Mutter Ausschau, schreit nach ihr, klammert sich an ihr fest. Erikson spricht von zwischenmenschlichen Grundformen, »die in der sozialen Modalität des Nehmens und Festhaltens von Dingen zusammengefasst sind – von Dingen, die mehr oder weniger uneingeschränkt angeboten und gegeben werden, und Dingen, die mehr oder weniger die Tendenz haben, fortzuschlüpfen« (1981a, S. 101). Ab diesem Zeitpunkt kann die Beziehung spannungsvoller werden. Der bislang eher passive Säugling tritt nun der Welt mit seinen Zähnen bewaffnet gegenüber, vermag mit ohrenbetäubendem Schreien zu fordern und, im Falle der Enttäuschung, aggressiv zuzubeißen. Die Mutter kann liebevoll-nachsichtig auf ihren kleinen Vampir reagieren. Das permanente Gebrüll vermag sie aber auch hilflos und gereizt zu machen, vielleicht, weil hier eigene Wutimpulse oder unbefriedigte orale Wünsche angerührt werden. Ärger und Unwille der Mutter wiederum teilen sich dem Kind atmosphärisch mit. Unter Umständen beginnt es noch lautstärker zu fordern – die Frühform trotzigen Eigenwillens – oder aber unterdrückt aus Angst vor Liebesverlust seine Bedürfnisse und entwickelt früheste Schuldgefühle.

All diese Vorgänge werden vom Säugling jetzt bewusster registriert, denn sämtliche Sinnesorgane sind nun außerordentlich »hungrig« nach Reizen. Das Sehen erweitert die Welt des Kindes, in der bislang taktile Empfindungen vorherrschen, um die neue, wegweisende Entfernungswahrnehmung. Die Außenwelt wird mit Aufmerksamkeit »besetzt«; dadurch beginnt das Kind die zeitliche Kontinuität und die räumliche Kohärenz zu erahnen, vermag zunehmend den sensorischen Raum zu einer differenzierten Wahrnehmungswelt zu organisieren. Anfangs noch isolierte Reize – das Gesicht der Mutter, ihr Tonfall und Augenausdruck, die Geräusche bei ihrem Kommen und Gehen – verbinden sich allmählich zu einem einheitlicheren Erleben ihrer Person. Das Erkanntwerden von dem erhofften Gesicht, das Angesprochenwerden von der vertrauten Stimme, das Sich-Spiegeln im Glanz der mütterlichen Augen sind, so Erikson, die wohl ursprünglichste narzisstische Bestätigung im Leben des Menschen. Echter als Worte vermitteln die Augen Vertrauen, Freude, Sympathie oder Glück, und über das ganze Leben, in allen Begrüßungsritualen und tieferen zwischenmenschlichen Kontakten, suchen wir in den Augen des anderen jene allererste Bestätigung unserer Person. Man denke an Liebende, die sich zärtlich mit ihren Blicken »zutrinken«, an Gläubige, die zum Antlitz Gottes aufschauen, oder verzauberte Anhänger, die einen Blick ihres Idols zu erhaschen versuchen. Ebenso verraten die Augen der Mutter Sorge, Trauer oder Ablehnung. Angesichts der magischen Angst Primitiver vor dem Anblick böser Geister, Hexen oder Teufelsfratzen lässt sich erahnen, welch radikalen Schrecken der »böse Blick« in der Seele des Kindes anzurichten vermag. Entwurzelte, schwer traumatisierte Menschen hören oft kaum, was man ihnen sagt, sondern klammern sich an den Gesichtsausdruck bzw. den Tonfall der Stimme.

Bei allen Kindern, glaubt Erikson, geht die zweite orale Phase mit einem Maß an Verunsicherung und Enttäuschung einher, wie es die Mythologien der Menschheit als »Austreibung aus dem Paradies« oder »Himmelssturz« bildhaft beschwören. Selbst die bestsorgende Mutter kann das Kind nicht restlos vor den Ohnmachts- und Schmerzerlebnissen gegen Ende des ersten Lebensjahres bewahren. Bisher war die Mundhöhle Quelle angenehmer Empfindungen. Nun aber bohren die Zähne, und der Säugling muss erfahren, dass die bis dahin als allmächtig erlebte Mutter die innere Pein nicht aufzuheben vermag. Dieses körperliche Dilemma wird zu einem sozialen, wenn das Stillen bis in die Beißperiode fortgesetzt wird. Das Kind, das sich angewöhnt hat, mit den Zähnen feste zuzubeißen, um das Unbehagen zu lindern, muss lernen, zu saugen, ohne zu beißen. Attackiert es die Mutter zu stark, entzieht diese ihre Brust. Das erhöht wiederum den Zorn, kann den

Wunsch erwecken, die Mutter aus Rache zu beißen. Solch oral-sadistische Impulse bilden die am tiefsten verdrängten Anteile des Unbewussten, die in Zuständen archaischer Wut oder in schizophrenen Schüben durchbrechen können und sich im »beißenden Gewissen« der Melancholie zerstörerisch gegen das eigene Selbst richten. Klinische Erfahrung deutet nach Erikson in der Tat darauf hin, dass dieser Punkt in der Frühgeschichte des Individuums »Ursprung einer schlimmen Spaltung ist, wo der Zorn gegen die nagenden Zähne und der Zorn gegen die entziehende Mutter, der Zorn auf den eigenen machtlosen Zorn, alle zusammen zu einem machtvollen Erlebnis sadistischer und masochistischer Verwirrung führen, das ganz allgemein den Eindruck hinterlässt, dass man irgend wann einmal seine Einheit mit dem mütterlichen Nährboden zerstört hat« (1982a, S. 73).

Überwiegen Verlässlichkeit und liebevolle Zuwendung, so bilden sich gegen Ende des ersten Lebensjahres die Anfänge des Urvertrauens, jener Uroptimismus, dass man selber und die Welt gut ist, dass es lohnt, sich auf das Leben einzulassen. Daraus wiederum erwächst als erste und fundamentalste Tugend Hoffnung, der Glaube »an die Erfüllbarkeit leidenschaftlicher Wünsche, trotz der dunklen Dränge und Wutgefühle, die den Anfang des Daseins bezeichnen« (Erikson, 1966a, S. 106). Als Urkraft des Lebendigen hilft Hoffnung die Krisen und Klippen des Lebens überwinden, lässt sogar in ausweglosen Situationen noch auf einen guten Ausgang bauen. Selbst wenn die Zuversicht verwundet, das Vertrauen zerstört ist, muss ein Rest an Hoffnung bleiben, und tatsächlich ist radikale Hoffnungslosigkeit die Krankheit zum Tode. Vertrauen und Hoffnung lassen Freundschaft und Liebe wachsen, bilden den Kern tiefen religiösen Empfindens und unterscheiden jede Ethik von einem im Prinzip lebensfeindlichen Moralismus. So lautet das früheste Identitätsgefühl aus der Introjektion liebender Wechselseitigkeit zu Beginn des Lebens: »Ich bin, was ich an Hoffnung habe und einflöße« (Erikson, 1981a, S. 108).

Natürlich gibt es in Eriksons Modell keine einmal feststehenden Entwicklungsresultate. Vertrauen und Hoffnung ebenso wie Misstrauen und Angst entwickeln sich über den gesamten Lebenszyklus weiter, durchmischen sich mit nachfolgenden Entwicklungsthemen, nehmen immer differenziertere Gefühlsnuancen an. Auch wäre es ein Missverständnis, nur

4.1 Die Säuglingszeit: »Urvertrauen vs. Urmisstrauen«

die positiven Aspekte des Grundplanes zu sehen und das prinzipiell Ängstigende, Defiziente, Destruktive jedes Lebensabschnitts zu übergehen. Ein Mensch ohne Misstrauen wäre nicht lebensfähig, und übermäßig vertrauensselige Attitüden – der notorische Glücksspieler, die weltumarmende Euphorie des Manikers – sind Zeichen pathologischer Entwicklung. Der Wunsch, im anderen die Vertrauen spendende Mutter wiederzufinden, ist Ursehnsucht und zugleich Urverletzlichkeit in allen sozialen Kontakten und stellt die Basis-Übertragung in jeder Psychoanalyse dar. Lebenslang sehnen wir uns in unseren Träumen, Phantasien und Illusionen nach jenem »verlorenen Paradies«, jenem vergessenen »Goldenen Zeitalter« zurück, suchen wir nach charismatischen Personen, zu denen wir »aufschauen« können, die uns in unserer Existenz bestätigen. Die Verehrung, die wir Künstlern, Politikern, Heiligen oder Gott entgegenbringen, rührt zum Großteil aus frühkindlichen Phantasien her, ebenso die Wut, die uns überfällt, wenn unsere Idealisierungsbedürfnisse enttäuscht werden. Momente von Glück, Ekstase oder Trance lassen in den primär-narzisstischen Zustand totaler symbiotischer Harmonie regredieren. Ebenso kommt radikales Urmisstrauen in Zuständen der Depression oder der Existenzangst über uns, immer dann, wenn wir uns zu pessimistisch, zu abgelehnt, zu entfremdet, zu hoffnungslos erleben.

Ein in früher Kindheit grundgelegtes chronisches Urmisstrauen, ob es sich hinter Haltungen von Mürrischkeit, Freudlosigkeit oder Gefühlsarmut verbirgt, ob es als skeptizistische Lebensphilosophie rationalisiert oder fanatisches Glaubenmüssen überkompensiert wird, ist eine schwere Hypothek und erweist sich oft genug als »totgeborene Identität«. Quälende Gefühle des Uneins-Seins mit sich selber und der Welt, andauernde Zweifel an der Verlässlichkeit von Beziehungen und der Aufrichtigkeit von Gefühlen, die in neurotischen Attitüden bisweilen noch abgewehrt werden, machen das Zerrissene früher Persönlichkeitsstörungen aus (vgl. Kernberg, 1983; Rohde-Dachser, 1979). Man denke an die verzweifelten Spaltungen und abrupten Verhaltensbrüche, mit denen Borderline-Patienten ihre »guten« inneren Objekte gegen projizierten Hass schützen müssen, oder die Tendenz zur zynischen Entwertung, gar Zerstörung allen Vertrauens in schwer narzisstischen oder psychopathischen Persönlichkeitshaltungen. Am radikalsten erfasst das

Misstrauen aber den Schizophrenen. Der Zerfall des Blickkontakts, die Verweigerung von Zuspruch oder Nahrung, das Zwiegespräch mit halluzinatorischen Stimmen oder die sinnlose Wiederholung stereotyper Gesten zeugen vom wahnhaften Rückzug in eine private Realität, in der jede Hoffnung auf eine freundliche Gegenseitigkeit aufgegeben zu sein scheint. Und dennoch kann sich selbst in den bizarrsten und abweisendsten Verhaltensweisen solcher Kranker noch ein Funke an Vertrauen zeigen. Schon auf kleinste Kontaktfühler muss der Therapeut mit ganz verlässlicher, quasi kreatürlicher Zuwendung reagieren, um die katastrophale Beziehungsangst solcher Menschen abzubauen.

Als »Psychologe des Urvertrauens« hat Erikson das Säuglingsalter neben der Adoleszenz am ausführlichsten beschrieben. Ähnlich wie die jüngere Psychoanalyse scheint er sich von der Omnipotenz des Ödipuskomplexes abzuwenden und die schicksalhafteste Prägung der Persönlichkeit in der ersten Phase des Lebenszyklus zu sehen. Die alles entscheidende Rolle, die Erikson der Mutter als Spenderin von Vertrauen und Hoffnung beigibt, wird durch neuere Erkenntnisse der Säuglingsforschung relativiert. Erikson hat die orale Phase nicht so gründlich wissenschaftlich zu rekonstruieren versucht wie etwa Mahler, Spitz, Kernberg, Kohut oder Klein. Das hält ihn in gewisser Weise davon ab, zu gewagte Spekulationen über angebliche »orale« Erlebnisse, Fähigkeiten oder Traumata anzustellen. Dennoch weiß man auch bei Eriksons Ausführungen mitunter nicht, ob es sich um reale Entwicklungsprozesse in den Anfängen des Seelenlebens oder um »adultomorphe Konstruktionen« handelt. Manche seiner Thesen, z. B. die Wurzeln so unterschiedlicher Phänomene wie des Gewissens, erwachsener Formen der Depression oder religiöser Schuldgefühle in den Beißwünschen des Säuglings zu sehen, wirken arg spekulativ.

4.2 Das Kleinkindalter: »Autonomie vs. Scham und Zweifel«

Die neuen motorischen Fähigkeiten des Krabbelns, Aufrechtstehens und Laufens im zweiten Lebensjahr bedeuten für das Kind einen gewaltigen Zuwachs an Eigenmachtgefühl. Durch das rapide Wachstum der Muskulatur ist es jetzt in der Lage, nicht nur zu nehmen und festzuhalten, sondern auch loszulassen, herzugeben oder wegzuwerfen. Es sind die beiden neuen Organmodi der »Elimination« und »Retention«, die allmählich alternieren müssen, damit es zu einem koordinierten Bewegungsablauf kommt. Geradezu modellhaft für deren Funktionieren ist die Sphinktermuskulatur. Mit Ausreifung der nervösen Rückenmarksfunktionen wird allmählich eine kontrollierte Darm- und Blasenfunktion möglich, stellt die Erziehung erstmals Anforderungen an die bis dahin unwillkürlich ablaufenden Körpervorgänge. Das Kind soll lernen, seine Ausscheidungen zu bestimmten Zeiten an festen Orten vorzunehmen, bis zu diesem Zeitpunkt ein Spannungsgefühl zu ertragen, d. h. »zurückzuhalten«, um dann auf Aufforderung der Mutter hin »loszulassen«. Beispielhaft werden so im Rahmen der Reinlichkeitserziehung die analen Modi von Retention und Elimination in die sozialen Modalitäten von »Festhalten« und »Hergeben« übergeführt. Freilich braucht das Erlernen einer neuen Körperfunktion Zeit. Reagieren Eltern zu ungeduldig, wenn etwas »in die Hose« gegangen ist, zeigen sie überdeutlich ihren Abscheu gegenüber den Exkrementen, kann dies massive Schamgefühle erzeugen, unter Umständen das Kind von den unteren Körperpartien und überhaupt von seinen vitalen Funktionen entfremden. Verweigerung und Trotz, das Defäkieren am falschen Ort und zur falschen Zeit sind typisch infantile Protestformen gegen ein allzu rigides Sauberkeitsregime. Dagegen trägt das elterliche Lob, die Erfahrung, selber etwas produzieren und auf Verlangen hergeben zu können, über die »analen« Lustempfindungen hinaus zu einem Gefühl des Stolzes und der Autonomie bei.

Die ersten tastenden Schritte eröffnen ungeahnt neue Zugangsmöglichkeiten zur Welt. Das Kind erkundet mit naiver Neugier die Wohnung, den Garten, den Spielplatz, nicht ohne von Zeit zu Zeit zur Mutter zurückzukehren, um sich ihrer verlässlichen Gegenwart zu versichern. Meist erleben Eltern diesen Entwicklungsabschnitt als ziemlich anstrengend. Überall läuft ihr Sprössling in die Quere, untersucht die Steckdosen, klettert waghalsig auf Stühle und Tische, versucht sämtliche Gegenstände in seiner Reichweite zu ergreifen, lässt sich auch nicht entmutigen, wenn er sich stößt und Dinge zu Bruch gehen. Die Umgebung muss die Fortschritte der Körperbeherrschung lobend anerkennen und gleichzeitig Gefahren rechtzeitig abwenden, ohne dem Kind das Gefühl zu vermitteln, allzu töricht und ungeschickt zu sein. Überängstliche Eltern, die sofort hinter dem Kleinen herstürzen und alles außer Reichweite bringen, hemmen leicht den infantilen Expansionsdrang. Gerade das Zweijährige sucht oft ganz starr und unnachgiebig seinen Willen durchzusetzen. Beim Essen, Waschen, Baden oder Insbettgehen darf alles nur nach ganz bestimmten Ritualen verlaufen; kleinste Beeinträchtigungen bedeuten einen radikalen Machtverlust und rufen mitunter kollossale Wut- und Trotzanfälle hervor.

Ist das Erziehungsklima zu autoritär, entwickeln Kinder nach außen hin einen Kadavergehorsam, während sich innerlich Ohnmachts- und Wutgefühle aufstauen. Reagieren Eltern hilflos oder inkonsequent, wachsen leicht kleine Diktatoren heran. Die Erfahrung, dass das eigene Verhalten von den Erwachsenen bewertet wird, bedeutet im infantilen Erleben eine gewaltige Umstellung. Lob und Tadel, gut und böse, richtig und falsch schaffen von nun an einen idealen und einen negativen Pol im Selbstbild. Erstmals beginnt hier der Mensch, so Erikson, sich für seine unvollkommenen Seiten zu schämen und diese vor anderen zu verbergen. Wird das Kind häufig drakonisch bestraft oder wegen Ungeschicklichkeiten lächerlich gemacht, vermag dies das Selbstvertrauen verhängnisvoll zu untergraben. Eine aus der oralen Phase bestehende Aggressionshemmung erweitert sich hier womöglich zu der retentiven Hemmung, nur schwer auf dem eigenen Willen bestehen, sich widersetzen, nein sagen zu können und stattdessen auf tatsächlichen oder vermeintlichen Druck rasch mit der Tendenz zum Hergeben, Preisgeben, Aufgeben zu reagieren.

Überwiegen in der zweiten Entwicklungsphase die ermutigenden Erfahrungen, wird das Urvertrauen durch ein Gefühl der Autonomie bereichert, auf eigenen Füßen stehen und den eigenen Körper beherrschen zu können. Daraus erwächst als zweite Grundtugend der Wille, »die ungebrochene Entschlossenheit, sowohl Wahl wie Selbstbeschränkung frei auszuüben, trotz der unvermeidlichen Erfahrung von Scham und Zweifel in der Kindheit. Der Wille ist die Grundlage dafür, dass wir Gesetz und Notwendigkeit akzeptieren, und er wurzelt in der Einsichtigkeit von Eltern, die sich vom Geiste des Gesetzes leiten lassen« (Erikson, 1966a, S. 107). Autonomie und Willenskraft verleihen Selbstsicherheit und Durchsetzungsfähigkeit in unterschiedlichen sozialen Erfahrungen des kommenden Lebens, ob es darum geht, Elternschaft und Beruf verantwortlich auszuüben, im Strudel der medialen Reize und Fake-News einen eigenen Standpunkt zu vertreten oder sich gegen die gleichmacherischen Tendenzen moderner Konsumsuggestionen und Verwaltungsapparate zu wehren. Der Identitätszuwachs des Kleinkindalters lautet damit nach Erikson: »Ich bin, was ich unabhängig wollen kann« (1981a, S. 116).

Lebenslang bleiben Gefühle von Autonomie und narzisstischer Sicherheit vom Feuer der Scham bedroht, ein spezifisch menschliches Unwerterleben, das Erikson gründlicher als Freud in seiner psychologischen Eigenart beschreibt. Als ein mit stärkster physiologischer Erregung einhergehendes Gefühl schmerzhafter Unlust tritt akute Scham überall dort auf, wo wir uns in peinlicher Weise exponiert fühlen, öffentlich ertappt, bloßgestellt oder gedemütigt werden, wo unsere Intimsphäre durch plötzliche Nähe, überraschendes Lob oder überraschenden Tadel verletzt wird. Die dramatische Grundtönung des Schamerlebens besteht in einem Gefühl der Unentrinnbarkeit. Man kann der peinlichen Situation nicht ausweichen, fühlt sich geradezu schmerzhaft den Blicken anderer ausgesetzt, fürchtet Spott oder Missachtung. Während das Schuldgefühl einen inneren Instanzenkonflikt zwischen Ich und Über-Ich widerspiegelt und innerpsychisch als »Stimme des Gewissens« bewusst wird, ist Scham das Erleben des Prestigeverlusts in der Beziehung des Ich zu anderen und hat für Erikson mit dem Gesichts- und Augenkontakt zu tun: »Der Schamerfüllte möchte (…) die Welt zwingen, ihn nicht anzusehen oder seine beschämende Situation nicht zu beachten. Er würde am liebsten die Augen aller anderen zerstören. Stattdessen muss er seine eigene Unsichtbarkeit wünschen« (1982a, S. 247).

Eng mit dem Schamempfinden verwandt, gleichsam »Bruder der Scham«, ist für Erikson der Zweifel, ein Gefühl, das viel mit der Unsicherheit zu tun hat, ein Vorn und ein Hinten zu haben, – »vor allem einen ›Hintern‹. Denn diese Rückseite des Körpers mit ihrem aggressiven und libidinösen Brennpunkt in den Sphinkteren und Gesäßbacken kann vom Kind nicht eingesehen werden und wird doch unter Umständen vom Willen anderer beherrscht« (1981a, S. 113f.). Jeder Mensch kennt Scham- und Zweifelgefühle bezüglich des eigenen Status, der eigenen Attraktivität und Kompetenz, das Unbehagen, andere könnten »hinter unserem Rücken« etwas abhandeln oder uns »in den Rücken fallen«. Andererseits gibt es in der Verteidigung der persönlichen Intimsphäre ein natürliches Schamempfinden. Gesunde Scham ist für die Aufrechterhaltung jeden kulturellen Sittenkodexes unerlässlich. Erst die in früher Kindheit übertrieben hochgezüchtete und ausgebeutete Scham stellt eine chronische narzisstische Verletzung dar und macht den gedemütigten Menschen zum Außenseiter gegenüber sich selber. Wie Eiterherde können Rachebedürfnisse und Ressentiments das Seelenleben vergiften. Mitunter, wenn bis dahin völlig unauffällige Individuen fanatisch-amokläuferisch dekompensieren, explodiert ein furchtbares Reservoir aufgestauter Scham.

Zwanghaftigkeit oder zwanghafte Aufsässigkeit, die pathologischen Gegenstücke zum gesunden Willen, dienen laut Erikson häufig der Abwehr schwerer Schamgefühle. Man denke an die peinliche Selbstkontrolle des Anankasten, die Haltung nagenden Zweifels an allem, was aus einem »herauskommt«, jener »zweite Blick«, mit dem alles Gesagte, Geschriebene, Produzierte noch einmal überprüft werden muss. Wenn dem Kind die allmähliche und gelenkte Erfahrung der Autonomie der freien Wahl vorenthalten wird, konzentriert es sich in der Tat »zwanghaft auf seine eigenen, sich wiederholenden Körpervorgänge. Durch diese Selbstbezogenheit lernt es dann natürlich, seine Umgebung erneut auf sich zu lenken und durch eigensinnige, bis ins einzelne gehende Forderung pünktlicher Beachtung dort eine Macht auszuüben, wo es die größere wechselseitige Regulierung nicht erreichen konnte. Solche Pyrrhussiege sind die kindliche Form einer späteren Zwangsneurose. Sie sind auch die kindliche Quelle späterer Versuche, im Erwachsenenleben den Buchstaben statt den Geist walten zu lassen« (Erikson, 1982a, S. 246).

4.2 Das Kleinkindalter: »Autonomie vs. Scham und Zweifel«

Trotz, Negativismus, chronische Aufsässigkeit, das gänzliche Identifiziertsein mit den eigenen aufrührerischen Impulsen, stellt für Erikson die gegenteilige Zerrform gesunder Autonomie dar. Stets das Gegenteil von dem zu tun, was von einem erwartet wird, gaukelt ein scheinbares Selbst-Sein vor, ist in Wirklichkeit aber eine ziellose und einsam machende Form der Rebellion. Der chronische Querulant und Lästerer steht sich selbst im Wege und wirkt oft wie ein unerlöster Besessener. Im zwanghaften Ableugnen aller Tabus, der eigensinnigen Demonstration von Unordentlichkeit und Schmutzlust oder der Schmähung von Vorgesetzten und Institutionen (häufig mit analen Schimpfworten), zeigt sich laut Erikson eine »befreite Schamlosigkeit«, der unbewusste Versuch, jene Autoritäten zu beschämen, die einen einst ohnmächtig gemacht haben. Chronische Rachebedürfnisse, in privaten oder kollektiven Ideologien rationalisiert, machen menschliche Konflikte oft so unerbittlich irrational und hoffnungslos unbeeinflussbar. Nicht allein ökonomische Benachteiligungen, sondern schwere Verletzungen des individuellen oder kollektiven Selbst verbergen sich häufig hinter dem zwanghaften Bekämpfenmüssen äußerer Übel. Der Terrorismus gilt als Waffe der Ohnmächtigen. Und manch typische Attitüden des Fanatischen, totaler Trotz, radikale Dialogverweigerung scheinen ontogenetische Wurzeln in den Machtkämpfen des Kleinkindalters zu haben (vgl. Conzen, 2005)

Gerade bei der Charakterisierung des zweiten Lebensjahres wird deutlich, wie Erikson Freuds Libidotheorie gleichsam in ihre sozialen Implikationen und Krisen »übersetzt«. Autonomie bezieht das Kind vor allem aus der Körperbeherrschung und dem lokomotorischen Eroberungsdrang dieser Phase, Erfahrungen, die von der Psychoanalyse vielleicht zu wenig berücksichtigt wurden, weil das Arrangement des flachen Liegens die Dimension der räumlichen Fortbewegung und des stereoskopischen Sehens ausschaltete. Stärker als Freud betont Erikson die Rolle der Scham, wie sie heutzutage in den vielfältigen Störungen des Selbstgefühls zum narzisstischen Affekt par excellence wird. Eine grundsätzliche Frage ist sicherlich, ob unter den gleichmacherischen Bedingungen moderner Massengesellschaften Selbständigkeit und Willenskraft bei einer Mehrzahl von Kindern noch in ausreichendem Maße gefördert werden. Allseitige Konsumangebote, das Berieseltwerden durch die Medien, in ihren Erziehungsprinzipien grundlegend verunsicherte Eltern und mangelnder Spielraum für motorische Entfaltungsmöglichkeiten fördern eher die Regression zu oral-passiven Anspruchshaltungen bzw. rücksichtslos-narzisstischer Selbstdurchsetzung, die mit Eriksons Vorstellungen gesunder Autonomie kaum vereinbar sind.

4.3 Das Kindergartenalter: »Initiative vs. Schuldgefühl«

Zu Beginn des dritten Lebensjahres versetzen die wachsende lokomotorische Geschicklichkeit, die Fortschritte des Sprachvermögens und die zunehmende Phantasietätigkeit Kinder in die Lage, sich für konkrete Aufgaben zu engagieren, Pläne zu verfolgen, eigene Ziele zu verwirklichen. Die gesteigerte Initiative dieses Alters zeigt sich in einem ungebremsten Neugierverhalten. Jungen und Mädchen träumen sich in die Helden von Bilderbüchern und Filmen hinein, ahmen spielerisch die Rollen von Polizisten, Feuerwehrmännern, Ärzten oder berühmten Sportlern nach, stellen sich vor, wie es ist, Eltern zu sein, ein Haus zu besitzen oder ein Auto zu fahren. Angeregt durch die Partialtriebe des Exhibitionismus und Voyeurismus untersuchen Kinder jetzt intensiver ihren Körper, stellen abenteuerliche Spekulationen über die Ursache des Geschlechtsunterschiedes, Zeugung, Schwangerschaft und Geburt an. Natürlich kann der Penis des Jungen noch nicht konkret in einen Körper eindringen. Dennoch wirkt all die Unrast dieser Altersstufe irgendwie »eindringlich«, und Erikson glaubt, dass der phallische Modus zumindest symbolisch in einer Fülle analoger Handlungen und Phantasien zum Ausdruck kommt: »Er umfasst das Eindringen auf und in andere durch physischen Angriff; das Eindringen in die Ohren und das Bewusstsein anderer durch aggressives Reden; das Eindringen in den Raum durch kraftvolles Umherlaufen; das Eindringen in das Unbekannte durch eine unersättliche Wissbegier« (1981b, S. 89).

4.3 Das Kindergartenalter: »Initiative vs. Schuldgefühl«

Deutlich richtet sich die sexuelle Orientierung des Knaben auf seinen Penis. Er ist stolz auf dieses nach außen sichtbare, erektionsfähige Organ, in der Tat etwas »Hervorragendes« und »Handfestes«, das ihm beim Verströmen des Urinstrahls und bei manueller Reizung angenehm-lustvolle Empfindungen vermittelt. Kleine Mädchen haben es, glaubt Erikson, oft schwerer, weil ihnen dieser greifbare Körperteil im Vergleich zur kleinen und verborgenen Klitoris fehlt und damit in vielen Kulturkreisen wichtige Privilegien. Unter Umständen kann das Missbehagen über die vermeintliche Benachteiligung ein – meist unbewusst bleibendes – Unterlegenheitsgefühl gegenüber dem Mann nach sich ziehen, was Freud mit dem Begriff »Penisneid« umschrieben hat. Erikson wählt für das typische Bestreben dieser Phase, im Spielen, Bauen und Gestalten in die Sphäre der Älteren »einzudringen« und Vorbilder nachzuahmen, das Wort »Machen« im Sinne des englischen »being on the make: Das Wort lässt an Freude am Wettbewerb, an Zielstrebigkeit und Eroberungslust denken. Beim Knaben bleibt der Akzent des Machens auf dem direkten Angriff (›to make a goal‹, ›to make a girl‹); das Mädchen geht früher oder später dazu über, ihren Weg dadurch zu machen, dass sie sich anziehend und lieb macht. So entwickelt das Kind die Vorbedingungen für die männliche beziehungsweise weibliche Initiative, d. h. für die Wahl der sozialen Ziele und deren ausdauernde Verfolgung« (1981b, S. 92).

Freud bestätigte in seiner Entwicklungstheorie, was viele Dichter und Literaten immer schon intuitiv erfasst haben: Jungen und Mädchen entwickeln eine intensive, zärtlich-emotionale Bindung an den gegengeschlechtlichen Elternteil, wählen ihn zum ersten »Liebesobjekt« ihres Lebens. Hinter der Koketterie des Mädchens bzw. dem naiven Imponiergehabe des Jungen verbirgt sich nach psychoanalytischer Auffassung ein massives Triebgeschehen. Kinder werden von ihren Eltern physisch erregt und verbinden mit ihnen erotische Phantasien. Es handelt sich gleichsam um ein erstes, vorweggenommenes »Liebesabenteuer«, in dem die gleichgeschlechtliche Elternfigur zunehmend zum beneideten Rivalen und störenden Konkurrenten wird. In der Tat können sich die verborgenen Eifersuchtsgefühle bis zu höchst vermessenen Vorstellungen steigern, Vater oder Mutter in deren partnerschaftlicher Rolle ersetzen zu wollen, was den geheimen Wunsch mit einschließt, dass sie weggehen oder gar beseitigt werden mögen. Über Monate hinweg stürzen die ödipalen Phantasien das Kind in Konflikte und Schuldgefühle, denn schließlich liebt es ja den gleichgeschlechtlichen Elternteil auch, genauso wie es fürchten muss, von dem übermächtigen Rivalen schwer bestraft zu werden. Das vermag Ängste zu wecken, gerade jene Körperteile könnten verstümmelt werden, von denen die verbotenen Regungen ihren Ausgang nehmen: beim Knaben die Furcht, das männliche Glied zu verlieren, beim Mädchen, es verloren zu haben (»Kastrationskomplex«) bzw. im weiteren Sinne verletzt oder in seinen Initiative-Möglichkeiten »beschnitten« zu werden. »Jetzt treten Eifersucht und Rivalität, diese oft so erbitterten und doch so vergeblichen Versuche zur Abgrenzung einer Sphäre unanfechtbaren Vorrechts, in einen Schlusskampf um den Vorrang bei Vater oder Mutter, und der unvermeidliche und notwendige Misserfolg führt zu Gefühlen von Schuld und Angst« (Erikson, 1981b, S. 93).

Nach langer Zeit konflikthaften Ringens und widerstreitender Gefühle sieht das Kind seine Niederlage ein und verdrängt seine inzestuösen Wünsche ins Unbewusste, ein Geschehen, das nach Erikson tiefgreifende Konsequenzen hat: »Die fortschreitende Bemeisterung des Bewegungsapparates und der Stolz, fast so groß wie Vater und Mutter zu sein, erhalten allerdings einen schweren Stoß durch die Erkenntnis, dass man im geschlechtlichen Bereich eindeutig unterlegen ist, und einen zusätzlichen Stoß durch die, dass man selbst in ferner Zukunft niemals der Vater in seiner sexuellen Beziehung zur Mutter oder die Mutter in ihrer sexuellen Beziehung zum Vater sein wird. Die sehr tiefen emotionalen Folgen aus dieser Einsicht und die damit verbundenen magischen Ängste sind das, was Freud den Ödipus-Komplex genannt hat« (1981b, S. 90).

Freud sah den Ödipuskomplex nicht nur als Kernkomplex einer jeden Neurose, sondern überhaupt schicksalhaften Knotenpunkt der Persönlichkeitsentwicklung, in vielfältiger Weise die Charaktereigenschaften und das Sozialverhalten eines Menschen prägend. So sehr sich gerade an der Lehre vom Ödipuskomplex die Geister schieden – Erikson bleibt dabei, dass es sich hierbei um ein aus triebhaften Quellen herleitendes, normatives Thema der kindlichen Entwicklung handelt. Immer wieder deckt die psychoanalytische Therapie hinter zwanghaften Macht- und Eifersuchtskämpfen, der vergeblichen Suche nach dem »Idealpartner«

oder chronischen Sexualstörungen unbewältigte ödipale Themen auf. Der verdrängte Hass des Kindes auf übermächtige Eltern überträgt sich im Erwachsenenalter auf alle möglichen Konflikte mit Rivalen, Privilegierten, Mächtigeren, verstärkt das unbewusste Arsenal innerer Irrationalität und Destruktivität. Freud sah einen Großteil der gesellschaftlichen Institutionen im Dienst der Eindämmung ödipaler Konflikte. Zu allen Zeiten spiegelte sich in Zwang und Autoritarismus die Angst der Mächtigen vor dem Aufruhr wider. Explodiert lang aufgestaute revolutionäre Wut, wird die Rache an den Vertretern etablierter Macht oft wichtiger als die ursprünglichen politischen Zielsetzungen. Angesichts der Schrecken der Geschichte, glaubt Erikson, könne die Psychoanalyse nur das Orakel bestätigen. Demnach »ist jedes neue Kind potentieller Träger des ödipalen Fluchs, und der Vatermord ist immer noch eine plausiblere Erklärung für die Übel der Welt als die Kindestötung« (1982b, S. 231).

Andererseits sind Kinder gerade in diesem Entwicklungsabschnitt bereit, schnell und begierig zu lernen, und zwar auf Feldern der Initiative, wo die Unterlegenheit gegenüber den Erwachsenen nicht allzu stark ins Gewicht fällt. Beim gemeinsamen Spielen, Basteln oder Sporttreiben wird der Vater für den Jungen, die Mutter für das Mädchen eine mächtige Identifikationsfigur, an deren Vorbild man die eigene Geschlechtsrolle formt. Wenn es Eltern gelingt, ihrem Kind bei der Planung des Familienlebens und in der Freizeitgestaltung ein Erlebnis gleichen Wertes, wenn auch unterschiedlichen Alters zu vermitteln, kann daraus eine Kameradschaft erwachsen, die viel von den verborgenen Minderwertigkeits- und Wutgefühlen nimmt, die ansonsten leicht aus der Konfrontation zwischen älterer, mächtigerer und jüngerer, schwächerer Generation hervorgehen.

Verstärkt identifizieren sich Jungen und Mädchen nun mit der Wertewelt ihrer Eltern. All die seit früher Kindheit erfahrenen Mahnungen und Gebote ordnen sich zu einem ersten zusammenhängenden Moralsystem. Freud sprach vom Über-Ich, der infantilen Vorstufe eines reifen personalen Gewissens. Wie ein innerer Gouverneur wacht diese strenge innere Instanz von nun an über alle Phantasien und spontanen Entschlüsse, reagiert mit Schuldgefühlen und Selbstbestrafungsneigungen, wenn das Kind in Worten und Taten »zu weit« gegangen ist. Gerade weil diese erste Konsolidierung des Gewissens in eine Phase relativer kognitiver Unreife und noch hoher Abhängigkeit von den Erwachsenen fällt, kommt es für Erikson auf einfühlsame und liebevolle Eltern an. Alle autoritär-einschüchternden Erziehungsmethoden wecken in der Seele des Kindes schwere Ängste und lassen den Eindruck zurück, als handele es sich bei Moral lediglich um die Willkür und Grausamkeit Mächtiger. Unter Umständen wartet es dann nur noch auf den Tag, wo es anderen antun kann, was ihm selber angetan wurde.

Je lebendiger das Spielalter verläuft, desto ausgeprägter entwickelt das Kind Freude am Selbstausdruck in Spiel, Sport und kreativem Schaffen, kann einen Schatz an Einfallsreichtum, Neugier und Forscherdrang in das Erwachsenenleben hinüberretten, wie er für erwachsene Formen des Spiels – die Kunst, das Theater, das Rollenspiel – unentbehrlich ist. Hier wächst die Tugend der »Zielstrebigkeit«, der »Mut, als wertvoll erkannte Ziele ins Auge zu fassen und zu verfolgen, unbehindert durch die Niederlagen der kindlichen Phantasie, durch Schuldgefühle und die lähmende Angst vor Strafe« (Erikson, 1966a, S. 110). Initiative und Zielstrebigkeit wiederum sind Voraussetzung für die Entstehung von »Unternehmungsgeist« in den wirtschaftlichen und technischen Bestrebungen des Erwachsenenlebens. So besteht für Erikson der Identitätszuwachs des dritten Entwicklungsabschnitts in der wachsenden Überzeugung, »dass unbedrängt von Schuldgefühlen ich das bin, wovon ich mir vorstellen kann, dass ich es sein werde« (1981a, S. 124).

Hart-kategorische Gewissensforderungen dieser Phase hingegen lähmen oft lebenslang Initiative und Phantasie. Alles spontane Wünschen, alles, was Konkurrenz hervorrufen könnte, jede eigene Meinungsäußerung oder Selbstdarstellung scheint wie von einem kritischen Zensor unterdrückt. Eine Grundhaltung der Gehemmtheit, von Denkschwächen und Sprachstörungen über mimisch-motorische Verkrampfungen bis hin zu Gefühlsarmut und Impotenz, ist Kernphänomen vieler neurotischer Symptome. Und als letzte Ursache selbstsabotierender Haltungen wie chronisches berufliches Scheitern oder die Wahl eines völlig inadäquaten Lebenspartners stößt die Psychoanalyse immer wieder auf unbewusste Schuldgefühle über die Konkurrenz mit dem gleichgeschlechtlichen Elternteil.

Mit viel Einfühlung und Humor schildert Erikson das Spielalter, das heutzutage mitunter durch überehrgeizige Experimente der Frühpädagogik und Frühförderung in seiner Lebendigkeit und seinem Einfallsreichtum beschnitten zu werden droht. Optimistischer als Freud sieht er hier eine Phase des phantasievollen Rollenspiels und der beginnenden Auseinandersetzung mit dem Erwachsenenleben. Diese Initiative als Sublimierung des »eindringlichen« phallischen Verhaltens zu betrachten, ist eine der üblichen Spekulationen der Libidotheorie. Gerade bei der Charakterisierung der dritten Entwicklungsphase zeigt sich, dass Erikson seinen Lebenszyklus eher aus einer männlichen Sichtweise zu konzipieren scheint und sich dabei von problematischen Geschlechtsstereotypen leiten lässt. Tugenden wie »Initiative«, »Zielstrebigkeit« oder »Unternehmungsgeist« passen zur zupackenden Attitüde des amerikanischen Selfmademan. Selbst die ödipale Krise kann gut durchgestanden werden, wenn Eltern und Kinder nur lernen, wie »faire Partner« zusammenzuarbeiten.

4.4 Die Grundschulzeit: »Werksinn vs. Minderwertigkeitsgefühl«

Ab dem sechsten Lebensjahr erwerben Jungen und Mädchen vermehrt Wissen, möchten ihre Talente erproben, können eifrig in einer Produktionssituation aufgehen. Hier, glaubt Erikson, entfaltet sich beim Kind »Werksinn«, Freude an Arbeit und Kreativität, Stolz auf die eigene Leistung, während zu massive Erfahrungen von Unzulänglichkeit starke, lang anhaltende Minderwertigkeitsgefühle wecken. Alle Gesellschaften nutzen die erhöhten kognitiven Fähigkeiten der Latenzphase in besonderer Weise zu einer Zeit der Belehrung. Schon in primitiven Kulturen lernen Kinder, Geräte, Waffen und Werkzeuge zu handhaben, werden allmählich mit der zukünftigen sozialen Rolle als Jäger, Fischer, Werkzeugmacher, Köchin oder Näherin vertraut gemacht. In literalen Gesellschaften gehen Jungen und Mädchen für eine bestimmte Anzahl von

Jahren in die Schule, müssen lernen, sich in eine Gemeinschaft Gleichaltriger einzufügen, die Autorität der Lehrperson zu achten und erstmals über einen längeren Zeitraum diszipliniert zu arbeiten. Neben Anna Freud und Aichhorn zählt Erikson zu den ersten Psychoanalytikern, welche die eigene soziale Welt der Schule und die Bedeutung des Lernens für die Persönlichkeitsentwicklung herausstellten und wichtige Beiträge für eine Schulpädagogik aus psychoanalytischer Sicht leisteten. Die Schule vermittelt nicht nur einen Grundschatz an Wissen, der das Weltbild und die Interessen eines Menschen entscheidend formt, sondern stellt in Kindheit und Jugend auch einen grundlegenden Raum sozialer Begegnung dar, der über das ganze Leben als ein Komplex von Bildern und Erlebnissen im Gedächtnis haften bleibt.

Vor allem ist die Schule der Ort, wo das Kind sich erstmals deutlicher als kompetent oder inkompetent, über- oder unterlegen, fleißig oder unmotiviert erlebt. Gerade in der Anfangszeit brauchen schulische Misserfolge keineswegs nur aus einer Minderbegabung herzurühren. Leistung hat stets etwas mit Konkurrenz zu tun, und oft werden rivalisierende Tendenzen der ödipalen Phase auf die erweiterte Geschwistergruppe der Mitschüler übertragen: Insgeheim möchte man in den Augen der Lehrperson besser, klüger oder stärker als andere Kinder sein, fürchtet andererseits deren Neid, entwickelt möglicherweise Ängste vor Noten und Prüfungen, die sich in Lern- und Denkhemmungen niederschlagen. Unbewusst repräsentiert der Lehrer in der kindlichen Übertragung einen zu weichen oder zu bedrohlichen Vater, den man provoziert oder vor dem man Ängste entwickelt, wird die Lehrerin zur »bösen« Mutter, von der man sich abgelehnt und missverstanden fühlt. Ebenso werden laut Erikson in der Grundschulzeit soziale Ungerechtigkeiten schmerzlicher bewusst. Die Enttäuschung, dass nicht der Wille zur Leistung, sondern Hautfarbe, sozialer Rang oder Reichtum der Eltern entscheidend für die Chancen in seiner Gesellschaft sind, kann ein Kind tief entmutigen und zu einem rapiden Leistungsabfall führen.

Ohne den anspornenden Aufbau einer positiven Übertragungsbeziehung zur Lehrperson wäre das Kind kaum fähig, den Lernstoff und überhaupt die Welt der Schule libidinös zu besetzen. Der Grundschullehrer muss die Anstrengungen seiner Schützlinge anerkennen, ohne zu übertreiben, und bei Misserfolgen einen Sinn für natürliche Könnens-

4.4 Die Grundschulzeit: »Werksinn vs. Minderwertigkeitsgefühl«

unterschiede vermitteln, ohne zu beschämen. Lehrerinnen und Lehrer sollten, fordert Erikson, soweit über tiefenpsychologische Kenntnisse verfügen, um zwischen echten intellektuellen Defiziten und neurotischen Entwicklungskrisen differenzieren zu können. Ebenso wichtig ist, die eigene Gegenübertragung auf die Schüler im Auge zu behalten. Denkbar ist, dass eine Lehrperson den besten Sportler oder das hübscheste Mädchen bevorzugt, dass er im provozierenden Schüler seine eigenen rebellischen Impulse bekämpft oder der Minderbegabte seine eigenen Selbstzweifel weckt.

Die Entfaltung des Werksinns bleibt nicht auf die Welt der Schule beschränkt. Es ist die Zeit, wo Jungen und Mädchen deutlicher ihre Interessen entdecken, erste Hobbies pflegen, in Sportvereine gehen, Musik- oder Ballettunterricht nehmen. Wichtig ist, dass Eltern einen Blick für die Begabungen ihres Kindes haben, ohne dessen Freizeit in überehrgeiziger Weise zu verplanen. Gerade jetzt legt der Nachwuchs auf deren Anerkennung besonders großen Wert. Der Vater soll mit zum Fußballspielen gehen, mithelfen, das Fahrrad zu reparieren oder die Eisenbahn aufzubauen; man möchte vor den Eltern ein Schauspiel oder Musikstück aufführen und dabei Applaus bekommen. Mit einem erwachsenen Vorbild ab und an basteln und werken zu können und dabei als gleichberechtigter Partner akzeptiert zu werden, stärkt ganz wesentlich das Selbstvertrauen. Wird ein Kind in diesen Jahren zu sehr sich selbst überlassen, bleiben oft wichtige Talente und Interessengebiete brach liegen.

So entwickelt sich laut Erikson zwischen dem 6. und 10. Lebensjahr eine grundlegende Einstellung zu Arbeit, Leistung und Kreativität, und der bleibende Beitrag des Schulalters zur Identität lautet: »Ich bin das, was zum Funktionieren zu bringen ich lernen kann« (1981a, S. 130). Überwiegen die ermutigenden Erfahrungen, entwickelt das Kind Selbstvertrauen in die eigene Kompetenz, Ausdauer und Fleiß, erwächst als vierte Grund-Tugend die »Tüchtigkeit«, der »freie Gebrauch von Geschicklichkeit und Intelligenz bei der Erfüllung von Aufgaben, unbehindert durch infantile Minderwertigkeitsgefühle. Sie ist die Grundlage für die kooperative Teilnahme an Technologien und beruht ihrerseits auf der Logik von Werkzeugen und Kenntnissen« (Erikson, 1966a, S. 112). Gefahr des Grundschulalters ist die Entwicklung quälender Minderwertigkeitsgefühle, nichts von Wert zustande zu bringen, zu nichts zu taugen, allen anderen unterlegen zu sein, die später mit zu Lernunlust, Arbeitsstörungen oder beruflichem Scheitern beitragen. In manchen neurotischen Symptomen Erwachsener – chronisches Lampenfieber, unerklärliches Leistungsversagen, übermäßige Ängste vor Prüfungen oder öffentlichem Sprechen – scheinen sich negative Erfahrungen des Schulalters mit frühinfantilen Ängsten und Konflikten zu verdichten.

Es ist Eriksons Verdienst, die Latenzphase aufgewertet und betont zu haben, wie sehr die Anerkennung der kindlichen Kompetenz zur Ich-Stärkung beiträgt. Natürlich besteht die Gefahr, dass Kinder, gerade in modernen Konkurrenzgesellschaften, in denen Schulerfolg über knappe Ausbildungsplätze entscheidet, nur noch über Leistung Bestätigung suchen, insbesondere, wenn sie obendrein durch außergewöhnliche Erfolge die narzisstischen Selbstzweifel ihrer Eltern lindern sollen. Auch sieht Erikson nüchtern, dass unter dem zunehmenden Diktat ökonomischer Zwänge die Persönlichkeitsentwicklung oft mit der vierten Entwicklungsphase quasi endet und Fragen von Moral, Mitmenschlichkeit und Sinnfindung dem Kampf um Gewinnmaximierung, Effizienz und Erfolg untergeordnet werden. Die technologischen Triumphe unserer Zeit sind atemberaubend. Aber angesichts apokalyptischer Möglichkeiten – von der Züchtung des genmanipulierten Menschen bis zur computergesteuerten Massenvernichtung – bedarf es mehr denn je unverrückbarer ethischer Prinzipien, damit wir die Fähigkeiten unseres Werksinns auf Dauer zum Wohl der eigenen Art einsetzen und nicht gegen sie.

4.5 Die Adoleszenz: »Identität vs. Identitätsdiffusion«

Das Jugendalter, jener Entwicklungsabschnitt, der oft am intensivsten gelebt wird und mit den tiefsten Krisen einhergehen kann, hat seit jeher Dichter, Literaten und Philosophen fasziniert. Erikson spricht von einer gesellschaftlich zugebilligten Wartezeit der Selbstauseinandersetzung:

4.5 Die Adoleszenz: »Identität vs. Identitätsdiffusion«

»Hier wird das geschlechtsreif gewordene und in seinen geistigen Funktionen fertige Individuum in seiner psychosexuellen Fähigkeit zur Intimität und in seiner psychosozialen Bereitschaft zur Elternschaft mehr oder weniger retardiert. Man kann diese Periode als ein psychosoziales Moratorium bezeichnen, während dessen der Mensch durch freies Rollen-Experimentieren sich in irgendeinem der Sektoren der Gesellschaft seinen Platz sucht, eine Nische, die fest umrissen und doch wie einzig für ihn gemacht ist« (1981b, S. 137).

Das Wachstum der primären und sekundären Geschlechtsmerkmale mit Eintreten der Pubertät, die erste Menstruation bzw. Pollution lassen die eigene geschlechtliche Identität konkreter erleben. Die neuen Körpererfahrungen können zur Quelle von Stolz und Autonomie werden. Man fühlt sich kraftvoll, attraktiv, bei den Gleichaltrigen angesehen, den Erwachsenen ebenbürtig. Andererseits verunsichern tatsächliche oder vermeintliche Mängel des Aussehens, verborgene Ekelgefühle vor körperlich-triebhaften Dingen oder die Unzufriedenheit mit der eigenen Geschlechtsrolle das Selbstgefühl. Triebe und Affekte des Es vermögen jetzt unkontrolliert das Ich zu überschwemmen und provozieren verstärkte Schuldgefühle des Über-Ich, mitursächlich für extreme Stimmungsschwankungen und abrupte Verhaltensänderungen Pubertierender. In geraffter Form wird die frühkindliche Sexualentwicklung noch einmal durchlaufen. Orale Fixierungen, übermäßiges Essen, Alkohol- und Drogengenuss, anale Trotz- und Verweigerungshaltungen oder ödipale Rivalitäts- und Eifersuchtsgefühle brechen in Konflikten mit Eltern, Lehrern und Gleichaltrigen wieder hoch, verschärfen die Identitätskrise.

Die Bindung an die Erwachsenen und deren Wertewelt ist fragwürdig geworden, auf der anderen Seite verfügt man noch nicht über eine gesicherte eigene Position. Gerade weil aktuelle Schwierigkeiten nun stark wunde Punkte der Vergangenheit anrühren, reagieren junge Menschen oft besonders empfindlich. Eine harmlose Bemerkung oder ein geringfügiger Streit kann als katastrophal kränkend erlebt werden. Dies mündet leicht in Zustände stärkerer Identitätsdiffusion hinein. Man weiß nicht, was man will, wer man ist, was man wert ist, fühlt sich in einsamen Weltschmerzstimmungen beschämt, isoliert und missverstanden, zweifelt am Sinn des Daseins. Solch depressive Episoden fallen umso nachhaltiger aus, je ungefestigter die Persönlichkeit durch ungelöste Konflikte der Vergangenheit ist. Das seit früher Kindheit tief verwurzelte Gefühl, ungeliebt und überflüssig zu sein, spitzt sich durch Misserfolge in Schule oder Berufsausbildung zu in Stimmungen wütender Aussichtslosigkeit. Ein schizoides Misstrauen gegenüber der Aufrichtigkeit von Gefühlen kann durch eine enttäuschte Liebesbeziehung enorm verschärft werden. Der Spott von Gleichaltrigen rührt in quälender Weise Schamgefühle der Kindheit an und weckt düstere Rachephantasien.

Selbst wenn Adoleszente bisweilen unnahbar oder ablehnend wirken, haben sie nach Erikson ein enormes Bedürfnis, von ihrer Umwelt erkannt und anerkannt zu werden. Psychoanalytiker, die im Umgang mit jugendlichen Patienten zu viel »Abstinenz« walten lassen, erleiden leicht Schiffbruch, denn es ist »für die Identitätsbildung des jungen Menschen sehr wesentlich, dass er eine Antwort erhält und dass ihm Funktion und Stand zuerkannt werden als einer Person, deren allmähliches Wachsen und sich Wandeln Sinn hat in den Augen derer, die Sinn für ihn zu haben beginnen« (Erikson, 1981b, S. 138). Unterschwellig kreist viel im Erleben Heranwachsender um Fragen von Zuverlässigkeit und Authentizität. Ist die Erwachsenenwelt tragfähig genug, kann man Vorbildern vertrauen, sind Gefühle echt, Freundschaften verlässlich? Jugend ist für Erikson keineswegs nur eine Zeit der Ich-Schwäche und der egozentrischen Selbstversunkenheit. Gerade junge Menschen sind zu erstaunlichen Formen der Loyalität und des Engagements in der Lage, wenn ihnen die Umwelt nur genügend zuverlässig erscheint. Von daher ist für Erikson Tugend der Adoleszenz die Treue, »die Fähigkeit, freiwillig eingegangene Verpflichtungen trotz der unvermeidlichen Widersprüche von Wertsystemen aufrechtzuerhalten. Sie ist der Eckstein der Identität und erhält ihre Inspiration aus bestätigenden Ideologien und von gleichgesinnten Gefährten« (1966a, S. 113).

Ein häufiges Phänomen vor allem der frühen und mittleren Adoleszenz ist das Schwärmen für Popmusiker, Filmstars und Sportler, mitunter auch für charismatische Politiker oder religiöse Vorbilder. Die ausschließlich positiven, bewundernden Affekte, die dem Idol entgegengebracht werden, stehen oft in krassem Gegensatz zu dem Maß an Vorbehalten den eigenen Eltern gegenüber. Das Verschmolzensein mit ei-

4.5 Die Adoleszenz: »Identität vs. Identitätsdiffusion«

nem »grandiosen Objekt« (Kohut, 1973,1979) stützt in dieser Phase das bedrohte narzisstische Gleichgewicht des Jugendlichen; nicht selten kommt es zur totalen Angleichung an die Kultfigur in Kleidung, Sprache oder Lebensstil. Darüber hinaus kann man mit der Wahl eines Rockstars oder politischen Revolutionärs, der den Eltern ein Graus ist, ein Stück ödipalen Protests austragen. Aber die adoleszente Suche nach Vor- und Leitbildern dient nicht nur Abwehrzwecken. Hier vollziehen sich für Erikson auch wichtige Schritte zur eigenständigen Gestaltung des Ich-Ideals und der persönlichen Wertewelt.

Die Anerkennung durch Gleichaltrige wird in dieser Phase oft wichtiger als die Stellung in der Familie oder schulischer Erfolg, und zu keinem Zeitpunkt des Lebens ist die Tendenz zur spontanen Gruppenbildung so ausgeprägt wie in der Adoleszenz. »Peergroups« sind für viele Jugendliche eine Zufluchtsstätte, schützende soziale Nische und zugleich Medium der Identitätsdarstellung und Identitätsdefinition. Man möchte zusammen sein, reden, Solidarität erfahren. Die Gemeinschaft stellt einen überschaubaren Rahmen dar, wo man sich dem anderen Geschlecht annähert, erotische Erfahrungen macht, sich beim Musikhören oder Tanzen fallen lässt oder bei riskanten Unternehmungen seine Grenzen erprobt; hier kann man sich anders geben, in Mode, Kleidung und Ansichten seinen Stil erproben und sich von anderen respektiert fühlen. Häufig müssen solche Gruppen ihr Anderssein in festen Normierungen und Ritualen zur Schau stellen. Die Uniformität des Auftretens und die weitestgehende Kritiklosigkeit gegenüber den eigenen Regeln und Kollektivzielen wirkt nach Erikson den typischen Scham- und Selbstwertproblemen dieser Entwicklungsphase entgegen: »Junge Leute können ... auffällig ›klanhaft‹ empfinden und grausam im Ausschluss aller derer sein, die ›anders‹ in der Hautfarbe, im kulturellen Milieu, im Geschmack und in der Begabung sind und häufig in derart geringfügigen Nuancen der Kleidung und Geste, wie sie gerade als das Abzeichen der Gruppenzugehörigkeit oder Nichtzugehörigkeit gelten. Es ist wichtig, eine derartige Intoleranz als Abwehr gegen ein Gefühl der Identitätsverwirrung zu verstehen – was nicht heißt, dass man sie verzeihen oder an ihr teilnehmen soll« (1982a, S. 257).

Das Fasziniertsein vom anderen Geschlecht und die ersten Versuche, sich einem möglichen Partner zu nähern, stehen auf einmal im Mittelpunkt jugendlichen Fühlens und Denkens, eine Phase des Träumens und der Schwärmerei, was, glaubt Erikson, »keineswegs ganz oder auch nur vorwiegend etwas Sexuelles ist – außer die herrschenden Bräuche verlangen dies« (1982a, S. 256). In Gespräch und zärtlicher Annäherung fühlt man sich selbst überhöht, sieht die Welt mit ganz neuen Augen, kreist in Gedanken und Gefühlen nur noch um den Geliebten, der leidenschaftliche Gefühle aus frühester Kindheit wiederbelebt. Erstmals erlebt der junge Mensch hier die erregenden Gefühlszustände der Intimität, Momente glücklichen symbiotischen Verschmelzens, gepaart oft mit einem eigentümlichen Spannungsgefühl, gleichsam als könne zu große Nähe Autonomie und Identität bedrohen. Noch hat die Liebe Jugendlicher einen stark narzisstischen Charakter. So stürmisch sie Gefühle erleben, so abrupt und manchmal rücksichtslos können sie andererseits Beziehungen abbrechen und nach neuen Kontakten Ausschau halten. Das Experimentieren mit unterschiedlichen Freundschaften bereitet die endgültige Objektwahl vor, soll ein Gespür dafür vermitteln, welcher Partner dauerhaft eine Ergänzung zur eigenen Person darstellen könnte. Eine der wichtigsten Fragen ist regelmäßig, wie man vom anderen Geschlecht eingeschätzt und anerkannt wird, und Erikson sieht die Liebe des Jugendlichen weitgehend als einen »Versuch, zu einer klaren Definition seiner Identität zu gelangen, indem er seine diffusen Ich-Bilder auf einen anderen Menschen projiziert und sie in der Spiegelung allmählich klarer sieht. Darum besteht junge Liebe so weitgehend aus Gesprächen« (1982a, S. 256). Zu frühe körperliche Erfahrungen, das heutige Überschüttetwerden mit roh-pornographischen Inhalten in Medien und Internet kann den spannungsvollen Bereich identitätshungernder Kommunikation und erotischer Faszination verkümmern lassen. Der andere wird zum flüchtigen Triebobjekt, die Beziehung ist oft nicht mehr als eine erweiterte Selbstbefriedigung, was die Entwicklung zu reifer Intimität im jungen Erwachsenenalter schwer behindern oder ganz unmöglich machen kann.

Fragen der Ausbildung und beruflichen Zukunft werden in der späten Adoleszenz immer bestimmender, und es ist »hauptsächlich die Unfähigkeit, sich für eine berufliche Identität zu entscheiden, was die jungen Menschen beunruhigt« (Erikson, 1982a, S. 256). Anders als in traditionsbestimmten Gesellschaften, die für Adoleszente oft besondere

Moratorien und Einführungsrituale bereithielten – die Wanderjahre der Handwerksberufe, der ritualisierte Status des Studentenlebens, die Schulung des Novizen im Kloster – wird die Lebensplanung im Zeitalter der Postmoderne oft schwierig und unwägbar. Nach wie vor kann der Übergang ins Erwachsenenalter relativ glatt vor sich gehen, wenn schon lange feststeht, dass man das Geschäft oder den Beruf des Vaters übernimmt, die Sandkastenfreundin heiratet oder sich in Geschlechtsrolle und Lebensauffassung weitgehend an eine regionale Tradition anpasst. Andererseits vermag die Multi-Optionalität moderner Gesellschaften, der Zwang zu früher Standardisierung, inadäquate Ausbildungen oder mangelnde Chancen auf dem Arbeitsmarkt die Identitätskrise zu verschärfen, vor allem bei Jugendlichen, die neurotische Konflikte oder überfordernd-widersprüchliche Delegationen ihrer Eltern (vgl. Stierlin, 1975) als zusätzliches »psychisches Gepäck« mit sich schleppen müssen.

Die unklare Zukunftsperspektive, der Wunsch, aus erstickenden Bindungen zu fliehen, Neugier und Abenteuerlust führen häufig zu jenen spontanen, selbst gewählten Moratorien, mit denen die Adoleszenz bis ins Erwachsenenalter hinein verlängert wird. Solche selbstgewählten Perioden einer entscheidungs-freien Zeit, Reisen, Arbeitsaufenthalte im Ausland, der Rückzug in alternative Gemeinschaften, werden später oft als schönster Abschnitt des Lebens erinnert. Andererseits können endlos verlängerte Moratorien Gefühle von Druck und Orientierungslosigkeit erhöhen. Wenn das Zurückschrecken vor jeder intimen oder beruflichen Verpflichtung sich mit neurotischen Schwierigkeiten und bösartigen Regressionen verdichtet, mündet die Entwicklung leicht in eine schwerere Identitätsverwirrung hinein (▶ Kap. 8.4).

Wenngleich die Lebensformen, Geschmäcker und Trends von Jugendlichen in weiten Teilen der Welt noch nie so schillernd und vielfältig waren wie heutzutage, wenngleich die neuen Medien und virtuellen Welten mit ihren Möglichkeiten und Gefahren das Selbsterleben und Kontaktverhalten radikal verändert haben, hat Erikson in seinen Büchern und Aufsätzen einige grundlegende Charakteristika, Aufgaben und Krisen der Adoleszenz herausgearbeitet. Nach wie vor muss er als einer der »Klassiker« der Jugendforschung in Psychoanalyse und Entwicklungspsychologie gelten (vgl. Abele, 2004). Sicher kann man fragen, ob sich Erikson nicht in erster Linie auf die Gymnasiasten und Studenten bezieht, die über die entsprechende Ausbildung und die finanzielle Unterstützung ihres Elternhauses verfügen, um längere Moratorien durchlaufen und aktiv mit Rollen experimentieren zu können. Und gewiss hat man bei manchen seiner Schilderungen ganz bestimmte Typen von Jugendlichen vor Augen, ernsthafte Idealisten, Unkonventionelle, romantisch Liebende, Wissensdurstige, erlebnishungrig im Moratorium Umherstreifende, auf die er seine eigene unkonventionelle Spätadoleszenz projiziert – und wohl auch manch romantische Verklärung der Reifezeit in Literatur und Philosophie. Aber Erikson hat bei vielen Lesern kostbare Erfahrungsschätze aus der eigenen Jugendzeit angerührt und ebenso für das Leid und die Zerrissenheiten junger Patienten neue Worte gefunden.

4.6 Das junge Erwachsenenalter: »Intimität und Distanzierung vs. Isolierung«

Erst nach den stürmischen Verliebtheiten des Jugendalters wird für Erikson wahre Intimität möglich, »die gegenseitige Bezogenheit zweier reifer Menschen« (1983, S. 30), die über ein bloß sexuelles Interesse oder rein erotische Faszination hinausgeht. Die Wahl eines Partners und der Aufbau einer gemeinsamen Paarbeziehung wird in Eriksons Entwicklungsmodell Grundthema des jungen Erwachsenenalters. In der Bereitschaft, auch Kompromisse einzugehen, wenn die Phase überschwänglicher Idealisierung schwindet und man sich deutlicher in seinen Begrenztheiten wahrnimmt, wächst und bewährt sich die Tugend der Liebe, die »Gegenseitigkeit der Hingabe, die für immer den Antagonismus überwindet, der in der geteilten Funktion enthalten ist. Sie durchdringt die Intimität der Individuen und ist damit die Grundlage der ethischen Strebungen« (Erikson, 1966a, S. 118). Je mehr solch liebende Intimität glückt, desto eher entsteht in dieser Entwicklungsphase die Grundlage für eine echte Partnerschaft, die sich in den Anforderungen und Krisen des Erwachsenenlebens immer wieder neu zu bewähren ver-

4.6 Das junge Erwachsenenalter: »Intimität und Distanzierung vs. Isolierung«

mag und die Beziehung bis ins Alter hinein lebendig und überraschend hält.

Gegenteil der Intimität ist für Erikson die Isolierung, die Unfähigkeit, sich auf tiefere Beziehungen einzulassen und die daraus resultierende »Angst, allein und ›unerkannt‹ zu bleiben« (1988, S. 92). Isolierung kann sich hinter vielerlei Symptomen verbergen: schüchterne Zurückgezogenheit, ein Empfinden von Leere und Distanz im Beisein des anderen Geschlechts, die Unfähigkeit, über Gefühle zu sprechen oder Gefühle beim anderen wahrzunehmen, viele Formen von Sexualstörungen bis hin zu psychoseähnlichen Ängsten, bei zu engem Kontakt zum Partner die eigene Identität zu verlieren.

Mit Intimität meint Erikson kein symbiotisches Aneinander-Festklammern. Beide Partner können ihre eigenen Wege gehen, sich voneinander abgrenzen und in ehrlichem Streit Konflikte austragen. Und doch geben sie sich die Verlässlichkeit, dass der jeweils andere der wichtigste Mensch ist – durch kleine Berührungen und Zärtlichkeiten, auf gemeinsamen Spaziergängen, in der Unterhaltung am Ende des Tages. Es geht um ein Gefühl der Anteilnahme und Bejahung, das sich in intensiven Momenten des Gesprächs oder der erotischen Begegnung zu einem tiefen Verschmelzen mit den Gedanken und Gefühlen des anderen steigert und die unvermeidlichen Aggressionen, die geheimen Eifersuchtsgefühle und Verlustängste jeder engeren Beziehung in Schach zu halten vermag. Von nun an hängt die Ich-Stärke für Erikson von der gemeinsamen Bindung ab, und der Identitätszuwachs dieser Phase lautet: »Wir sind, was wir lieben« (1981a, S. 141).

Die Kunst jeder Partnerschaft besteht darin, offen für den belebenden Kontakt mit anderen zu bleiben und sich gleichzeitig einen Freiraum nur für die eigene Zweisamkeit aufrechtzuerhalten, sich in gewisser Weise gegenüber Großeltern, Freundeskreis und eigenen Kindern abzugrenzen. In der Tat ist Voraussetzung und Begleiterscheinung jeder Intimität für Erikson ein Moment der Distanzierung, »die Bereitschaft, die Kräfte und Menschen zu isolieren und wenn nötig zu zerstören, deren Wesen dem eigenen gefährlich scheint und deren ›Territorium‹ auf den Bereich der eigenen intimen Beziehungen überzugreifen droht« (1982a, S. 258). Gerade die Abgeschiedenheit glücklicher Intimität ruft leicht Neid und Missgunst hervor. Die Geschichte romantisch Liebender, die einer feindseligen Umwelt gegenüberstehen, ist ein immer wiederkehrendes Motiv der Weltliteratur.

Beeindruckend haben Lyriker und Romanciers jene Empfindungen von Begehren, Faszination, Schmerz und Eifersucht in den Liebesbeziehungen des jungen Erwachsenen beschrieben – und hatten selber in ihrer Zerrissenheit oft größte Schwierigkeiten, wahre Intimität zu leben. Gerade in einer komplizierter werdenden Welt neigen viele Menschen dazu, alle Sehnsüchte nach Geborgenheit und Glück ausschließlich in die Partnerschaft hineinzupacken und sie damit zu überladen. Egal, ob die Beziehung sich zu einem Nebeneinander entwickelt hat, ob man geheime Unzufriedenheit durch hektische Aktivitäten überspielt oder sich in erstickender Eifersucht kontrolliert – Ehe- und Partnerschaftskonflikte stecken heutzutage hinter vielen Depressionen oder körperlichen Beschwerden und sind der häufigste Grund, einen Psychotherapeuten zu konsultieren. Besonders in den Beziehungen von Narzissten oder Borderline-Persönlichkeiten schlägt anfängliche Faszination immer wieder leicht in Hass und gegenseitige Verfolgung um (vgl. Kernberg, 1983).

Selbstverständlich realisiert sich Intimität für Erikson nicht nur in der Zweisamkeit. Es geht um eine Grundhaltung empathischer Aufgeschlossenheit, die Fähigkeit, sich von außen anrühren und bereichern zu lassen. Auch Menschen, die keine dauerhafte Partnerschaft eingehen können oder wollen, empfinden in Freundschaften, Gruppenerlebnissen oder verantwortlichem sozialen Engagement jene liebevolle Anteilnahme am Du, die aus der Enge des eigenen Ichs herausführt. Im Kern der Isolierung hingegen steht die Vereinzelung, das Sich-Unverstanden- und Unergänztfühlen, wie es sich hinter den vielen Klagen und Beziehungsstörungen vereinsamter Menschen verbirgt. Gewiss gehen in diese Empfindungen kindliche Verlusterlebnisse und Ängste mit ein; grundsätzlich aber ist die Isolierung für Erikson eine eigenständige Kernpathologie des Erwachsenenlebens, die, auch wenn sie durch immer neue Ersatzbefriedigungen überspielt wird, ein schleichendes Verzweiflungsgefühl des Alterns vorwegnimmt.

In vielem deckt sich Eriksons Beschreibung der Intimität mit dem, was Freud unter dem Entwicklungsziel der »Genitalität« versteht, die Fähigkeit zu reifen, von autoero-tischen und inzestuösen Neigungen weitgehend freien Sexualbeziehungen. Allerdings ist der Begriff Genita-

4.6 Das junge Erwachsenenalter: »Intimität und Distanzierung vs. Isolierung«

lität oft missverstanden worden, als handle es sich hierbei um einen Zustand permanenter sexueller Erfüllung, gleichsam als sei Sinn und Zweck der psychoanalytischen Kur, möglichst viele Orgasmen mit wechselnden »Liebesobjekten« zu erleben. Ähnlich wie Reik oder Balint verwechselt Erikson Liebenkönnen nicht mit bloßer sexueller Funktionstauglichkeit. Auch in den Beziehungen schwer gestörter Menschen bleibt die Sexualität oft in einem rein mechanischen Sinn intakt, wenngleich Zärtlichkeit und Vertrauen nur karg repräsentiert sind. Rein entspannende, wahllose Kontakte wie im Sexualkult unserer Zeit stehen für Erikson auf Dauer echter Intimität entgegen. Die Erotik hat nichts Spannungsvolles mehr. Man ist als Person nie richtig präsent und spürt auch den Partner nicht als Person. Gerade deshalb muss man die sexuellen Aktivitäten steigern, in der trügerischen Hoffnung, dadurch das Gefühl der Isolierung loszuwerden.

Erikson will in diesem Punkt Freuds Libidotheorie präzisieren. Demnach »sollte die Utopie der Genitalität folgendes umfassen: 1. Wechselseitigkeit des Orgasmus 2. mit einem geliebten Partner 3. des anderen Geschlechts, 4. mit dem man wechselseitiges Vertrauen teilen will und kann, 5. und mit dem man imstande und willens ist, die Lebenskreise der a) Arbeit, b) Zeugung, c) Erholung in Einklang zu bringen, um der Nachkommenschaft ebenfalls alle Stadien einer befriedigenden Entwicklung zu sichern« (1982a, S. 260). Die ungehinderte Fähigkeit, eine von prägenitalen Störungen freie orgastische Potenz zu entwickeln, stellt eine der bereicherndsten Formen wechselseitiger Regulation zwischen zwei Menschen dar, »bricht irgendwie den Feindseligkeiten und der potentiellen Wut auf Grund des Gegensatzes von männlich und weiblich, von Realität und Phantasie, von Liebe und Hass die Spitze ab. Befriedigende Geschlechtsbeziehungen führen dazu, dass der Mensch vom Sexuellen weniger besessen ist, dass Überkompensation weniger wichtig, sadistische Selbstzucht überflüssig werden« (Erikson, 1982a, S. 259f.).

Indem Erikson geglückte Intimität als wesentliche Voraussetzung für Gesundheit und Zufriedenheit des erwachsenen Menschen beschreibt, leuchtet er Freuds Begriff der Genitalität in seinen emotionalen und spirituellen Aspekten weiter aus. Es wird deutlich, welch hohen Stellenwert er den privaten Beziehungen beimisst. Andere Themen dieser Entwicklungsphase, Fragen der Ausbildung, des Studiums oder des Fußfassens in einer beruflichen Umgebung, kommen kaum zur Sprache. Im Grunde beschreibt Erikson die romantische Liebe, die in die reife, lebenslange Partnerschaft hineinmündet. Von den typischen Ehekrisen, Kollusionen und Sexualstörungen, wie sie sonst Gegenstand psychoanalytischer Paarpsychologie sind, ist bei ihm kaum die Rede. Im Gegenteil: Gerade bei diesem Thema führt die Dichothomisierung zwischen Intimität und Isolierung den Leser leicht dazu, sich nur die total geglückte oder die total missglückte Partnerschaft vor Augen zu halten, während charakteristisch für jede längere Beziehung doch eher das Hin- und Herschwanken zwischen beiden Polen ist.

Es ist die Frage, ob Eriksons Vorstellungen heutige Lebensrealitäten noch ausreichend erfassen, scheint doch angesichts einer zunehmenden Krise der Institution Ehe und der weitgehenden Auflösung traditioneller Sexualmoral die treue, lebenslange Beziehung in Zeiten des Cybersex und »Parshipping« zur Rarität zu werden. Zumindest in den modernen Industrienationen scheinen Menschen zunehmend nicht mehr die Persönlichkeitsreife zu entwickeln, um sich wirklich aufeinander einzulassen und dabei Opfer und Kompromisse in Kauf zu nehmen. Primärnarzisstische Wünsche nach absolutem Verstehen und lebenslangem Glück dienen eher dazu, Defekte der frühkindlichen Entwicklung zuzudecken. Im gleichen Maße, wie die Illusionen zerplatzen, scheint der von Werbung und Massenmedien suggerierte flüchtige Sexualkonsum zu einer Art Ersatzdroge zu werden, wo so etwas wie Intimität nicht aufkommen kann und oft gar nicht erst gesucht wird.

4.7 Die mittleren Lebensjahre: »Generativität vs. Stagnation«

Aus der gemeinsamen Intimität ergibt sich für Erikson natürlicherweise der Wunsch nach Generativität, »das Interesse daran, die nächste Generation zu begründen und zu führen« (1981a, S. 141). Sexualität oder be-

4.7 Die mittleren Lebensjahre: »Generativität vs. Stagnation«

ruflicher Erfolg allein machen das Erwachsenenleben auf Dauer nicht befriedigend. Jeder Mensch hat den existentiellen Wunsch, sich in der nächsten Generation weiterzugeben. Bleibt er unbefriedigt, mündet die Entwicklung leicht in eine seelische Stagnation hinein, ähnlich wie die Isolation für Erikson eine eigenständige Kernpathologie des Erwachsenenlebens. Der Stolz, Vater oder Mutter zu sein, die Freude am Wachstum der eigenen Kinder, die Erfahrung, ihnen etwas beizubringen, Krisen mit ihnen durchzustehen, im gemeinsamen Gespräch Glück und Leid zu teilen, ist für Erikson die grundlegende Bereicherung im Leben des Erwachsenen. Hier wächst und bewährt sich die Tugend der Fürsorge, »die sich immer erweiternde Sorge für das, was durch Liebe, Notwendigkeit oder Zufall erzeugt wurde; sie überwindet die Ambivalenz, die der unwiderruflichen Verpflichtung anhaftet« (1966a, S. 119).

Durch Methoden der Empfängnisverhütung können Menschen heutzutage ihre Fürsorge einer geringeren Zahl von Kindern zukommen lassen und freiwerdende Energien für andere Möglichkeiten der Lebensgestaltung nutzen. Bleibt die Fortpflanzungsfunktion der Libido gänzlich unterdrückt, aus Bequemlichkeit, ökonomischen Erwägungen oder im Namen der befreiten Sinnlichkeit, droht eine »Zeugungsfrustration«, die, prophezeit Erikson, in modernen Gesellschaften ähnliche psychopathologische Konsequenzen nach sich ziehen wird wie die Verdrängung der Sexualität zu Zeiten Freuds. Erwachsene, die nicht von Kindern herausgefordert werden, scheinen in ihrer Entwicklung irgendwann stillzustehen. Erikson spricht von der »Regression zu einem zwanghaften Bedürfnis nach Pseudointimität (...), oft verbunden mit einem übermächtigen Gefühl der Stagnation und Persönlichkeitsverarmung. Die Individuen beginnen dann oft, sich selbst zu verwöhnen, als wären sie ihr eigenes – oder eines anderen – einziges und eines Kind. Wo die äußeren Bedingungen dem Vorschub leisten, wird frühe körperliche oder psychologische Invalidität zum Vehikel des Befasstseins mit sich selbst« (1982a, S. 262).

Gewiss bedeutet die bloße Tatsache des Kinderhabens nicht automatisch eine Erfüllung der fortzeugenden Funktion. Das Problem, wie stark erwachsene Fürsorglichkeit veröden bzw. von Besitzansprüchen, Hass oder Eitelkeit durchsetzt werden kann, hat die Psychoanalyse in allen Phasen ihrer Theoriegeschichte beschäftigt. Noch bevor der Säugling überhaupt auf die Welt kommt, ist die Einstellung seiner Eltern ihm gegenüber bereits durch deren eigene Geschichte vorgeprägt. Andererseits haben Vater und Mutter keine fertigen Persönlichkeiten und »verstießen nun statisch beharrend gegen das arme kleine Ding« (Erikson, 1982a, S. 63). Von Beginn an verändert das Kind Lebensgewohnheiten, Selbstverständnis und Paarbeziehung seiner Eltern, kann bei Vater und Mutter frühere Enttäuschungen korrigieren helfen oder längst überwunden geglaubte Krisen auslösen. Gelingt es älterer und jüngerer Generation, angesichts immer neuer Herausforderungen einen vertrauensvollen Dialog, ein Klima herzlicher Spontaneität zu wahren, desto eher ergibt sich ein nuancenreiches Lernen voneinander, eine wechselseitige Belebung von Tugenden. Wenn andererseits die psychosozialen Krisen von Kindern und Heranwachsenden zu massiv verborgene Schwachstellen ihrer Eltern anrühren, wenn überfordernde elterliche Erwartungen zu sehr an der Eigenrealität des Kindes vorbeigehen, droht gemeinsames Wachstum in sich verhärtenden Konflikten und unfruchtbaren »Kollusionen« verloren zu gehen. Das, was die psychoanalytische Familientherapie als »negative Gegenseitigkeit« oder »malignen Clinch« (vgl. Stierlin, 1975) bezeichnet, chronische Streitrituale, tief sitzende Gefühle von Entfremdung, Trauer oder Wut, spiegelt dem Wesen nach eine besonders schwere Stagnation bei allen Beteiligten wider.

Natürlich erstreckt sich der generative Drang potentiell auf alles, was ein Mensch erzeugt und hinterlässt, schöpft und hervorbringt. Es geht Erikson allgemein um die Verantwortung, die der erwachsene Mensch für den Fortbestand der Gesellschaft übernimmt, das, was der Hinduismus als »Sorge um die Welt« bezeichnet. Ob in lehrenden, helfenden und heilenden Berufen, im politischen Handeln, im Engagement für Wohlfahrtsverbände, Gefangenhilfs- oder Umweltschutzorganisationen – es gibt die verschiedensten Möglichkeiten, wie kinderlos gebliebene Menschen den Wunsch nach Fortpflanzung sublimieren können. Auch Priester und Ordensleute, die aus religiösen Gründen bewusst auf die Zeugung von Kindern verzichten, übernehmen in Gemeinden, Schulen oder Krankenhäusern Verantwortung für das Allgemeinwohl. In der Fürsorge, die große Heiligenfiguren gerade den Ärmsten und Entrechtetsten entgegenbrachten, zeigen sich vielleicht die überragendsten Ausprägungen des generativen Grundtriebes.

4.7 Die mittleren Lebensjahre: »Generativität vs. Stagnation«

Sicherlich gibt es immer wieder im Erwachsenenleben Zeiten der Erschöpfung und Monotonie. Gerade Menschen, die im höchsten Maße kreativ sind, Künstler, Musiker oder Schriftsteller, durchleben mitunter besonders quälende Phasen der Stagnation. Typisch für viele Psychotherapiepatienten in den mittleren Jahren ist das oft bedrängende Empfinden, partnerschaftlich, beruflich oder ideell auf der Stelle zu treten, während die Lebenszeit immer rascher verrinnt. Dennoch steht und fällt für Erikson der Lebenssinn des Erwachsenen mit dem Ausmaß der Verantwortung, die er in den mittleren Jahren übernimmt. Obwohl man nichts Welterschütterndes vollbringt, erfüllt es einen mit Zufriedenheit, sich in den eigenen Kindern, den eigenen Schöpfungen und Ideen weiterzugeben, ein kleines Stück zur Humanisierung der Welt beizutragen.

Eindringlich thematisieren Literaten des 20. Jahrhunderts wie Kafka, Musil, Frisch, Beckett oder Williams in den Schicksalen ihrer tragisch vereinsamten Protagonisten jene Stagnation, jene Verzweiflung über eine Welt, in der Einfühlung und sorgendes Miteinander zerbrochen sind. Immer wieder spiegelt sich in den Empfindungen kühler Distanziertheit, diffuser Bedrohung, wunschlosen Unglücks oder inneren Abgestorbenseins jener grundlegende existentielle Mangel des »falschen« oder »leeren Selbst« wider. Erikson hat seine Überlegungen nicht ausdrücklich zu den jüngeren Selbst- und Narzissmustheorien der Psychoanalyse in Beziehung gesetzt. Aber Wesen des pathologischen Narzissmus ist die Umkehr des generativen Dranges von der Objektwelt in eine immer ausschließlichere Sorge um das eigene Selbst. Hinter der oft hektischen Getriebenheit, der Welt seinen Stempel aufdrücken zu müssen, verbergen sich Einsamkeit und Beziehungskälte. An den megalomanen Bauwerken mancher Diktatoren zeigt sich besonders eindringlich die ganze Pervertierung des menschlichen Wunsches nach Fortdauer seiner selbst.

4.8 Das hohe Erwachsenenalter: »Integrität vs. Verzweiflung und Ekel«

Der ältere Mensch schließlich steht angesichts der immer kürzer werdenden Lebensspanne vor der Aufgabe, dem eigenen Lebensweg eine Abrundung zu geben, aus der Fülle seiner Erfahrungen und Erinnerungen ein Gefühl individueller Ganzheit und Sinnhaftigkeit abzuleiten. Erikson sieht hier eine Art letzte Konsolidierung der Persönlichkeit: »Nur derjenige, der die Sorge für Dinge und Menschen in irgendeiner Weise auf sich genommen hat und sich den Triumphen und Enttäuschungen angepasst hat, die damit zusammenhängen, dass man nolens volens zum Ursprung anderer Menschenwesen und Schöpfer von Dingen und Ideen geworden ist – nur solch ein Mensch kann allmählich die Frucht dieser sieben Phasen ernten. Ich weiß kein besseres Wort dafür als ›Ich-Integrität‹« (1982a, S. 262 f.). Zu solch innerer Abgeklärtheit zu finden, kann allerdings im Alter schwierig werden, geraten doch alle drei Organisationsprozesse des Lebens nun stärker in Gefährdung. Der Organismus wird gebrechlicher und krankheitsanfälliger; psychische Funktionen der Sinnesorgane und des Gedächtnisses lassen nach; und durch den Übergang in den Ruhestand wird man oft schlagartig wichtiger sozialer Funktionen enthoben. Das Schwinden der körperlichen Kräfte, der Verlust des Partners oder nahestehender Freunde, die Furcht vor dem näher rückenden Tod belastet ältere Menschen, kann bisweilen ein Gefühl der Verzweiflung auslösen – die Grundangst der letzten Lebensphase.

Integrität im Sinne Eriksons hat viel mit einer Annahme des eigenen So-Gewordenseins zu tun. Rückblickend kann man den eigenen Lebensweg akzeptieren, braucht nicht mehr mit den Eltern, dem Schicksal, den Umständen hadern, hat »seinen Auftrag« erfüllt und zu innerer Zufriedenheit gefunden, trotz alles Schmerzhaften, trotz mancher Irrtümer und Enttäuschungen. Der altersreife Mensch hat sich in dem Lebensstil seines Kulturkreises verwirklicht, ohne Andersartiges kleinmütig ausschließen zu müssen. Erikson spricht von einem »kameradschaftlichen Gefühl der Verbundenheit mit den Ordnungen ferner Zeiten und Strebungen (…). Obwohl der integere Mensch sich der Relativität all der vie-

4.8 Das hohe Erwachsenenalter: »Integrität vs. Verzweiflung und Ekel«

len verschiedenen Lebensformen bewusst ist, die dem menschlichen Streben einen Sinn verleihen, ist er bereit, die Würde seiner eigenen Lebensform gegen alle physischen und wirtschaftlichen Bedrohungen zu verteidigen« (1982a, S. 263).

Wenn auch das persönliche Dasein zu seinem Abschluss kommt, entwickelt der ältere Mensch das Gefühl, seine Identität zu transzendieren und sich in der Kette der Generationen weiter zu geben, was viel an Trauer und Verzweiflung über die eigene Endlichkeit aufzuwiegen vermag. Hier geht es um die Erlangung der wohl reifsten und letzten Form von Vertrauen in das Leben, wofür sich, sagt Erikson, ganz sicher »das Wort Glaube« (1988, S. 80) anbietet. Der religiöse Mensch hofft auf die Erfüllung im Jenseits. Aber auch ein Nicht-Gläubiger vermag hier vom Gefühl der Zufriedenheit erfüllt zu werden, dass letztlich ein positiver Fortschritt in der Evolution der Menschheit zu liegen scheint und man selber im großen Lebensstrom einen kleinen Beitrag geleistet hat. Der Identitätszuwachs des Alters lautet demnach: »Ich bin, was von mir überlebt« (1981a, S. 144). Fehlt eine solch positive Bilanz, machen sich Hoffnungslosigkeit und Verzweiflung breit – Trauer, Bitterkeit, psychosomatische Beschwerden und hypochondrische Befürchtungen, das resignierte Gefühl, die Zeit vertan und Wichtiges versäumt zu haben. Man hat nichts Überdauerndes gefunden, was dem Leben Festigkeit und Sinn verleiht, Glaube, Ideale, Freundschaft und Liebe, möchte oft noch einmal ganz von vorne anfangen. Diese Verzweiflung verbirgt sich für Erikson häufig »hinter einem Anschein von Ekel, einer misanthropischen Haltung oder einer chronischen verächtlichen Missbilligung bestimmter Institutionen oder bestimmter Menschen – ein Ekel und ein Missfallen, die, wo sie nicht mit der Vision eines höheren Lebens einhergehen, nur die Verachtung des Menschen gegen sich selbst ausdrücken« (1981a, S. 143).

Natürlich gibt es keine Gruppe abgeklärter Senioren einerseits und bitterer Misanthropen andererseits, schwankt das Erleben älterer Menschen zwischen Integrität und Verzweiflung hin und her. Gerade aus der schonungslosen Annahme auch der tragischen Seiten des Daseins ergibt sich für Erikson die letzte menschliche Grundtugend der Weisheit, jene besondere Stärke des älteren Menschen »in all ihren Beibedeutungen, vom gereiften ›Witz‹ zum angesammelten Wissen und ausgereiften Urteil. Sie ist die Essenz des Wissens, befreit von nur zeitlichen Relativismen. Weisheit also ist distanziertes Befasstsein mit dem Leben selbst, angesichts des Todes selbst. (...) Sie hält für das Bedürfnis der nachfolgenden Generation nach einer integrierten Erbschaft Antworten bereit und bleibt sich doch der Relativität allen Wissens bewusst« (1966a, S. 121f.).

Angesichts einer zunehmend großen Gruppe von Senioren ist die Erforschung der verschiedenen Lebensstile des Alters zu einem interdisziplinären wissenschaftlichen Thema geworden. Manche älteren Menschen möchten ihre Ruhe haben, nur noch wenige Interessen oder Kontakte pflegen. Andere werden nun aktiver, betreiben neue Hobbies, studieren oder gehen auf Reisen. Wie immer man sein Leben gestaltet, das beste Mittel gegen Verzweiflung und Einsamkeit ist für Erikson die Beibehaltung einer »würdevoll generativen Funktion« (1988, S. 81). Wichtig sei, so lange wie möglich kreativ zu bleiben und für andere zu wirken, z. B. in einem Ehrenamt, in einem Seniorenclub oder einer Gemeinde, vor allem bei der Erfüllung der »Groß-Generativität« gegenüber Enkelkindern, die man lieben, führen und stützen kann, »all das, ohne die Verantwortung der elterlichen Generativität tragen zu müssen« (Erikson et al., 1986, S. 93). Gerade die heutige Diskontinuität des Familienlebens als ein Ergebnis der mobilen Gesellschaft scheint, glaubt Erikson, sehr dazu beizutragen, dass »jenes Minimum an lebendigem Beteiligtsein fehlt, das nötig ist, um wirklich lebendig zu bleiben. Und fehlendes lebendiges Beteiligtsein scheint oft das nostalgische Thema zu sein, das sich hinter den offenen Symptomen verbirgt, die alte Menschen in eine Psychotherapie führen. Tatsächlich besteht ihre Verzweiflung zum großen Teil aus einem anhaltenden Gefühl von Stagnation« (1988, S. 81).

Es ist Eriksons Verdienst, als einer der ersten Autoren das Alter in das Blickfeld der Psychologie einbezogen zu haben, das bis dahin meist als bloße Periode des körperlichen und intellektuellen Abbaus disqualifiziert worden war. Erikson beschreibt die achte Phase des Lebenszyklus als eine Art letzte Versöhnung des Ich mit der Realität. Psychoanalyse geht hier, wie Ellwanger feststellt, »in Psychosynthese über« (2004, S. 45) und nähert sich Konzepten der »Selbstverwirklichung« in der Humanistischen Psychologie oder dem »reifen Narzissmus« Heinz Kohuts

(1973) an. Natürlich ist die Frage, ob Eriksons recht idealistische Charakterisierungen auf das Gros heutiger Senioren zutreffen. Geht es im Alter wirklich so sehr um Sinnschöpfung, Weisheit und Transzendenz, oder kreist man nicht, genauso wie in anderen Lebensphasen, in erster Linie um das Alltägliche? Letztlich können sehr pauschale Begriffe wie Integrität und Verzweiflung kaum die ungemein vielfältigen Einstellungen und Verhaltensstile erfassen, mit denen typische Lebensprobleme des Alters erfahren und bewältigt werden. Und letztlich versagen alle Interpretationsversuche angesichts erschütternder Erfahrungen von Krankheit und Hilflosigkeit, wenn Siechtum und Demenz die Persönlichkeit eines vertrauten Menschen Stück für Stück zerstören.

4.9 Eriksons Beitrag zur Entwicklungspsychologie

Mit dem Konzept des Lebenszyklus liefert Erikson eine der gründlichsten wissenschaftlichen Darstellungen des gesamten menschlichen Lebenslaufes, eine Variante der »Life-span-developmental«-Ansätze in der modernen Entwicklungspsychologie. Das Acht-Phasen-Modell weckte bei Psychologen und Soziologen ebenso wie bei Historikern, Anthropologen, Philosophen und Theologen großes Interesse, wurde zum Gegenstand unzähliger Dissertationen und Forschungsprojekte. Auch für viele Laien ist der Lebenszyklus nach wie vor eine übersichtliche Orientierung, vielleicht, weil Erikson eher den Verlauf der gesunden Entwicklung beschreibt, Eltern und Pädagogen Mut macht, anstatt in erster Linie auf Entwicklungskrisen und Ängste hinzuweisen. Die Trieb- und die Ich-Entwicklung sind bei Erikson Teile eines sich epigenetisch entfaltenden Wachstumsplanes, der das biologische Substrat für phasenhaft jeweils neue soziale Anforderungen und Wechselwirkungen zur Verfügung stellt. Wie diese Entwicklungsphasen erlebt und bewältigt werden, hängt von den Sozialisationseinflüssen in ganz unterschiedlichen kulturellen und historischen Umwelten ab wie von der individuellen Verarbeitung des persönlichen Lebensschicksals. Ähnlich wie in den Theorien Charlotte Bühlers, Karl Bühlers, Oswalt Krohs, Jean Piagets oder Lotte Schenk-Danzigers handelt es sich um ein an der Biologie orientiertes Stufenmodell menschlicher Entwicklung, das teilweise auf weit zurückliegende philosophische Konzepte zurückgeht, vom aristotelischen Entelechieprinzip bis hin zum romantischen Entfaltungsgedanken bei Herder oder Froebels. Dass solche Stufenmodelle zum Teil grob vereinfachend wirken, die Differenziertheit verschiedener Entwicklungslinien und die Vielfalt der Stile der Lebensbewältigung vernachlässigen, ist oftmals kritisiert worden. Auch bleibt bei Erikson unklar, durch welche biologischen Reifungsschübe denn die drei Phasen des Erwachsenenlebens eingeleitet werden sollen.

Das epigenetische Modell betont die ständig stattfindende qualitative Umformung, nicht Auslöschung, früherer Persönlichkeitsstrukturen in neuen Sozialisations- und Lernerfahrungen. Von daher hat jede Entwicklungsstufe ihre eigene Thematik und Bedeutsamkeit und ist nirgendwo ganz auf frühere Erfahrungen reduzierbar. Damit steht Erikson jedem simplifizierenden mechanistischen Denken entgegen: Ereignisse während einer bestimmten Entwicklungsphase oder ein bestimmtes Erziehungsverhalten von Eltern können niemals zur monokausalen Erklärung von Problemen und Neurosen des Erwachsenen herangezogen werden, so hartnäckig sich diese Auffassung bei manchen psychoanalytischen Autoren auch heute noch findet.

Obwohl Erikson seine Vorstellungen vom Lebenszyklus auch in völkerkundlichen und historischen Studien belegte, sind sie doch hauptsächlich aus klinischen Beobachtungen erschlossen. Es handelt sich um Deutungen und Rekonstruktionen, wie sie höchsten wissenschaftlichen Exaktheitsforderungen nicht genügen können, was mitunter die Gefahr der Spekulation und der persönlichen Voreingenommenheit größer macht. Zumindest die drei Stufen des Erwachsenenlebens kreisen zu stark um die privaten Beziehungen in Partnerschaft und Familie und haben einen stark ethisch-normativen Anstrich, der an manchen Stellen über die Lebenssituation des Durchschnittsmenschen hinauszugehen droht. Weiter ist nicht zu übersehen, dass Eriksons Phasen mitunter eher um männliche Daseinsweisen kreisen und die spezifischen Themen und Erlebnisweisen weiblicher Sozialisation vernachlässigen. Gewiss hat

Erikson sich gegen allzu modische Verkürzungen seines Werkes gewehrt, wonach man seine »Identitäts-Präsentation« perfektioniert, in »Beziehungsarbeit« ein Stück Urvertrauen oder Intimität »auftankt« bzw. in spirituellen Schnellkursen den Zustand abgeklärter »Integrität erreicht«. Andererseits nähren die stufenförmig aufeinander aufbauenden Lebensphasen leicht die Vorstellung eines steten Aufwärts- und Vorwärtsstrebens, eines ständigen Arbeitenmüssens an der Vervollkommnung der eigenen Persönlichkeit. Genauso können Tugenden wie »Autonomie«, »Initiative«, »Werksinn«, »Zielstrebigkeit« oder »Fleiß« rasch den Erfolgsideologien moderner Leistungsgesellschaften entgegenkommen und einen rücksichtslosen oder krankhaften Charakter annehmen.

Wohl nur in stärker traditionsbestimmten Kulturen lassen sich die Etappen des Lebenszyklus heute noch in deutlich voneinander abgehobener Form beobachten. In pluralistischen Industriegesellschaften scheint es immer seltener Persönlichkeitsentwicklungen zu geben, wo der Einzelne Abschnitt für Abschnitt Aufgaben bewältigt und in ein jeweils neues Entwicklungsthema hineinwächst. Die in Patchwork-Verhältnissen aufwachsenden Kinder, die in virtuellen Welten versinkenden Jugendlichen, die ihre Intimität in unterschiedlichen Beziehungen aufsplitternden Erwachsenen – irgendwo sehnen sich auch die Menschen der Postmoderne nach Vertrauen, Liebe, Fürsorglichkeit und integren Vorbildern. Aber in immer mehr Biographien verschwimmen die Erikson'schen Entwicklungsthemen miteinander, werden vorverlegt, in die Länge gezogen, hinausgeschoben, aufgesplittert, teilweise gelöst, wieder aufgegriffen oder einfach überschlagen. Berater und Psychotherapeuten haben es heutzutage bei vielen Klienten mit verwirrend inkonsequenten Lebensentwürfen zu tun: Man geht eine Partnerschaft ein, um sich vom Elternhaus zu lösen und seine Identität zu finden, überdeckt in der Sorge um Kinder zunehmende Spannungen. Man trennt sich, fällt eine Zeitlang in adoleszente Lebensformen zurück, verliebt sich aufs Neue, um wenig später wieder mit den alten Intimitätsproblemen konfrontiert zu werden. Man wählt im mittleren Erwachsenenalter auf einmal einen ganz neuen Beruf, lässt sich nach 20 Ehejahren scheiden, lebt lange Zeit allein, um sich im Alter noch einmal an einen Partner zu binden.

5 Die Neuformulierung der Triebtheorie

5.1 Modi und Modalitäten

Zu keinem Zeitpunkt hat Erikson Grundlagen Freud'schen Denkens in Frage gestellt und den Triebanteil der menschlichen Natur geleugnet, der als Quelle mächtiger Phantasien und Leidenschaften nie ganz von Verstand und Wille beherrscht werden kann. So sehr die Libidotheorie bis heute Befremden erregt, für Erikson ist nicht zu bezweifeln, dass die vielen körperlichen Lustempfindungen des Kindes, vom Kuscheln und Liebkosen über das Spiel an den Geschlechtsorganen bis zur Freude an der eigenen Körpermotorik, unbestreitbar Teil der menschlichen Sexualentwicklung sind. Vor allem durch die Betätigung der Modi, die typischen Funktionsweisen der den Körperöffnungen zugehörigen Organe, bezieht das Kind überwiegend autoerotische libidinöse Lust. Nacheinander dominieren der passive und der aktive inkorporierende Modus (I und II) der oralen, der retentive und der eliminative Modus (III und IV) der analen und der eindringende bzw. umschließende Modus (V) der phallischen Phase. Erst in der Adoleszenz ordnen sich die vielfältigen und diffusen Partialtriebe des Kindes zu einem einheitlichen Trieb mit einheitlichem Verlauf und einheitlichem Ziel. In der nun erreichten »genitalen« Sexualität vereinigen sich Sexualität und Fortpflanzungsfunktion unter dem fortzeugenden Modus (VF und VM). Die infantilen Sexualstrebungen bzw. Modusbetätigungen, das Anschauen und Umarmen des Partners, das Küssen oder das Streicheln der erogenen Zonen, bilden dann, wie Freud es bezeichnete, die »Vorlustmechanismen« (Freud, 1905). Sie tragen zur geschlechtlichen Erregung bei, bleiben aber dem eigentlichen Koitus untergeordnet, soll es nicht zu einer perversen Entwicklung kommen.

Mit Erreichen der »Genitalität« ist die Libidoentwicklung für Erikson jedoch nicht abgeschlossen. Jeder Mensch hat ein quasi triebhaftes Verlangen, sich an die nächste Generation weiterzugeben. Von daher ist die Elternschaft nicht nur Teil des psychosozialen, sondern auch des psychosexuellen Grundplans, und »jede sexuelle Situation, die auf Dauer dem zeugenden Vollzug und der Fürsorge für Erzeugtes keinen Vorschub leistet, enthält ein Element psycho-biologischer Unbefriedigung« (Erikson, 1981a, S. 253). Natürlich darf und sollte es auch nach dem Erlöschen der Fortpflanzungsfähigkeit weiterhin beglückende Sexualität geben. Erikson spricht von einem Stadium der »generalisierten Sinnlichkeit« im mittleren und hohen Erwachsenenalter als letztem Abschnitt der Libidoentwicklung. Der Trieb hat hier nicht mehr den unbedingt drängenden Charakter. Es kann beim Austausch von Zärtlichkeiten bleiben, die nicht mehr automatisch in den Geschlechtsverkehr hineinmünden müssen, dennoch aber wichtiger Bestandteil der Partnerschaft bleiben. Vielfach sind es tief verwurzelte Vorurteile und nicht das Nachlassen der Potenz, die ein bereicherndes Sexualleben im Alter verhindern.

Ähnlich wie Anna Freud oder Abraham beschreibt Erikson die Phasen der Libido als nicht streng additiv-schematisch aufeinanderfolgend. Während ein Hauptmodus in einer bestimmten Altersstufe führend ist, stehen die Verhaltensmuster anderer erogener Zonen als Hilfsmodi unterstützend zur Verfügung. Beim Trinken an der Mutterbrust dominiert das orale Inkorporieren als Hauptmodus. Die Nahrungsaufnahme kann jedoch nur funktionieren, wenn das Kind durch Zusammenkneifen der Lippen die Brustwarze im Mund festhält (oral-retentiver Hilfsmodus I 3). Bei Verschlucken, schlechtem Geschmack oder Sättigung spuckt der Säugling die Milch aus (oral-eliminativer Modus I 4), während er sich in Anfällen oraler Gier an der Brust der Mutter festbeißt, gleichsam in die Nahrungsquelle vorzudringen sucht (oral-eindringender Modus I 5).

Werden die Triebimpulse durch eine harte, Angst machende Erziehung zu sehr abgedrosselt oder durch krasse Verwöhnungshaltungen über Gebühr stimuliert, gerät die Hierarchie der Gesamttriefung durcheinander, sei es, dass in einer früheren Phase ein späterer Hilfsmodus den eigentlichen Hauptmodus verdrängt, sei es, dass ein früherer Hilfsmodus in einer späteren Phase inadäquat dominiert. Bei der Zonenfixierung steht die Triebqualität einer bestimmten erogenen Zone übermäßig im Mittelpunkt von Verhalten und Erleben, während andere Befriedigungsformen nicht mehr richtig wahrgenommen werden. Beispielsweise kann ein Kind vorwiegend auf orale Lustformen fixiert bleiben und sich später als Erwachsener über Essen, Trinken oder Inhalieren im Wesentlichen Entspannung verschaffen. Bei der Modusfixierung hingegen werden frühere Modi beibehalten, um mit ihnen auch die Befriedigung späterer Triebphasen zu erlangen, wie etwa der dauerhafte Sexualvollzug über Fellatio anstelle des Koitus.

Bei einer Fixierung hat nach psychoanalytischer Auffassung ein bestimmter Partialtrieb in früher Kindheit eine besonders große Befriedigung erfahren, so dass die geheimen Wünsche immer wieder dorthin zurückkehren, selbst wenn die libidinöse Entwicklung weiter vorangeschritten ist. So kann ein Mann beispielsweise ein unauffälliges Eheleben führen, dennoch aber größte Spannung bei gelegentlichen exhibitionistischen Handlungen erleben. Von einer Arretierung spricht Erikson hingegen, wenn ein Mensch über eine bestimmte Entwicklungsstufe, z. B. die orale Phase, überhaupt nicht hinausgelangen konnte und sexuelle Kontakte gar nicht erst wagt. Sicherlich ist keine libidinöse Entwicklung denkbar, die frei von Störungen wäre. Erst wenn diese zu schwerwiegend und ausschließlich werden, ergeben sich daraus sexuelle Abweichungen oder neurotische Symptome. Der übermäßig dominierende anal-inkorporierende Hilfsmodus (III 1,2) zeigt sich beispielsweise bei kleinen Kindern, die Gegenstände in Anus oder Urethra stecken, was zum Muster für später auftretende Perversionen werden kann, sich durch das Einführen bestimmter Objekte sexuelle Lustgefühle zu verschaffen. Das anale Einverleiben (III 1,2) steht für die passive Haltung der Homosexualität, das anal-eindringende Verhalten (III 5) für die aktive.

Dominieren in der phallischen Phase Hilfsmodi zu sehr, wird davon vor allem der spätere Geschlechtsverkehr beeinträchtigt. Ein stark ausgeprägter genital-inkorporierender Modus (V 1,2) kann die Bereitschaft zum genitalen Eindringen und Aufnehmen hemmen. Eine übermäßig ängstlich-retentive Haltung (V 3) äußert sich beim Mann in einer genitalen Gehemmtheit bis hin zu Ejakulationsschwierigkeiten und Impotenz, ein zu starkes Dominieren des genital-eliminativen Hilfsmodus (V 4) in der Ejaculatio praecox. Wird in der weiblichen Entwicklung beispielsweise der genital-retentive Hilfsmodus (V 3) zu beherrschend, resultiert daraus eine Verkrampfung der Vaginalmuskulatur und erschwert das Eindringen des Penis. Eine übertriebene genitale Eliminativität (V 4) findet sich bei Frauen mit gehäuften orgasmischen Spasmen, wobei es zu keinem einmaligen adäquaten Erleben kommt. Jeder Mensch trägt Fixierungen an prägenitale Stadien mit sich, die sich in Träumen oder geheimen Phantasien andeuten, mitunter auch offen im Sexualkontakt ausgelebt werden. Eine völlig reibungslose Genitalität wäre eine Utopie, und Erikson glaubt, »dass alle Abweichungen, wenn sie dem dominanten Modus untergeordnet bleiben, so normal sind, als sie häufig sind« (1982a, S. 88).

Während Freud Triebe mehr als innerseelische, das Wünschen und Wollen in Gang haltende Energiequellen auffasste, will Erikson auch die äußere Verhaltenskomponente ins Auge fassen. Unter metapsychologischem Gesichtspunkt könnte man seinen Modus-Begriff als ein weiteres Charakteristikum des Triebes ansehen, die durch die Triebquelle im Stammhirn geweckte typische Aktivität des Organismus gegenüber dem Triebobjekt, um das Triebziel zu erreichen. Aus biologischer Sicht sind Modi offenbar die im Laufe der Phylogenese immer komplexer gewordenen Mechanismen der Selbst- und Arterhaltung. Einfachste Organismen, z. B. die Amöben, benötigen nur die Tätigkeit des Einverleibens zum Überleben. Später entstand ein eigener Ausscheidungsapparat, und auf einer noch komplizierteren Stufe der Evolution entwickelten sich eigene Organe und Funktionen für den Fortpflanzungsvorgang.

Zu Beginn des Lebens kann man noch nicht von differenzierten Trieben sprechen. Vage Unlustzustände drängen den Säugling zur Mutterbrust. Im reflexhaften Greifen und Zupacken, im gierigen Einverleiben der Brustwarze liegt etwas Aggressives im Sinne des ursprünglichen »Ad-Gredi«, des Herangehens an Dinge oder Personen. Durch das Saugen wird der Selbsterhaltungstrieb befriedigt. Gleichzeitig vermitteln der warme Milchstrom und das weiche Umhülltwerden durch den mütterlichen Körper angenehm-lustvolle Empfindungen, der Ursprung des Sexuallebens. Aus ganz diffusen Erlebensweisen von Lust und Unlust lernt das Kind immer besser, Gefühle von Hunger, Durst oder Kälte zu unterscheiden und mit immer gezielteren Verhaltensweisen diese Spannungszustände abzubauen. Ähnlich wie Fenichel, Spitz, Jacobson oder Kernberg betrachtet Erikson sexuelle, aggressive und Selbsterhaltungstriebe zunächst als vage Energien und reflexhafte Impulse, die sich erst allmählich im Laufe der kindlichen Entwicklung zu immer deutlicher voneinander abgehobenen Motiven und Verhaltensmustern organisieren.

Von Anfang an drängen die Modi zur Kontaktaufnahme mit der Welt. Erikson spricht von »Weisen der körperlichen Annäherung« (1982a, S. 90), die höchst unterschiedlich in soziale Modalitäten geformt werden. Aus psychosexueller Perspektive ist das inkorporierende Saugen eine Triebbefriedigung, aus psychosozialer Sicht findet hier eine Kontaktaufnahme zwischen Mutter und Kind statt, ein Austausch von Zärtlichkeiten, ein wechselseitiges Sich-Erkennen und Anerkennen, wie es das spätere Sozialverhalten des Menschen ganz entscheidend prägt. Ein Großteil der infantilen Sozialisation besteht für Erikson quasi im »Einfädeln« der triebhaften Modi in die sozialen Gepflogenheiten und Werte einer Familie und kulturellen Gruppe. Der ziellos-gierige Drang zum Einverleiben wird im Kontakt mit der Mutter in ein rücksichtsvolles »Geben und Nehmen« übergeführt, das retentive bzw. eliminative Triebverhalten in ein sozial gebilligtes »Festhalten und Hergeben«. Modalitäten sind in Eriksons Theorie offenbar zunächst sozial geprägte Formen der Bedürfnisbefriedigung, die dem Kind im Laufe der weiteren Entwicklung – auch unabhängig vom ursprünglichen Triebgeschehen – als eigenständige Verhaltensmuster zur Verfügung stehen. Aus dem Füttern und Gefüttertwerden beispielsweise entwickeln sich immer kompliziertere Muster der sozialen Gegenseitigkeit bis zu subtilsten Formen des Gefühls- und Gedankenaustauschs. In den hunderterlei Tätigkeiten des alltäglichen Lebens lassen sich vielfach die Modalitäten des Gebens, Nehmens, Festhaltens oder Hergebens als typische Grundmuster beobachten.

Darüber hinaus treiben Modi für Erikson auch die kognitive Entwicklung des Kindes voran und verwandeln sich in Modalitäten des Intellekts. Schon in der Umgangssprache deutet sich die Nähe zwischen dem oralen Schlucken und der Aufnahme von Informationen durch die Sinnesorgane an (»Wissensdurst«, »Appetit« auf Wissen haben, »Ohrenschmaus«, »Augenweide«). Die wichtigsten intellektuellen Grundfunktionen scheinen nach dem Modell der Modi zu funktionieren: Unser Gehirn nimmt Reize auf, manchmal, z. B. beim Anhören eines Konzertes, im Sinne eines entspannten Genießens (oral-passiver Modus), manchmal, beim Lesen oder Zuhören, im Sinne eines konzentrierten Herausgreifens von Informationen (aktiver oraler Modus), bisweilen, indem man andere bedrängt oder sich intensiv in Problemgebiete vertieft (eindringender Modus). Wichtige Informationen werden im Gedächtnis festgehalten (retentiver Modus), andere entfallen (eliminativer Modus). Unser Geistesleben entwickelt sich unablässig weiter, indem wir Wissen aufnehmen und »verdauen«, in der Diskussion mit anderen zurückhalten oder preisgeben, es gedächtnismäßig speichern oder mit der Zeit vergessen. Freud hat das Ich zunächst als »körperliches Ich« (1923, S. 253) bezeichnet. In der Tat scheinen sich aus den sinnlichen Erfahrungen rund um die erogenen Zonen – das angenehm-Einfließende, das Zubeißende, Abreißende, Zerkleinernde der oralen Modi, »anale« Gefühle inneren Angefülltseins oder erleichterten Ausscheidens, das Feste, Sich-Aufrichtende des phallischen Erlebens – früheste rudimentäre Selbst- und Objektbilder zu ergeben. Gewiss handelt es sich um ganz dumpfe Wahrnehmungsweisen, nicht zu vergleichen mit den hochästhetisierten Triebrepräsentanzen des Erwachsenen. Und dennoch werden solch tiefste Erlebnisschichten in Phantasien oder psychopathologischen Zuständen angerührt, lassen sich Anklänge an kindliche Modi und Modalitäten regelmäßig in der Bilderwelt der Traumsymbolik nachweisen.

Jede Psychoanalyse macht deutlich, wie vielfältig unterschiedliche Erziehungsweisen das Repertoire der infantilen Triebimpulse prägen. Ängstliche Eltern neigen dazu, aggressives Fordern, Nehmen und Festhalten zu unterdrücken; in einem zwanghaften Familienklima lernt das Kind, sich in seinen spontanen Wünschen, Denken und Fragen retentiv zurückzunehmen, während hysterische Familienatmosphären Haltungen eindringlicher Neugier zu fördern scheinen. Bestimmte Modi und Modalitäten schleifen sich im Laufe der Erziehung zu typischen Gewohnheiten des Verhaltens, des Gefühlsausdrucks und Denkens ein und prägen nicht unwesentlich die Charakterbildung einer Persönlichkeit. Man denke an Menschen, die in ihrer vorsichtigen Bescheidenheit nicht »zupacken« und »festhalten« können, während andere ohne schlechtes Gewissen fordern und nehmen; Personen, die sich zwanghaft »zurückhalten«, und andere, die rasch dazu neigen, ihren Besitz, ihre Zeit oder ihre Gefühle »herzugeben«; Menschen, die in Reden und Gestik »eindringlich« wirken, und Überfürsorgliche, die stets das Bedürfnis haben, andere mütterlich zu »umschließen«.

Mit dem Konzept der Modi und Modalitäten vermag Erikson die Verknüpfung der Libidotheorie mit der psychosozialen und der Ich-Entwicklung theoretisch deutlicher zu fassen. Modi sind offenbar angeborene Organfunktionen, die zur periodischen Bedürfnisbefriedigung herangezogen werden. Die dabei gemachten Erfahrungen und Lernprozesse lösen sich allmählich aus dem Triebgeschehen ab und entwickeln sich zu immer komplizierteren sozialen und intellektuellen Modalitäten. Aus Sicht der psychoanalytischen Triebtheorie könnte man die Modalitäten als Sublimierungs- bzw. Neutralisierungsprodukte betrachten. Energien und Mechanismen, die ursprünglich auf raschest mögliche Entladung drängen, machen einen »Funktionswandel« durch und werden im Laufe des Sozialisationsprozesses zu angepassten Zügen des Verhaltens.

5.2 Die kulturelle Prägung der kindlichen Modi

Mit seiner in kulturanthropologischen Untersuchungen erwachsenen These, dass unterschiedliche Erziehungsformen das Repertoire der kindlichen Modi und Modalitäten nutzen, um daraus ganz bestimmte, gesellschaftlich »erwünschte« Persönlichkeitstypen zu formen, erweitert Erikson die psychoanalytische Sozialisationstheorie. Die epigenetisch ausreifenden Ich-Funktionen und Triebmodi drängen zur Kontaktaufnahme mit der Welt, provozieren die Zuwendung und Fürsorge der Erwachsenen. Im Prinzip, so Erikson, muss Erziehung darauf abzielen, dieses triebhafte Potential zur Wechselseitigkeit zu sozialen Verhaltensmustern und Motiven zu formen, die der gemeinsamen Sozial- und Wirtschaftsordnung entsprechen und zu deren Aufrechterhaltung beitragen. Keine Gesellschaft kann es sich leisten, unspezifisch alle Antriebe und Wünsche des Kindes zu hemmen, ausschließlich versagend und ängstigend zu wirken. Triebe sind nicht von vorneherein antikulturelle Mächte, sondern liefern quasi die Antriebsenergien für den Sozialisationsprozess selber. Nur solche Modi und Modalitäten, die sich im kollektiven Lebensplan schädlich auswirken, werden im Laufe der Sozialisation unterdrückt. Es gibt nach Erikson einen Zusammenhang zwischen Lebensform und Werten einer Kultur, den traditionellen Erziehungsstilen und der prägenitalen Entwicklung des Kindes. Besonders anschaulich lässt sich in primitiven Gesellschaften beobachten, wie durch Unterschiede beim Stillen und Abstillen, in der Reinlichkeitserziehung, im Umgang mit der kindlichen Wut oder Masturbation ein bestimmter Persönlichkeitstyp geschaffen wird, der optimal in den jeweiligen kulturellen Rahmen passt.

Kriegerische Gesellschaften treiben ihre Kinder rasch aus der Passivität des oralen Umsorgtwerdens heraus, fördern Mut, Selbstbehauptung, Disziplin, das entschlossene Fordern, Zupacken und Festhalten. Streng religiöse Kulturen hingegen unterbinden übermäßige Aggressivität und infantile Sexualneugier. In agrarischen Gesellschaften steht die Nutzbarmachung des Bodens, das Pflügen der Erde, das Säen, Hegen und Ernten der Pflanzen im Mittelpunkt der gemeinsamen Hoffnungen und Befürchtungen – und damit der Kreislauf von Verlangen und Sättigung der oralen Phase. In hortenden Kulturen steigert das Nehmen und Festhalten von Besitz das soziale Prestige, während bei Nomadenvölkern, die kein Privateigentum kennen, das Überleben des Stammes davon abhängig ist, dass der gemeinsame Vorrat geteilt wird. Hier wird die Freigiebigkeit, das vorbehaltlose Geben und Nehmen, zur höchsten Tugend im Erziehungsprozess, während retentives Sammeln und Sparen verpönt ist.

Wenn auch nicht so transparent beobachtbar wie in ursprungsnahen Gemeinschaften, findet sich die Tendenz zur Formung der infantilen Triebimpulse auch in modernen Gesellschaften. In seinem Aufsatz »Gedanken über die amerikanische Identität« (1982a, S. 280–319) zeigt Erikson auf, wie der amerikanische Volkscharakter in der Hauptsache experimentierfreudige, sich im steten Wechsel und Wandel behauptende Individualisten hervorbringt. Das, was einst den »Selfmademan« an der

»Frontier« kennzeichnete, das »Ergreifen« und »Festhalten« von Chancen, unerschrockene Autonomie, eindringliche Initiative und Lust am phallischen Wettbewerb, sind auch heute noch hervorstechende Wesenszüge der amerikanischen Identität. Orale Passivität hingegen, Wünsche nach Ruhe, Versorgtwerden und Abhängigkeit werden im Bild des »Suckers« leicht als Schwäche verachtet.

Erikson hat auf seinen Forschungsreisen die unterschiedlichsten Erziehungsstile beobachtet. Es gibt Naturvölker, die Kinder unbegrenzt stillen oder ganz abrupt entwöhnen, Säuglinge auf ein Wickelbrett binden und stundenlang auf dem Rücken herumtragen, das Kind sofort füttern, wenn es wimmert, oder es schreien lassen, bis es blau wird. Manches mag aus europäischer Sicht hart und unnötig grausam erscheinen. Und dennoch sucht primitive Pädagogik quasi instinktiv die unvermeidlichen Enttäuschungen und Ängste jeder Trieberziehung durch ein Klima der Sicherheit und Zuwendung aufzufangen. Der Stolz, geliebt und anerkannt zu sein, zum vollwertigen Stammesmitglied zu werden, überwiegt manche Härten der Erziehung. Es ist für Erikson nicht die Enttäuschung an sich, sondern die sozial nicht sinnvoll gemachte Enttäuschung, die zu Angst und Neurose führt.

Erikson hat sich nicht deutlicher zu den unterschiedlichen Aggressionstheorien der Psychoanalyse geäußert. Eigentlich können Destruktion und Grausamkeit nicht aus der im Prinzip adaptiven biologischen Matrix hervorgehen, projiziert der Mensch zu Unrecht seine »bestialische Seite« auf seine tierischen Ahnen. Erikson spricht von einer »nahezu unschuldigen ›Aggressivität‹«, die »alles Lebendige erfüllt« (1978b, S. 45) und sich beim Kind in der Lust am Erproben seiner Körperkräfte, in der Freude an Wettkampf und Draufgängertum zeigt. Gewiss kann dies rücksichtslos-naiv überschießen, aber die Zerstörung von Dingen oder die Verletzung von Kontrahenten sind ursprünglich nicht beabsichtigt. Erst wenn der angeborene motorische Entfaltungsdrang durch zu geringen »Spielraum«, durch überharte Verbote und Strafen eingeschränkt wird, stauen sich Ärger und verborgene Rachsucht auf. Dann beginnt das Kind, seine Körper-Modi in feindseliger Absicht zu benutzen, z. B. wütend festzuhalten, zu kneifen, zu beißen, mit Gegenständen zu werfen oder Exkremente am falschen Ort zu deponieren, infantile Vorstufen zu zerstörerischen Verhaltensweisen Erwachsener. Ähnlich wie Heinz Kohut spricht Erikson nicht so sehr von Destruktion, sondern von Wut, »die immer entsteht, wenn bei einem Individuum Aktivität verhindert oder gehemmt wird, die für sein Gefühl der Bemeisterung, der Beherrschung, lebensnotwendig ist. Was aus dieser Wut wird, wenn sie nun ihrerseits unterdrückt werden muss, und worin ihre Rolle bei und ihr Beitrag zu der irrationalen Feindseligkeit und Zerstörungslust der Menschheit besteht, ist offensichtlich eine der schicksalsschwersten Fragen, der sich die Psychologie gegenübersieht« (1982a, S. 62).

Erikson scheut sich, den Gedanken eines Todestriebes ausdrücklich zurückzuweisen, obwohl dieser all seinen Grundannahmen über die Natur des Menschen widersprechen würde. Modi sind für ihn ursprünglich »Angehungsweisen der Organe, naive, d. h. vorfeindselige Verhaltensformen des Ergreifens der Dinge, Annäherungsmodi, Arten und Weisen, Beziehungen zu suchen« (1982a, S. 63). Sie entsprechen offenbar einem angeborenen Drang zu Aktivität und Auseinandersetzung, wie er einfach zur Existenz eines Organismus in Raum und Zeit gehört. Erst sekundär, infolge übergroßer Einschränkung und Enttäuschung, entsteht Wut, die, erkaltet zu Hass und Ressentiment, beim Menschen in grob unangepasste Formen feindseliger Aggression umschlägt.

5.3 Weibliche und männliche Geschlechtsidentität

Vor allem in seinem Aufsatz »Die Weiblichkeit und der innere Raum« (1981b, S. 274–308) vertritt Erikson die Hypothese, dass die genitalen Modi, das phallische »Eindringen« und das vaginale »Umschließen«, typische geschlechtsspezifische Verhaltens- und Erlebensweisen prägen – ein bis heute umstrittener Beitrag zur kontroversenreichen Diskussion der Geschlechtsidentität in der Psychoanalyse. Natürlich entwickelt jedes Individuum aus den Rollenvorschriften seines Kulturkreises und eigenen biographischen Erfahrungen einen persönlichen Stil von Männlichkeit oder Weiblichkeit. Dennoch können für Erikson nicht alle biologischen Geschlechtsunterschiede geleugnet werden, sind die Anatomie, die Geschichte und die Persönlichkeit »gemeinsam unser Schicksal« (1981b, S. 299). Die Evolution hat die Frau zu jener Hälfte der Menschheit gemacht, die ein Kind empfängt, über neun Monate in ihrem Schoß trägt, es gebiert und durch ihre kreatürliche Zuwendung am Leben erhält. Schon in den konvexen Formen der weiblichen Anatomie zeige sich, so Erikson, ihr größerer Hang zum Bergenden, Schützenden, sei die Fürsorge für die eigene Nachkommenschaft, überhaupt die Sorge um Hilflose und Schwächere stärker im weiblichen Erleben verankert. Der Mann hingegen, mit größerer körperlicher Kraft ausgestattet, sei dafür disponiert, durch Aktivitäten im »äußeren Raum« für Frau und Kinder zu sorgen und diese im Ernstfall gegen Gefahren zu verteidigen. Ab der dritten Entwicklungsphase »Initiative vs. Schuldgefühl« differenzieren sich der weiblich generative Modus VF und der männlich generative Modus VM voneinander. Bereits zu diesem Zeitpunkt beginnen die vagen Vorstellungen, über ein erektionsfähiges »eindringendes« Organ bzw. einen produktiven »inneren Raum« zu verfügen, sich für Erikson »auf eine dunkel geahnte innere Möglichkeit hin zu orientieren: auf das Zusammenkommen von Ei und Samen im Zeugungsakt« (1982a, S. 86).

Jungen zeigen in Wettstreit, Konkurrenz und Ringkampf ein eher aktiv-dominantes Verhalten und neigten in Eriksons Spielexperimenten dazu, phallisch anmutende Strukturen, hohe Gebäude und Türme zu bauen. Bei Mädchen, glaubt Erikson, verlagert sich die Initiative stärker auf schutzgewährende Beziehungen gegenüber Gleichaltrigen; sie tendierten im Spiel eher dazu, bergende Innenräume aufzubauen, analog zur umschließenden Funktion der Vagina. Natürlich kann sich beim kleinen Mädchen in dieser Entwicklungsphase ein gewisser Neid auf den deutlich nach außen sichtbaren Penis des Jungen entwickeln, zählt doch gerade im kindlichen Erleben das Quantitativ-Konkrete. Aber Erikson will nicht bei der klassischen analytischen Sichtweise stehenbleiben, wonach der Frau anatomisch etwas fehlt, sondern das angemessen berücksichtigen, was im weiblichen Körper vorhanden ist, nämlich ein schutzgewährender Uterus. Schon beim Mädchen könne sich der Akzent weg von einem Mangelerlebnis verlagern zu dem dämmernden Bewusstsein, mit einem produktiven »inneren Raum« ausgestattet zu sein und über die Möglichkeit des Gebärens zu verfügen. Diese Bestimmung und Verantwortung rückt später ins Zentrum weiblicher Identität und vermag durchaus den unbewussten Neid des Mannes zu erwecken.

Sicher konnten in der Psychoanalyse weiblicher Patienten immer wieder Phänomene wie Penisneid, Hass auf die eigene Geschlechtsrolle oder Rachephantasien gegenüber dem Mann aufgedeckt werden. Aber hierbei handelte es sich in aller Regel um die Opfer früher mütterlicher Zurückweisung oder schwerer sexueller Traumata, und es wäre nach Erikson verhängnisvoll, solche Befunde zu einer normativen Theorie des Weiblichen verarbeiten zu wollen. Gewiss mag eine Frau äußerlich »passiver« als der Mann wirken, weil die Natur sie darauf vorbereitet hat, »aktiv« im Sinne einer ruhigen, sicherheitsgebenden Fürsorge zu sein. In der Tat muss eine Frau, schon aufgrund ihrer Periodik und des Geburtsvorgangs, bereit sein, mehr Schmerzen zu ertragen. Aber man kann sie höchstens dann als masochistisch bezeichnen, wenn sie den Schmerz außerhalb ihrer weiblichen Funktionen pervers oder rachsüchtig ausnutzt. Und auch die größere Verlustangst von Frauen rührt ursprünglich nicht aus unreifen Anklammerungsbedürfnissen her, erleben sie doch, anatomisch weitaus stärker in den Fortzeugungsvorgang einbezogen, das Allein- und Leergelassenwerden viel elementarer als Männer.

Unterschiedliche Kulturen haben laut Erikson auf diesen körperlichen Dispositionen aufgebaut und spezifisch väterliche und mütterliche Rollen definiert. Unzufriedenheit, Rivalitäts- und Neidgefühle zwischen den Geschlechtern treten verstärkt erst dann auf, wenn beide Daseinsweisen nicht als gleich wichtige Funktionen im gemeinsamen Lebensplan anerkannt werden. Natürlich ist das Verhältnis zwischen Mann und Frau – von der intimen Partnerbeziehung bis in die Ebene der politischen Entscheidungsfindung hinein – eine komplizierte und höchst störanfällige wechselseitige Regulation. Unbewusste Ängste und neurotische Konflikte, vor allem aber Unterdrückungstendenzen patriarchalischer Herrschaftsformen führen laut Erikson leicht dazu, dass die Geschlechtsunterschiede sich nicht sinnvoll ergänzen. Dies kann »mit verantwortlich sein an einer gewissen Ausbeutbarkeit der Frau als einem Wesen, das erwartet, abhängig zu bleiben, weil dies von ihr erwartet wird, selbst wenn sie – oder gerade wenn sie – sich in der Familie erfolgreich um die Fürsorge für Kinder (und Erwachsene) kümmert. Beim

Mann könnte andererseits jedes entsprechende Bedürfnis nach regressiver Abhängigkeit oder, genauer gesagt, nach nährender Identifikation mit der Mutter unter den gleichen kulturellen Bedingungen leicht zu einer militanten Überkompensation in Richtung eindringender Strebungen führen, wie beispielsweise jagen, Krieg führen, wetteifern – oder ausbeuten. Das Schicksal der Gegenmodi verdient daher bei beiden Geschlechtern in vergleichenden Studien mit besonderer Aufmerksamkeit untersucht zu werden, weil unsere heutige Zeit dazu neigt, alle theoretischen Schlussfolgerungen auf diesem Gebiet unmittelbar in einen ideologischen Streit hineinzuziehen« (1988, S. 47f.).

Grundsätzlich spricht Erikson in respektvoll-bewunderndem Ton vom Weiblichen und verlangt, angesichts enormer, menschheitsbedrohender Zukunftsprobleme einen Bewusstseinswandel zu spezifisch »weiblichen« Werten von Einfühlung, Intuition, Fürsorge und Verantwortung. Ihn als Antifeministen zu bezeichnen, wäre »ein starker Tobak« (Zelfel, 2004, S. 95). Andererseits wirken manche seiner Thesen, die er zum Teil aus methodisch umstrittenen Spielexperimenten ableitet (vgl. Caplan, 1976), wie Karikaturen der traditionellen Geschlechterstereotypien und stießen nicht ganz zu Unrecht auf heftige Kritik amerikanischer Frauenrechtlerinnen (vgl. Janeway, 1971, Zelfel, 2004). Der Mann kann sich in äußeren Aktivitäten verwirklichen, die Frau wird auf die angeblich »natürliche« Rolle der Mutterschaft reduziert, bleibt dabei aber hochgradig abhängig und fremdbestimmt. Wie viel an Erniedrigung, Ausnutzung und zum Teil haarsträubender Repression mit dieser Rolle verbunden war und ist, wie stark die Frau auch heute noch bildungsmäßig, finanziell und politisch benachteiligt ist, wird von Erikson nicht deutlich genug erwähnt. Die Frage, wie denn eine tatsächliche Beteiligung der Frau in Öffentlichkeit und Politik aussehen sollte, wo sie bei den derzeitigen gesellschaftlichen Rahmenbedingungen durch die Doppelbelastung mit Kindern und Beruf oft genug am Rande ihrer Leistungsfähigkeit steht, verfolgt er nicht ausreichend weiter.

5.4 Erziehung in zwei nordamerikanischen Indianerstämmen

In seinen kulturanthropologischen Untersuchungen an zwei nordamerikanischen Indianerstämmen arbeitet Erikson den Vorgang der Prägung triebhafter kindlicher Modi in die Modalitäten eines bestimmten kulturellen Lebensstils deutlicher heraus. Die erste Forschungsreise führte ihn 1938 in das Pine Ridge Reservat in Süd-Dakota zu etwa 8000 Mitgliedern des Stammes der Oglala. Es handelte sich um Reste der einst so stolzen Sioux-Indianer, deren Gruppenidentität im 19. Jahrhundert durch die Eroberungszüge der weißen Siedler, durch das sinnlose Abschlachten der Büffelherden und den systematischen Völkermord durch die amerikanische Armee mit verheerender Plötzlichkeit zusammengebrochen war. Ohne ihre »Heimat«, die unbegrenzten Weiten der Prärie, gezwungen, in einem begrenzten Reservat sesshaft zu werden, lebten die meisten Stammesmitglieder in einem Zustand apathischer Schwermut und ließen all die kostspieligen Umerziehungsprogramme der amerikanischen Regierung in stoischem Gleichmut an sich abprallen.

In langen Gesprächen konnte Erikson viel über die traditionsbestimmten Erziehungsmethoden in Erfahrung bringen. Die Geburt musste einst rasch vollzogen werden. Setzten die Wehen ein, machten sich die Schwangeren ein Bett aus Sand und folgten schon wenige Stunden nach der Niederkunft ihrem weiterziehenden Volk. Dort wurden Mutter und Säugling von der gesamten Stammesgemeinschaft freudig begrüßt. Es war üblich, dass die älteren Frauen einen Saft aus den besten Kräutern und Beeren der Prärie zubereiteten und ihn dem Neugeborenen in einer Büffelblase als Willkommensgruß reichten. Von Anfang an sollte dem neuen Stammesmitglied ein Höchstmaß an Zuversicht in die Welt und die eigene Gemeinschaft vermittelt werden. Das Recht des Kindes, immer und unbegrenzt an der Mutterbrust zu trinken, das sogar über den sexuellen Privilegien des Vaters stand, war oberstes Erziehungsprinzip. Es gab keine systematische Entwöhnung.

Biss der Säugling aber die Mutter in die Brust, war es Sitte, ihn sofort heftig und schmerzhaft auf den Kopf zu schlagen, was diesen mit wilder Wut erfüllte. Darauf wurde das Kind bis zum Hals in Wickelbänder verpackt, außer Stande, Zorn und Enttäuschung durch motorische Aktivität abzureagieren. Beides, sowohl ein hochgradiges Urvertrauen in die Freigiebigkeit der Stammesgemeinschaft wie auch ein Pulverfass unterdrückter Wut, bildeten hervorstechende Charakterzüge der Sioux, und Erikson vermutet, dass es einst einen engen Zusammenhang gegeben haben muss zwischen der Oralität des Sioux-Kindes, den ethischen Idealen des Stammes und den von der Tradition vorgeschriebenen Erziehungsmethoden. Überreichlich orale Befriedigung zu erhalten, ohne aktiv darum kämpfen zu müssen, von der gesamten Stammesgemeinschaft vorbehaltlos bejaht zu werden, ohne je Zweifel an seiner sozialen Stellung zu haben, weckte im Säugling ein Höchstmaß an Urvertrauen, sich auf ein freigiebiges Universum verlassen zu können, Garant dafür, dass der heranwachsende Sioux sich später ebenso großzügig seinen Stammesgenossen gegenüber verhielt. Das, was das Gemeinschaftsleben am meisten gefährdet hätte, destruktive Wut, neidische Gier, eigensinniges Fordern und rücksichtsloses Nehmen, wurde, spekuliert Erikson, durch die radikale Unterdrückung der Beißwünsche sozusagen im Keim erstickt. Die dabei provozierte latente Wut war einst eine der Hauptquellen für die Gewalttätigkeit und Grausamkeit der Sioux-Krieger, die Charakterzüge stolzen Mutes und unbeugsamer Aggressivität bei der gefährlichen Büffeljagd, bei Schlachten mit Feinden oder beim Stehlen der Beute. Die Frauen hingegen brauchten in alten Zeiten ihre Zähne, um Leder zu kauen und Stachelschweinkiele für Stickarbeiten zu glätten. Die Beißimpulse aus der Zahnungsperiode konnten so auf eine höchst praktische Weise sublimiert und in ökonomische Betätigungen hineinkanalisiert werden.

Eine konsequente Reinlichkeitserziehung gab es bei den Sioux nicht. Ältere Kinder nahmen die jüngeren zu den Defäkationsplätzen mit, wo sie sich durch Nachahmung an die allgemeinen Hygienevorstellungen anpassten. Es wurde kein Druck ausgeübt. Der Akzent, so Eriksons Eindruck, lag mehr auf dem freien Schenken und Hergeben, und ein Zurückhalten aus Trotz oder ein unkontrolliertes Eliminieren aus Angst, wie in den psychosomatischen Symptomen vieler kleiner weißer Patienten, war in der Entwicklung des Sioux-Kindes quasi unbekannt. Erst in der phallischen Entwicklungsphase gab es erste strikte Reglementierungen. Sie betrafen nicht den Körper und seine Funktionen, sondern die sozialen Umgangsformen der Geschlechter. Jungen und Mädchen durften ab diesem Zeitpunkt keinen unmittelbaren Kontakt mehr miteinander haben; selbst Bruder und Schwester war es verboten, sich direkt anzusehen oder anzusprechen. Die lokomotorische Aggressivität des phallisch-eindringenden Modus wurde von nun an bei den Jungen in Jagd- und Kampfübungen trainiert, um Selbstdisziplin, Mut und Geschicklichkeit für die spätere Jäger- und Krieger-Identität zu wecken. Das Sioux-Mädchen hingegen lernte Nähen, Kochen, Nahrungsmittel konservieren oder Zelte errichten, wurde von nun an auf die Rolle vorbereitet, dem Jäger zu dienen und eine zuverlässige Mutter zu werden. Es durfte bestimmte Grenzen um das Lager nicht überschreiten und konnte ansonsten straffrei vergewaltigt werden. Was auf den ersten Blick wie eine zutiefst repressive Ausbeutung der Frau bzw. ein rigider kollektiver Abwehrmechanismus gegen inzestuöse Spannung anmutete, war Teil einer streng geregelten Sozialatmosphäre. Jungen und Mädchen wuchsen ab der dritten Entwicklungsphase in ein stillschweigend akzeptiertes und dennoch hoch ritualisiertes System »richtiger Beziehungen« untereinander hinein. Oberstes Ziel der Stammesethik war es, eine Gruppenidentität des Respekts und der Hilfsbereitschaft aufrechtzuerhalten und gegenseitige Kränkungen oder Übervorteilungen zu vermeiden. Wer diese Tabus verletzte und sich weigerte, an der gemeinsamen Ablenkung der Aggression teilzuhaben, wurde zum Opfer beißenden Spottes seiner Stammesgenossen. Die Angst vor Beschämung und Bloßgestelltwerden, nicht so sehr verinnerlichte Schuldgefühle, stellte das Hauptmittel der primitiven Moralität dar.

Das indianische Lebensgefühl und die Mentalität der amerikanischen Eroberer hätte gegensätzlicher nicht sein können. Das einst so unbeugsame Volk der Sioux hatte, besiegt und gedemütigt, seine Existenzgrundlagen verloren. Innerlich resigniert, sehnte sich das Gros des Stammes nach der Vergangenheit zurück, wo der Raum noch grenzenlos war, die Büffelherden unermesslich und die gemeinsame Aktivität schrankenlos zentrifugal. Die staatlich bestellten Umerzieher hingegen predigten diametral entgegengesetzte Ziele, Sesshaftigkeit, Geschäftsgeist, das Konkurrieren um immer größerer Erfolge in unbestimmter Zukunft wegen. Die immer noch in der Erziehung weitergegebenen indianischen Werte wie Freigiebigkeit oder die Weigerung, in Wettbewerb zu treten, erwiesen sich als starres Hindernis beim Versuch der Angleichung an ein durch Selbstdurchsetzung und Profitstreben gekennzeichnetes System freien Unternehmertums. Die Sioux-Indianer waren in die Mühlen der Proletarisierung geraten und teilten das Schicksal anderer farbiger Minderheiten in den Vereinigten Staaten. Abgespeist durch staatliche Zuwendungen, verblieben die meisten zurückgezogen im Reservat, der einzige Ort, wo sie sich sicher fühlten.

Seine zweite kulturanthropologische Exkursion führte Erikson 1948 zu den Yuroks, einem Stamm von Fischern und Eichelsammlern an der pazifischen Küste. Im Gegensatz zu den umherstreifenden Prärieindianern waren die Yuroks schon seit Generationen sesshaft und wohnten in kleinen Holzhäusern. Ein dicht bewaldetes Tal entlang des Flusses Klamath galt als »die Welt«. Jedes Jahr wurde ein riesiger Staudamm gebaut, um eines Teils der riesigen flussaufwärts ziehenden Lachsströme habhaft zu werden. Das Erwerben und Festhalten von Besitz, so Eriksons Grundeindruck, war das, wovon der Yurok sprach, woran er dachte, worum er betete. Schon seit Generationen kannten die Yuroks das »Geld« in Form kleiner Muscheln und verstanden es, misstrauisch zu feilschen, eine Sache auf Heller und Pfennig zu berechnen.

Oberstes Prinzip in der Gruppenidentität der Yuroks war das saubere Leben. Den Fluss zu beschmutzen, galt als schweres, den Fischfang und damit die gesamte Existenzgrundlage gefährdendes Vergehen. Von daher schien das magische Weltbild des Stammes von dem Prinzip beherrscht, die verschiedenen Kanäle des Körpers und der Natur getrennt voneinander zu halten. Im gemeinsamen Moralkodex gab es eine Vielzahl von Reinigungsvorschriften, lud doch nur absolut klares Wasser den Lachs zur Wiederkehr ein. Dazu bedurfte es obendrein magischer Vorkehrungen. In ihren Gebeten konnten die Indianer sich voller Inbrunst in eine Art selbst induzierten Trancezustand hineinversetzen und herzzerreißend um das Kommen des Fischzuges weinen. War der Lachs eingetroffen, galt es, in höchst konzentrierter Zusammenarbeit der Beute habhaft zu werden. Hatte der Stamm sich nach der großen Gemeinschaftsaufgabe des Staudammbaus den Wintervorrat für das nächste Jahr gesichert, vergaßen die Yuroks ihre misstrauische Vorsicht und feierten über mehrere Tage ein orgiastisches Fest mit derben Späßen, oralen Ausschweifungen und sexueller Hemmungslosigkeit.

Dieser fast »kapitalistisch« anmutende Lebensplan ähnelte bei weitem mehr der weißen Mentalität, und es verwundert nicht, dass das Erziehungsverhalten der Yuroks sich in vielen Punkten von dem der Sioux unterschied. Das Neugeborene erhielt zunächst eine Nusssuppe und wurde dann mit indianischer Freigiebigkeit gestillt. Mit sechs Monaten allerdings entzog die Mutter dem Säugling abrupt die Brust – für Indianer eine minimale Stillzeit – und gewöhnte ihn an feste Nahrungsmittel. Lachs oder Wildfleisch galten von nun an als »Süßigkeiten«. Später, im Verstandesalter, erfolgte in der Anpassung an die Essenssitten des Stammes eine Art zweites orales Training. Yurok-Mahlzeiten wirkten auf Erikson wie Dressuren der Selbstbeherrschung und Selbstbeschränkung: Das Kind durfte nicht hastig essen, nicht zweimal nehmen. Es musste beim Essen stets um Erlaubnis fragen, den Löffel vorsichtig zum Mund führen und langsam kauen, ein oraler Puritanismus, der unter Primitiven seinesgleichen suchte. Offenbar diente das rigide Zeremoniell dazu, den sehnsüchtigen Wunsch nach Nahrungsaufnahme, nach hastigem und maßlosem Inkorporieren, so weit wie möglich einzuschränken.

Auch bei den Yuroks war es üblich, den Säugling auf ein Wickelbrett zu schnallen. Allerdings blieben die Beine frei und wurden von den Großmüttern regelmäßig massiert, offenbar, um frühe Kriechversuche anzuregen. Aus dem Kind sollte ein Fischer werden, der wachsam und konzentriert seine Netze für die Beute bereithält, der sich zusammennimmt, nach dem Fang einen Vorrat anlegt und diesen Vorrat nicht zu gierig angreift. Das geduldige Warten (oraler Triebaufschub), das aktive Fangen und Ergreifen des Lachses, schließlich das retentive Horten und Misstrauen vor allzu bereitwilligem Hergeben waren besonders hervorstechende Verhaltensmuster der Yurok-Indianer. Die Genitalität des Stammes blieb ganz den ökonomischen Prinzipien untergeordnet. Erikson beobachtete keine stärkere Unterdrückung der kindlichen Sexualneugier oder Masturbation. Das Geschlechtsleben war durch eine Reihe von Reinigungsvorschriften reglementiert, wurde aber ansonsten relativ freizügig gehandhabt, sofern es nicht in Gegensatz zu den wirtschaftlichen Zielen geriet. Sogar die Mythologie der Yuroks beschwor die Gefahr mangelnder Zurückhaltung herauf, hatte ihr Schöpfergott sich doch einst von einem Rochen beim Geschlechtsverkehr einfangen und entführen lassen.

5 Die Neuformulierung der Triebtheorie

Für den psychoanalytisch geschulten Beobachter drängen sich Analogien zu abnormen Verhaltensweisen auf. Scheinbar auf Säuglings-Niveau regrediert, weint der Yurok nach seinen Göttern, zeigt phobisch anmutende Angst vor Beschmutzungen, hortet misstrauisch und geizig wie ein Zwangsneurotiker seinen Besitz. Freilich kann es für Erikson nicht angehen, im Prinzip abwertende klinische Deutungen auf das gänzlich andersgeartete Welterleben von Naturvölkern anzuwenden. Primitivität ist ein Zustand gesellschaftlicher Organisation, in dem magisches Denken sich mit urtümlicher Schläue verbindet, ein quasi instinktiver Anpassungsversuch an einen Ausschnitt der äußeren Natur, der eine hohe soziale Kohäsion gewährleistet und den Einzelnen erfolgreich vor Konflikthaftigkeit und Angst schützt. Andererseits birgt jeder Versuch, den Zustand der Ausgewogenheit zwischen Mensch, Natur und Gemeinschaft nachzuzeichnen, die Gefahr in sich, einem romantischen Ursprungsmythos nachzuhängen. Zweifellos verläuft die Sozialisation bei Naturvölkern durch Halt gebende Bräuche ungleich sicherer. Dennoch erlebt das Indianerkind objektiv Schmerz, Ohnmacht und Scham, wenn es auf den Kopf geschlagen, festgeschnallt oder verspottet wird, wie sehr auch immer solche Frustrationen durch den Gruppen-Zusammenhalt abgemildert werden. Und der Gedanke, dass das Recht auf Vergewaltigung eines Sioux-Mädchens einer Sozialatmosphäre des Respekts Vorschub leistet, ist sicher gewöhnungsbedürftig.

Erikson hat die Sioux und Yuroks zu einem Zeitpunkt befragt, an dem viel von ihrer Gruppenidentität bereits zusammengebrochen war. Größtenteils musste er deren ursprüngliche Erziehungsmethoden rekonstruieren, was die Gefahr der Spekulation und des theoriebehafteten Schauens erhöht. Man muss sich fragen, ob es diese Gebräuche wirklich in so »reiner« Form gegeben hat, ob Erikson nicht, um der Plausibilität seines Modells willen, manch vereinfachende Rückschlüsse zieht. Die Parallelen beispielsweise zwischen der Unterdrückung von frühkindlichen Beißimpulsen und der Freigiebigkeit des Sioux-Stammes oder der lockeren Reinlichkeitserziehung und der Geringschätzung von Privateigentum wirken zum Teil arg konstruiert. Dennoch hat Erikson sich über Monate mutig und unvoreingenommen auf die Lebensweise der Indianer eingelassen und gilt neben Morgenthaler, Nadig oder Parin als einer der Wegbereiter psychoanalytischer Kulturanthropologie. Vor allem hat er unmissverständlich die Nöte der unterdrückten indianischen Minderheit ins Bewusstsein einer breiten Öffentlichkeit gehoben und in der Aufarbeitung der Leidensgeschichte des Sioux-Volkes deutliche Vorbehalte gegenüber seiner Wahlheimat geäußert. Die Ausrottung und Unterdrückung der amerikanischen Ureinwohner warf tiefe Schatten auf die Geschichte gerade des Volkes, das weltweit die Vision von Freiheit und Demokratie zu vertreten vorgab.

6 Erikson und die Lehre vom Unbewussten

6.1 Die negative Identität in Mensch und Gruppe

Gewiss hat Erikson die Psychoanalyse zur »seelischen Oberfläche« hin ausgeweitet. Aber sein Menschenbild bleibt von den Grundannahmen der Tiefenpsychologie geprägt: Psychisches fällt nicht mit dem Bewusstsein zusammen. Es gibt ein geheimnisvolles Reich des Unbewussten, das unser Denken, Fühlen und Handeln bis in wichtigste Lebensentscheidungen hinein mitbeeinflusst und sich in schweren seelischen Krisen wie in außergewöhnlichen schöpferischen Leistungen bemerkbar machen kann. Von Anfang an war die Psychoanalyse das große Gericht über die Selbsttäuschungen des Menschen und zeigte auf, wie lücken- und fehlerhaft das Bild ist, das wir von uns selbst entwerfen. Eriksons Begriff »negative Identität« umfasst all jene Seiten in uns, die wir verdrängen oder nicht wahrhaben wollen, von gänzlich unbewussten Triebimpulsen über Schwächen und dunkle Punkte, von denen wir insgeheim etwas ahnen, bis hin zu bewussten Selbstvorwürfen, Minderwertigkeitsgefühlen oder Erinnerungen an Kränkungen und Misserfolge. Selbst die verborgensten Bereiche der Seele werden für Erikson gesellschaftlich und historisch geprägt. Von Geburt an wächst das Kind in kollektive Vorstellungen des Bösen hinein und muss lernen, Unerwünschtes, Verpöntes zu meiden, um in seiner Gemeinschaft akzeptiert zu werden. Kriminelle, psychisch Kranke, Ungläubige, feindliche Nationen oder ideologische Systeme werden zur Projektionsfläche der negativen Gruppenidentität, werden gemieden, abgewertet, oft von speziell ausgebildeten Kräften – Polizisten, Soldaten, Psychiatern, Agenten oder Terroristenfahndern – unter Kontrolle gehalten, obwohl die Existenz solcher negativer Prototypen für jede gesellschaftliche Konsolidierung geradezu notwendig scheint. Zu allen Zeiten und in allen Kulturen neigt Erziehung dazu, Verhaltensweisen, die das Kind nicht zeigen darf, mit den Bildern abgewerteter Menschen und Gruppen zu definieren. Oft spielen unbewusste familiäre Übertragungen dabei eine Rolle: »Werde nicht so leichtlebig wie deine Tante oder so jähzornig wie dein Großvater!« Darüber hinaus wird, gerade in Gesellschaften mit großen Kasten- oder Rassengegensätzen, die negative Identität des Kindes mit nationalistischen, rassistischen oder sexistischen Vorurteilen infiltriert und setzt sich nach Erikson oft aus Bildern »eines misshandelten (kastrierten) Körpers, einer ethnisch fremden Gruppe und einer ausgebeuteten Minderheit zusammen« (1981b, S. 28). Warnungen vor dem »schmutzigen Nigger«, den »raffgierigen Juden« oder den »subversiven Kommunisten« erzeugen von früh auf negative Stereotypien und Vermeidungshaltungen, meist ohne dass je ein realer Kontakt zu den abgelehnten Anderen stattgefunden hätte.

Immer wieder weist Erikson darauf hin, wie stark Vorurteile und Wahrnehmungsverzerrungen auch das normale Seelenleben beherrschen und künstlich das individuelle und kollektive Identitätsgefühl stützen. Vom alltäglichen Klatsch bis hin zu chronischen Ressentiments gegenüber fremden ethnischen oder religiösen Gruppen – oftmals neigen wir dazu, Negatives, Unerwünschtes, Ängstigendes, das uns von innen her bedroht, nach außen zu projizieren, andere abzuwerten, um uns selber moralisch besser und idealer zu erleben. Insbesondere im Verhältnis zu Schwächeren und Normüberschreitern steigert sich die Projektion in Krisenzeiten leicht bis zu verhängnisvollen Formen der Verfolgung und Rachsucht. Die Behandlung derjenigen, die vom Pfad der Normalität abweichen, hängt für Erikson mit der Weise zusammen, »in der die einzelnen Individuen drohende Abweichungen in sich selbst behandeln – die Konfigurationen der äußeren Unterdrückung scheinen denjenigen der inneren Verdrängung zu entsprechen« (1975b, S. 79). Die Geschichte ist voll grausamer Sadismen: Verbrecher wurden in unsäglicher Weise gefoltert und hingerichtet, Hexen und Ketzer verbrannt, psychisch Kranke angekettet und mit Elektroschocks behandelt, Aussätzige aus der Gemeinschaft ausgeschlossen. Solche Exzesse der Inhumanität als Relikte längst vergangener Zeiten anzusehen, wäre illusorisch. Allein die Tragödien des 20. Jahrhunderts stellen unter Beweis, wie rasch sich Demagogen des Unbewussten ihrer Anhänger bemächtigen und wahnhafte Kreuzzüge der Vernichtung gegen das auf Feinde und Minderheiten projizierte Böse vom Zaum brechen.

Verdrängte Impulse suchen laut Erikson »ungeachtet all unserer Rationalität Mittel und Wege, sich zu offenbaren« (1975a, S. 156), dringen immer wieder in unsere Phantasien, Tagträume und Selbstgespräche ein, werden zur Quelle alltäglicher Fehlleistungen und neurotischer Attitüden. Manchmal überwiegen die geheimen Wünsche des Es. Wir fühlen uns hochgestimmt, voller Lebens- und Tatendrang, ertappen uns bei sexuellen Phantasien, träumen von großartigen Erfolgen oder rächen uns schadenfroh an beneideten Rivalen. Unmerklich kann die innere Befindlichkeit umschlagen: Sorgen, Schuldgefühle, belastende Erinnerungen oder Selbstvorwürfe plagen uns, Zeichen dafür, dass nunmehr der Druck des Über-Ich auf dem Ich lastet. Die beiden Grundhaltungen, die sich bei den Stimmungszyklen der Psyche abwechseln, sind die »des Karnevals und der Buße: die erstere erlaubt sinnenfrohen Genuss, ein Sichausleben um jeden Preis. Die andere gibt sich dem schlechten Gewissen hin, das den Menschen für alles, was in seinem Leben ungelöst und ungesühnt ist, schwer bedrängt und zu Boden drückt« (Erikson, 1975a, S. 80). Die meisten dieser Gefühlsschwankungen begleiten die alltäglichen Grübeleien und Phantasien, ohne dass wir ihnen allzu große Aufmerksamkeit zuwenden. Unser seelisches Gleichgewicht, der »Mittelzustand des Ich« (Erikson, 1981b, S. 20f.) bleibt gewahrt. Allerdings kann die negative Identität längere Zeit Herrschaft über das Selbstgefühl gewinnen, wenn man sich nach Kränkungen, Misserfolgen, Enttäuschungen zu abgelehnt, zu minderwertig, zu schlecht vorkommt. Gerade in Zuständen der Identitätsverunsicherung, wenn wir uns fremd, inkompetent, überfordert fühlen, externalisieren wir das Über-Ich leicht auf Außenstehende, von denen wir uns beobachtet fühlen, die wir momentweise wie »Richter« über unsere Schattenseite empfinden. Während der Paranoiker seine antisozialen Impulse als eine chronisch zu bekämpfende äußere Front erlebt, bohrt sich das Ich des Melancholikers selbstquälerisch gleichsam in die eigene negative Identität ein, kann selbst leiseste Funken von Hoffnung und Selbstachtung nicht mehr zulassen.

Randgruppen, Außenseiter, Asylanten leiden unter chronischen Scham- und Identitätsproblemen, können sie doch Eigenschaften nicht abstreifen, die sie in den Augen der Mehrheit diskreditieren. Durch die Ablehnung, die solche Menschen unterschwellig oder ganz offen aus ihrer Umgebung spüren, erhält ihr Stigma – die falsche Hautfarbe, das geschädigte Körperglied, die Vorstrafe, die psychiatrische Diagnose – einen besonderen Ich-Tonus und wird zum Zentrum empfindlicher Selbstbeobachtung. Andauernde Abwertungen untergraben Selbstvertrauen und Initiative, lassen ursprünglich randständige Elemente der negativen Identität mehr und mehr ins Zentrum des Selbst rücken. Die Gefahr wird groß, ein negatives Selbstkonzept zu entwickeln und sich resignativ mit der Außenseiterrolle abzufinden. Die Betreffenden verhalten sich dann in der Tat so apathisch, nichtsnutzig oder verrückt, wie es ihnen von außen vorgeworfen wird, noch mehr Grund, sich von ihnen zu distanzieren. Schlägt die aufgestaute Scham-Wut in Gewalt und Normüberschreitungen um, wirkt die öffentliche Empörung der »redlich Gesinnten« wiederum provozierend auf die Abweichenden. Nicht selten kommt es zu radikalen biographischen Brüchen, zum Phänomen der rachsüchtigen Identifikation mit der negativen Identität. Man ist lieber etwas Böses, Abgelehntes, als sich der Übermacht der Stigmatisierung zu beugen. Solche Spiralen maligner Projektionen lassen sich besonders deutlich an der kritischen Schwelle vom einmaligen Gesetzesbrecher zum Kriminellen beobachten, vom idealistischen Gesellschaftsverbesserer zum terroristischen Gewalttäter, vom Rebellen zum Todfeind, kennzeichnen aber auch den Weg vom psychisch Labilen zum Geisteskranken oder vom Kirchenkritiker zum Häretiker.

Gerade in der Entwicklung junger Menschen ist es von schicksalhafter Bedeutung, dass Eltern, Lehrer, Richter oder Ärzte zeitweilige extreme Verhaltensweisen als Ausdruck einer verschärften Adoleszenzkrise auffassen und nicht vorschnell als Zeichen einer pathologischen Entwicklung oder eines verwahrlosten Charakters. Häufig setzt nicht die innere Identitätsverwirrung, sondern die negative Diagnose gesellschaftlicher Autoritäten eine verhängnisvolle Entwicklung in Gang. Die plötzliche Zuweisung eines Devianz-Status – als Insasse eines Jugendgefängnisses oder einer psychiatrischen Anstalt – kann das gesamte Identitätsgefühl verdüstern, dazu führen, »dass der betreffende junge Mensch, der wegen seiner sozialen Grenzsituation sowieso schon nahe daran sein mag, eine negative Identität zu wählen, jetzt seine ganze Energie daran setzt, eben das zu werden, was die lieblose und furchtsame Gesellschaft von ihm erwartet. Es steht zu hoffen, dass die Identitätstheorie im Laufe der Zeit zu diesen Problemen mehr wird beitragen können als nur eine Warnung« (Erikson, 1981b, S. 210f.).

6.2 Eriksons Traumlehre

Nirgendwo zeigt sich das Unbewusste für Erikson deutlicher, als wenn wir die Zensur unseres Wachbewusstseins aufgeben und uns schlafend mit einer rätselhaften Abfolge von Bildern konfrontiert sehen. Erikson übernimmt die klassische psychoanalytische Traumlehre, entwickelt jedoch ein detaillierteres Traumverständnis und eine erweiterte Deutungstechnik. Der Traum dient nicht allein der Wunscherfüllung, sondern ist generell das entscheidende unbewusste Instrument menschlicher Erlebnis- und Konfliktverarbeitung. All das, was uns tagsüber verunsichert und aufgewühlt hat, wird während des Schlafes in ein verwirrendes und doch sinnvolles Netz von Traumbildern verwoben. Träumen heißt nach Erikson, »zu ausgewählten Abschnitten unserer persönlichen und (wie manche sagen) archaischen Vergangenheit zurückkehren, um noch einmal bestimmte Bilder zu sehen (…), die am Tag zuvor erweckte Zweifel symbolisieren und die Vergangenheit evozieren« (1975b, S. 93). In der Traumarbeit werden die aufgestauten Probleme einer symbolischen Lösung zugeführt, der Träumer erwacht, nachdem er die Dinge »überschlafen« hat, anders gestimmt. Angst-, Wut- oder Schuldgefühle sind abgeklungen, die Verwirrung hat sich nachts gelegt, der Einzelne kann sich gestärkt auf die Anforderungen des kommenden Tages einlassen. Träume sind für Erikson Teil der synthetischen Bemühungen des Ich, Enttäuschungen, Überforderungserlebnisse oder ambivalente Gefühle im Seelenleben abzubauen, inmitten der Konflikte und Belastungen des Alltagslebens ein harmonisches Identitätsgefühl aufrechtzuerhalten bzw. wiederherzustellen.

Die Traumdokumentationen in der psychoanalytischen Literatur lassen leicht vergessen, dass Träume ursprünglich von Gefühlsstimmungen begleitete Bilder sind, die von Analysanden aufgrund ihres Wortschatzes und Intellekts höchst unterschiedlich wiedergegeben werden. Träume dürfen eigentlich nicht als schriftliche Texte verstanden werden, und Erikson betont, wie wichtig es ist, einen Traum bis in seine kleinsten visuellen Einzelheiten nachzuempfinden, um die hohe Kunst der Traumdeutung zu erlernen. Der Psychoanalytiker müsse eine gewisse Scheu überwinden, sich zunächst einmal von der Fülle der manifesten Traumbilder ansprechen zu lassen und nicht zu rasch in unbewusste Schichten vordringen zu wollen: »Wie ein guter Minenprospektor müssen wir uns ebenso gut auf der geologischen Erdoberfläche wie in den ins Innere führenden Schächten auskennen« (Erikson, 1954, S. 570). Keineswegs ist der manifeste Traum für Erikson nur Fassade oder Blendwerk, eine nutzlose Schale, die man aufknacken muss, um so rasch wie möglich an den wertvollen latenten Kern zu gelangen. Bereits der Darstellungsstil verrät viel über das Ich-Niveau des Träumers, seine Abwehrmechanismen, sein Raum-Zeit-Gefühl, seine Ängste, die Stärke von Es und Über-Ich. Darüber hinaus, glaubt Erikson, finden sich schon im manifesten Traum Hinweise auf die aktuellen Lebensprobleme und die damit verwobenen kindlichen Konflikte, Traumata und Triebimpulse des Patienten – manchmal ganz unmittelbar, meist hinter Anspielungen verdeckt. Bei näherem Hinsehen löst sich der Traum auf in ein kompliziertes Kontinuum von manifesteren und latenteren Zügen, und in manchen Fällen lassen sich schon aus dem manifesten Traumbericht Schlussfolgerungen auf die Kernproblematik eines Analysanden ziehen.

Erikson hat in höchst origineller Weise eine Reihe von Freuds Träumen neu interpretiert (vgl. Erikson & vom Scheidt, 1987) und dabei ein mehrgliedriges Schema vorgeschlagen. In einem ersten Schritt muss der Psychoanalytiker versuchen, die Traumschilderung seines Patienten so eindringlich wie möglich nachzuempfinden. Als Orientierungsmittel empfiehlt Erikson, Traumszenen nach bestimmten Kategorien, den sog. »manifesten Konfigurationen«, zu ordnen, wie sie in jedem Traum höchst vielgestaltig und in unterschiedlicher Intensität auftreten. Wo, in welcher Umgebung spielt der Traum, welche Szenenwechsel treten auf (»räumliche Konfigurationen«)? Welche Sinnesmodalitäten werden angesprochen? Manche Träume werden nur gesehen, andere imponieren durch starke akustische Reize, bisweilen auch durch Geruchs- oder Geschmackssensationen (»sensorische Konfigurationen«). Über welche Zeiträume erstreckt sich der Traum? Handelt es sich um Situationen aus der Gegenwart des Träumers, oder werden Erinnerungen an längst vergangene Lebensphasen wachgerufen (»zeitliche Konfigurationen«)? Reden die Traumpersonen verständlich oder in einer fremden Sprache? Welche Doppelbödigkeiten, Kalauer oder Wortspiele könnten sich hinter bestimmten Aussprüchen verbergen (»verbale Konfigurationen«)? Spürt man im Traum den eigenen Körper, z. B. Schmerzen, Krankheiten oder Verstümmelungen (»anatomische Konfigurationen«)? Welche sozialen Begebenheiten schildert der Traum? Wer ist der Träumer, welche anderen Traumfiguren treten auf? Beziehen sich die Personen im Traum auf reale soziale Erfahrungen, oder handelt es sich um Projektionen des Träumers (»zwischenmenschliche Konfigurationen«)?

In einem weiteren Deutungsschritt stellt der Psychoanalytiker die allmähliche Verbindung zum latenten Traummaterial her. In »freischwebender Aufmerksamkeit« versucht er, auf stets wiederkehrende Inhalte, besondere Affekte oder auffällige Verhaltensweisen des Patienten zu achten und in alldem einen gemeinsamen Nenner zu finden. Der beste Führer sind dabei die freien Assoziationen des Analysanden zu den einzelnen Traumsymbolen, die sich allmählich zu einem »Chor« einiger weniger Hauptthemen bündeln. Die Deutung des Therapeuten sollte, so Erikson, ein einheitliches Thema umschließen, »das gleichzeitig einen vorherrschenden Zug in der Beziehung des Patienten zum Arzt betrifft, einen bedeutsamen Teil seiner Symptombildung, einen wichtigen Kindheitskonflikt und entsprechende Facetten seiner Arbeit und seines Liebeslebens« (1966a, S. 65). Deuten heißt, dem Unbewussten Zugang zum Bewusstsein verleihen, dem Patienten den verborgenen Sinn hinter seinen rätselhaften Traumsymbolen und neurotischen Symptomen, seinen Einfällen und Phantasien zu erschließen. Die Interpretation bezieht sich auf bis dahin dunkle Punkte im Seelenleben des Patienten, z. B. die bisexuelle Unsicherheit eines Jugendlichen hinter seinen Arbeitsstörungen, die Angst vor einem bedrohlichen Mutter-Introjekt als unbewusster Auslöser der Asthma-Anfälle eines schizoiden Patienten, die ambivalente Vaterfixierung hinter der Frigidität einer Hysterikerin. Allmählich lernt der Patient verstehen, wie stark er unbewältigte Themen seiner Kindheit in momentane Schwierigkeiten hineinprojiziert und stets aufs Neue Situationen inadäquat einschätzt. Vielleicht wird eine Studentin nur deshalb mit ihrer Examensarbeit nicht fertig, weil sie unbewusst fürchtet, ihre Mutter zu sehr zu übertreffen und damit für den Vater zur attraktiveren Frau zu werden. Und einem Mann mit chronischen Beziehungsproblemen wird sukzessive deutlich, wie stark sein unbewusster Hass auf Frauen einer ersehnten Liebesbeziehung im Wege steht.

Es ist Eriksons Verdienst, auf die generell ich-stärkende Funktion des Traumes hingewiesen und den manifesten Traumgehalt aufgewertet zu haben. Gewiss würde der Mensch ohne den unbewussten Spannungsabbau im Schlaf rasch krank und psychotisch. Ob jedes Träumen freilich so schnell Wohlbefinden und Initiative wiederherzustellen vermag, wie es in Eriksons manchmal sehr optimistischen Formulierungen anklingt – man denke an Alpträume und traumatische Träume –, scheint fraglich. Als Augenmensch und Ästhet zeigt Erikson sich besonders fasziniert von der Bilderwelt des Traumes. Indem er die ganze Fülle des manifesten Traumes zu erfassen sucht, wirken seine Interpretationen bunter und reichhaltiger, an manchen Stellen aber noch spekulativer und gewagter als in der sonstigen tiefenpsychologischen Literatur. Für jeden psychoanalytisch interessierten Leser sind Eriksons Traumerzählungen ein intellektueller und ästhetischer Genuss. Wer hingegen Träume als eine durch zufällige Hirnaktivitäten hervorgerufene Abfolge sinnloser Eindrücke betrachtet, den werden auch Eriksons Ausführungen kaum eines anderen überzeugen.

6.3 Das Spiel als Botschaft des kindlichen Unbewussten

Hauptmechanismus zur Wiederherstellung seelischen Gleichgewichts im Leben des Kindes und via regia zum kindlichen Unbewussten ist für Erikson das Spiel. Das Spiel übersteigt die Beschränkungen der Alltagsrealität, drückt das Urbedürfnis des Menschen nach dem Ausprobieren seiner Kräfte und Geschicklichkeiten, nach Freude und Geselligkeit aus. Im spontanen spielerischen Selbstausdruck wird der Grad an Selbstbejahung und innerer Harmonie deutlich, und selten zeigt sich die Eigenart einer Persönlichkeit unverfälschter als dort, wo man sie beim Spielen beobachtet. Menschen, die unfähig zum Spiel sind, strahlen eine eigenartige Unlebendigkeit aus, und schon beim Kleinkind kann die Sabotage des Spiels ein Zeichen neurotischer Fehlentwicklung sein.

Das Spiel lässt sich nicht gut sezieren und in wissenschaftliche Theorien pressen. Obwohl es vielfach Regeln unterliegt, bleibt es unvorhersehbar, launisch, überraschend. Kein spielerischer Moment gleicht dem anderen, und auf seine eigene verspielte Weise entzieht sich das Phänomen jeder Definition. Erikson glaubt, dass es in der menschlichen Erbausstattung einen natürlichen, sich in vorgegebenen Etappen entfaltenden Spieltrieb gibt, der sich in Korrespondenz zu den anderen Wachstumsformen der Persönlichkeit entfaltet, aber nicht restlos auf diese rückführbar ist. In der »Autosphäre« des Spiels während der ersten beiden Lebensjahre erforscht das Kind durch die spielerische Bewegung der Gliedmaßen seinen Körper und übt typische Bewegungsabläufe. Es folgt die »Mikrosphäre« des Spiels, wo Kinder mit Klötzen und Gegenständen ihre eigene Welt aufzubauen beginnen. Ganz in ihr Tun versunken, errichten sie Häuser, Türme, Burgen oder Bauernhöfe und gruppieren hier Szenen von Menschen und Tieren hinein, eine wichtige Phase zur Förderung von Phantasie und Erfindergeist. Daran schließt sich, etwa im Kindergartenalter, die »Makrosphäre« des Spiels an. Typisch ist die ungeheure Freude daran, sich zu kostümieren und Rollen aus dem Erwachsenenleben nachzuahmen. Hier spielen Jungen und Mädchen erstmals gemeinschaftlich miteinander, üben Schritt für Schritt Kooperation, soziales Konfliktlösungsverhalten und Gruppensolidarität ein. Daraus entwickeln sich im Schulalter immer formalisiertere Regelspiele, vor allem der sportliche Wettkampf, wo aggressive Ziele mit Regeln der Fairness kombiniert werden. Schließlich, so Erikson, mündet die epigenetische Entwicklung des Spielerischen in die »Arbeit des Kindes«, das Lernen, hinein.

So sehr die Spieltheorien der modernen Psychologie in Teilaspekten zutreffen – das Spiel ist für Erikson mehr als eine bloße Übung intellektueller Funktionen, ein Abreagieren überschüssiger Kräfte oder eine symbolische Verkleidung unbewusster Konflikte. Alles, was ein Kind momentan beschäftigt, neue Entwicklungskräfte und Sozialisationsanforderungen, Träume vom Groß- und Starksein, Enttäuschungen über Eltern oder Gleichaltrige ebenso wie ungelöste Konflikte vergangener Entwicklungsphasen, kann in einer Spielsequenz zum Ausdruck kommen. Ähnlich wie der Erwachsene durch Nachdenken und Experimentieren Probleme zu bewältigen versucht, schafft das Kind sich im Spiel oftmals »Modellsituationen«, um mit Schwierigkeiten umzugehen, Ängste abzubauen und die Realität beherrschen zu lernen.

Sicher ist unbestritten, dass sich das Spiel zunächst in den Dienst des kindlichen Wachstums stellt. Nahezu alle kognitiven und motorischen Fähigkeiten werden in den ersten Lebensjahren auf spielerische Weise eingeübt und vervollkommnet. So wie die Größeren zu klettern, Roller zu fahren oder Fußball zu spielen ist mühsam und anstrengend. Oft fühlt man sich klein und ungeschickt, tut sich weh oder wird von den Älteren ausgelacht. Aber in der Mikrosphäre des Spiels können Kinder Enttäuschungen überwinden und die Kluft zu den übermächtigen Erwachsenen abbauen. Einen Turm zum Einsturz bringen, lässt vergessen, dass man selber noch auf wackligen Füßen steht. Konzentriert eine Figur zusammenlegen oder mit den Tücken eines Balls umgehen zu lernen, stärkt Selbstvertrauen und Kompetenz. Bei alldem vorrangig für Erikson ist das Bedürfnis des Ich, »die verschiedenen Lebensgebiete zu beherrschen – ganz besonders diejenigen, auf denen das Individuum sich selbst, seinen Körper, seine soziale Rolle, noch unvollkommen, noch nicht auf der Höhe seiner eigenen Vorstellung, erlebt« (1982a, S. 206).

Dennoch geht es im Spiel keineswegs allein um reine Funktionslust oder die Abreaktion überschüssiger Energien. Unbewusst beschwören Kinder Situationen herauf, die alles andere als lustvoll waren, die von geheimen Ängsten, Selbstzweifeln und belastenden Erlebnissen zeugen. Fast alle Spielszenen, die Erikson aus Puppen und Bauklötzen aufbauen ließ, wiesen bei näherer Analyse verborgene psychodynamische Zusammenhänge zur Lebensgeschichte der kindlichen Patienten auf. Die von unbewussten Motiven geleiteten Spielsequenzen stellen durchaus einen Ersatz für die Methode der freien Assoziation in der Erwachsenenanalyse dar. Schon wenige Stunden Spielbeobachtung reichen für den erfahrenen Therapeuten aus, um die zentralen Probleme eines verhaltensgestörten oder ängstlichen Kindes zu erfassen. Ein fünfjähriger Patient Eriksons baute unzählige Variationen von länglichen Behältern, in die er Figuren legte, Symbole für Särge. Viel direkter als durch ein Gespräch deuteten sich hier seine unverarbeiteten Ängste über den Tod der Großmutter an.

In der Makro-Realität der Familienmitglieder und Gleichaltrigen gerät das Kind oft in Konflikte, fühlt sich ungerecht bestraft, benachteiligt, traurig oder wütend. In der Mikro-Realität der Spielwelt lassen sich narzisstische Kränkungen und Ängste umordnen. Hier herrschen andere Gesetze, hier ist das Kind alleiniger Regisseur, vermag passiv erfahrene Konflikte aufs Neue aktiv durchzuspielen. Spielfiguren eignen sich hervorragend zu allen möglichen Identifikationen, Projektionen oder Übertragungen. Die Puppe lässt sich so schön ausstaffieren, wie man selber gern aussehen würde. Das Stofftier kann man so heiß und innig lieben, wie man es sich eigentlich von den Eltern wünscht, oder es achtlos in die Ecke stellen, wie man sich selber bisweilen allein gelassen fühlt. Der Schurke im Puppenspiel dient als Projektionsfigur für »böse« Elternbilder. Und wenn Krokodil oder Räuber mitleidslos verprügelt werden, können Kinder gefahrlos geheime Aggressionen abreagieren und sich selber in manischer Begeisterung mit der siegreichen Kasperlefigur identifizieren. Das »Sich-Ausspielen« ist für Erikson gleichsam kindliche Form des erwachsenen Sich-Aussprechens, die Art und Weise, »in der ein Kind über schwierige Erfahrungen nachdenkt und die Beherrschung der Lage wiederherstellt, ähnlich wie wir Erwachsenen oft in Gedanken und endlosen Gesprächen, in Tagträumen und nächtlichen Träumen Erlebnisse wiederholen, die über unsere Kraft gingen« (1981b, S. 101f.).

Es ist die hohe Kunst der Spieltherapie, zum rechten Zeitpunkt in der richtigen Form geheime Gedanken des Kindes zu deuten, ohne zu großen Widerstand hervorzurufen. Mitunter nämlich stoßen die Kleinen auch in der Mikrosphäre auf etwas Gefährliches, was plötzlichen Spielabbruch und Regressionen in die Autosphäre – Daumenlutschen, Tagträume, Onanie oder ungezügelte Aggressivität – nach sich zieht. Sobald das Kind bemerkt, dass der Spieltherapeut verständnisvoller und ermutigender reagiert als seine Bezugspersonen, kann es allmählich mehr angstbesetzte Erfahrungen und Verhaltensweisen zulassen. Über

6.3 Das Spiel als Botschaft des kindlichen Unbewussten

die Veränderung der mikrokosmischen Konfigurationen der Spielgegenstände und die damit verbundene Ka-tharsis aggressiver Affekte gewinnt das Kind oft die Kraft, neue Anpassungswege in der Makro-Realität auszuprobieren.

7 Die ethischen und religiösen Beiträge Eriksons

7.1 Das Drei-Phasen-Modell der Gewissensentwicklung

Mit dem Drei-Phasen-Modell der Gewissensentwicklung erweitert Erikson Freuds Lehre vom Über-Ich und entwickelt Parallelen zu Konzepten der moralischen Entwicklung bei Piaget oder Kohlberg bzw. zu theologisch-philosophischen Auffassungen der Gewissensentwicklung in der abendländischen Philosophie. Keine Beschäftigung mit menschlicher Moral darf für Erikson an Freuds Erkenntnissen vorbeigehen. Das Gewissen kann in der Tat zu einer gefährlichen Krankheit werden, Menschen zu schwermütigen Wracks, hörigen Befehlsempfängern oder blindwütigen Fanatikern machen. Im Namen höchster Ideale wurden immer wieder unvorstellbare Grausamkeiten begangen. Dennoch lässt sich das Gewissen für Erikson nicht allein aus pathologischen Phänomenen ableiten, ebenso wie die Vorstellung einseitig ist, das Individuum verhalte sich ausschließlich durch den Druck einer unbewussten Strafinstanz sozial. Das, was Freud das Über-Ich nannte, spiegelt für Erikson die primitiven Anfänge der Gewissensentwicklung beim Kind wider ebenso wie Anklänge an die archaischen Ursprünge der Moralität in der Sozialentwicklung der Menschheit. Die oft synonym verwandten Begriffe Moral und Ethik will er deutlicher voneinander unterscheiden. Moralische Gebote sind in früher Kindheit oft durch Drohungen anerzogen und werden aus Angst und Opportunismus befolgt. Moral ist laut Erikson etwas Kategorisches, Fremdbestimmtes. Man unterwirft sich starren Prinzipien und unantastbaren Autoritäten, die nicht näher hinterfragt werden dürfen. Ethik hingegen entwickelt sich aus der Persönlichkeitsreife des Erwachsenen und kommt in einer grundlegend toleranten, humanen Einstellung sich selbst und den Mitmenschen gegenüber zum Ausdruck: »Höchst moralische Leute können unethische Dinge tun, während die Verwicklung eines ethischen Menschen in unmoralische Handlungen durch innere Notwendigkeit zur Tragödie führt« (Erikson, 1966a, S. 201). Jeder einzelne Mensch trägt einen angeborenen ethischen Kern in sich, der sich im Falle günstiger erzieherischer Rahmenbedingungen allmählich zu einem reifen, personalen Gewissen entwickelt. Dabei unterscheidet Erikson drei Stufen: die Moral des Kindes, die Ideologie des Jugendlichen und die Ethik des Erwachsenen. Alle drei Phasen bauen epigenetisch aufeinander auf; frühere Stadien der Gewissensbildung können nicht überschlagen oder umgangen werden, und auch im Gewissen des Erwachsenen bleiben Reste infantiler Moralität stets vorhanden.

Nach psychoanalytischer Auffassung beginnt moralisches Lernen schon in der Säuglingszeit. Viele elterliche Verbote und Strafen kann das Kleinkind nicht kognitiv durchdringen und erlebt sie als Zurückweisung und Liebesverlust. Die erste Konsolidierung des Gewissens zum Abschluss der ödipalen Phase hat für Erikson noch etwas Vorläufiges und Primitives: »Das Über-Ich wird als ein mehr archaischer, gänzlich internalisierter und unbewusster Repräsentant der angeborenen menschlichen Neigung zur Entwicklung eines primitiven kategorischen Gewissens aufgefasst. Verbündet mit frühen Introjekten, bleibt das Über-Ich so eine starre, rachsüchtige und strafende innere Organisation von ›blinder‹ Moral« (1981b, S. 218). In der einigermaßen geglückten Entwicklung wird die infantile Moral mit neuen Erfahrungen und Vorbildern angereichert und zunehmend durch bewusste Überlegungen relativiert. Mit der Fähigkeit zu operationalem Denken vermag der Jugendliche die Welt mehr in ihren Möglichkeiten und Alternativen zu sehen. Betroffen von Leid und Unrecht und oft ausgesprochen sensibel gegenüber der Scheinheiligkeit etablierter Autorität, können Adoleszente in der leidenschaftlichen Begeisterung für Idole und Visionen ein erstaunliches Engagement an den Tag legen. Andererseits neigen sie dazu, politische und religiöse Standpunkte mit Intoleranz und lebensfremder Absolutheit zu vertreten. Von daher will Erikson diese zweite Phase der Gewissensbildung die »ideologische« nennen und ver-

7 Die ethischen und religiösen Beiträge Eriksons

steht darunter »ein System von beherrschenden Ideen, die in unterschiedlichem Maß eher von einer totalistischen Logik und einer utopischen Überzeugung zusammengehalten werden, als von kognitivem Verständnis oder pragmatischer Erfahrung« (1982b, S. 213).

Erst im Zuge erwachsener Identitätsbildung ergibt sich allmählich ein Moment der Besonnenheit und des Wirklichkeitsbezuges im eigenen Urteilen und Handeln. Grundlegendes Charakteristikum erwachsener Ethik ist für Erikson die Haltung der Einsicht: Man macht sich nicht zum Sklaven von Prinzipien, kann immer wieder die eigenen und die Motive des anderen abwägen, tolerant und verzeihend reagieren. Ethisches Handeln bedeutet für Erikson die konkrete Verwirklichung von Mitmenschlichkeit, zeigt sich in der Fürsorge gegenüber Kindern und Schwachen, der Respektierung von Fremden und Andersdenkenden, im Einsatz für Friede, Umweltschutz und Völkerverständigung. Im Kern der kulturschaffenden religiösen Gebote, den Forderungen der Aufklärer und Humanisten findet sich immer wieder die »Goldene Regel«, stets eigenes und fremdes Wachstum zu fördern, den Mitmenschen nie als bloßes Objekt eigener Bedürfnisse oder bequeme Projektionsfläche eigener negativer Selbstanteile herabzuwürdigen. In Eriksons eigenen Worten lautet diese »Essenz« aller menschlicher Ethik, »dass es am besten ist, das dem anderen anzutun, was dich stärken wird, ebenso wie es ihn stärken wird – das heißt, was seine besten Möglichkeiten entwickeln wird, ebenso wie es die deinen entwickelt« (1966a, S. 212).

Ausnahmepersönlichkeiten der Geschichte, Religionsstifter und Propheten, Humanisten und Heilige, haben eine Haltung der Menschen- und Gottesliebe mit nahezu überirdischem Charisma verkörpert. Ihr Beispiel faszinierte über die Jahrtausende hinweg. Ihre Aussprüche wurden zum Kern der großen ethischen Systeme der Menschheit, die dann immer wieder von Machtstreben, Aberglauben und primitivem Moralismus untergraben wurden und als Vorwand für »heilige Kriege«, blutige Revolutionen oder ideologischen Terror dienten. Parallel zum Aufstieg und Niedergang der Kulturen könnte man von einem Kreislauf der Formulierung, Verteidigung, Korrumpierung und Wiederbelebung ethischer Ideale sprechen, welcher ein Jahrtausende umfassendes Ringen um ein humaneres und gerechteres Zusammenleben der Menschheit widerspiegelt.

Alle Erziehungsformen, die mit Gewalt, Beschämung oder dem Einflößen übermäßiger Schuldgefühle arbeiten, wirken sich nach Erikson verhängnisvoll auf die besonders störanfällige Gewissensentwicklung aus. Das Kind assoziiert eigenes Fehlverhalten mit bedrohlichen Elternbildern und katastrophalen Ängsten. Die rohe und fragwürdige Herrschaft des Erwachsenen wird internalisiert, verwandelt sich in die Herrschaft des Über-Ich über das Ich. In Fällen schwerer Gewissenspathologie entwickelt sich der Einzelne zu einem quasi in sich geschlossenen System. Die einmal verinnerlichten Gebote – z. B. bestimmte Autoritäten niemals in Frage stellen zu dürfen – werden unkorrigierbar zur alleinigen Richtschnur des Verhaltens, und einzig aus dem verzweifelten Bemühen des Ich, es seinem Über-Ich recht zu machen, kann der Betreffende ein Stück »geliehenen« Selbstwertgefühls schöpfen. Zwanghaft-skrupulös stehen solche Menschen unter dem Dauerdruck schwerer Schuldgefühle, leisten durch depressive Verstimmungen oder selbstschädigende Verhaltensweisen unbewusst Buße gegenüber ihrem überstrengen Gewissen. Ausgesprochen verhängnisvoll ist für Erikson die Tendenz, im Moralismus, »jenen bösartigen Formen der Rechtschaffenheit und des Vorurteils« (1966a, S. 202), die eigene unbewusste Schlechtigkeit nach außen zu projizieren und sich selber in der paranoid-schizoiden Position mit dem strafenden Über-Ich zu identifizieren. Es sind die Übereifrigen, die allzu Überzeugten und Gläubigen, die eine Religion oder politische Idee immer wieder dazu missbrauchen, die eigene Person künstlich narzisstisch aufzuwerten und ausgesuchte Hassobjekte selbstgerecht zu verfolgen. Die Tendenz, sich bedingungslos einer äußeren Autorität zu unterwerfen und nicht im Geringsten in Andersdenkende einfühlen zu wollen, macht moralistische Menschen in Krisenzeiten zu einer großen potentiellen Gefahr. Vornehmlich aus dieser Gruppe rekrutieren sich jene Befehlsempfänger, Inquisitoren und Folterknechte, die sich, selbst wenn sie unterschiedlichsten diktatorischen Regimen dienen, in ihrer psychischen Verfassung so erschreckend ähneln.

Oftmals in seinem Werk macht Erikson auf die verhängnisvollen Auswirkungen des unheimlichen negativen Gewissens aufmerksam, und der Vorwurf ist unberechtigt, er wolle Freuds Einsichten über die destruktiven Aspekte von Moral mit idealistischer Ethik verwässern. Selbst wenn das Individuum zu einer einigermaßen besonnenen ethischen Haltung gefunden hat, regrediert es im Alltagsleben leicht auf frühere Niveaus moralischen Funktionierens. Im Streit mit dem Partner verfallen wir in einen krass moralistischen Tonfall; im Entsetzen über Kriegsgräuel oder Terroranschläge wünschen wir uns ein flächendeckendes Bombardement der »Schuldigen«; und unser ausgewogenes Urteil geht bei einer Massenveranstaltung in ideologischer Begeisterung unter. Jede Psychoanalyse deckt auf, wie brüchig ethische Haltungen sein können, mit wie vielen Moralismen zahlreiche unserer religiösen und politischen Überzeugungen durchsetzt sind. Diejenigen, die am lautesten von Moral reden, haben oft die raffiniertesten Abkommen mit ihrem Gewissen geschlossen. Der Faschismus des 20. Jahrhunderts hat aufs tragischste unter Beweis gestellt, wie in Krisenzeiten ganze Massen den Parolen demagogischer Hassverkäufer verfallen und bei manchen Individuen die primitivsten Strafimpulse des Über-Ich verhaltensbestimmend werden. Im grotesken Nebeneinander verschiedener Formen des moralischen Funktionierens – z. B. höchster Einsatz für die »nur gute« Eigengruppe bei gleichzeitig ungehemmter Bereitschaft zur sadistischen Entwürdigung und Vernichtung »nur böser« anderer – zeigt sich die ganze Anfälligkeit des Gewissens, jener, wie Erikson sagt, »tödlichen Verbindung des Besten und Schlechtesten im Menschen« (1975b, S. 74).

7.2 Ideologien und das Bedürfnis nach Sinn

Der Ausdruck »Ideologie« hat einen negativen Beigeschmack, lässt rasch an Selbstbetrug, Intoleranz und verblendeten Fanatismus denken. Erikson hingegen will unter »Ideologien« all jene Gedankensysteme verstanden wissen, die Begeisterung und Engagement herausfordern, Nahrung geben für existentielle Bedürfnisse nach Glaube und Sinn, egal, ob es sich um religiöse oder philosophische Weltbilder handelt, politische Überzeugungen oder wissenschaftlich-technische Visionen. Ein Dasein ohne Werte und Ideale wäre trivial. Der Mensch braucht »in gewissen Perioden seiner Geschichte und in gewissen Lebensphasen (...) eine neue ideologische Ausrichtung – so notwendig, wie er der Luft und Nahrung bedarf« (Erikson, 1975a, S. 23). Gerade Adoleszente sehnen sich in den Nöten der Identitätskrise nach dem, was »echt« und »ehrlich« ist. In dieser Zeit erhöhten Nachdenkens und gesteigerter Kritikbereitschaft üben Idole, politische Führer oder alternative Lebensformen oft eine starke Faszination aus. Im solidarischen Kampf für soziale Gerechtigkeit, in Meditation und gemeinsamen Gottesdienst, auf Festen, Rockkonzerten oder Demonstrationen kommt es zu jener Mischung aus Solidarität, erotischer Nähe und existentiell-mystischen Erlebnissen, wie sie in dieser Intensität in kaum einer anderen Lebensphase erfahren werden. Besonders idealistische und sensible junge Menschen werden hier empfänglich für klare, wenn auch vereinfachende Gedankensysteme, die Struktur in das labile Selbstkonzept bringen und mit scheinbar plausiblen Alternativen gegen Unvollkommenheit und Ungerechtigkeit dieser Welt angehen.

Natürlich sind keineswegs alle Jugendliche Existentialisten oder geborene Revolutionäre, beschränkt sich der Protest gegen die Erwachsenenwelt bei den meisten auf gelegentliche Diskussionen oder Provokationen. Nicht angepasste, gesellschaftskritisch engagierte Adoleszenten rufen in der älteren Generation vielfach eine Mischung aus empörter Ablehnung und geheimer Faszination hervor. Gewiss leiden manche von ihnen an verschärften Identitätsproblemen, die zum Teil aus unbewältigten ödipalen und präödipalen Konflikten herrühren. Dennoch wäre eine rein psychopathologische Deutung ihres Nonkonformismus für Erikson zu kurz. Gerade die »getreuen Rebellen« (1973, S. 802) sind ein Seismograph für gesellschaftliche Missstände. Sie stellen Fragen und repräsentieren unterdrückte Wünsche, die von der Mehrheit verleugnet werden. Unbequem und beharrlich legen sie ihren Finger in die Wunden der Misswirtschaft und Heuchelei, weisen auf das Los der Armen und Entrechteten hin, deren Schicksal etablierte Macht oft genug aus dem öffentlichen Bewusstsein herauszudrängen sucht.

Gerade in politischen Krisensituationen kann diese prozentual kleine Gruppe, meist Postadoleszenten im Moratorium des Studentenlebens, zur Speerspitze sozialen Wandels werden. Erikson spricht vom Phänomen der »intensivierten Adoleszenz«, einer kritischen Phase, »die durch die reziproke Verschärfung der inneren Konflikte beim einzelnen und der gesellschaftlichen Desorganisation um ihn her gekennzeichnet ist« (1982b, S. 201). Das Unbehagen an politischen Missständen, an der Doppelmoral und am Realitätsverlust herrschender Autoritäten, Wut über religiöse oder nationale Diskriminierungen weckt auf einmal die Empörung ganz vieler junger Menschen. Treten dann Führerpersönlichkeiten mit einer scheinbar überzeugenden ideologischen Botschaft auf, können – im Guten wie im Schlechten – gewaltige revolutionäre Kräfte freigesetzt werden, von denen sich auch Teile der Erwachsenengeneration anstecken lassen. Keineswegs sieht Erikson die Adoleszenz als bloße Phase der Ich-Schwäche. Mit jugendlicher Kraft und Begeisterungsfähigkeit werden Gesellschaften bewahrt oder neu geschaffen. Die charismatischen Gestalten der Weltgeschichte suchten ihre Anhänger bei den Postadoleszenten. Ebenso verstanden es skrupellose Demagogen, sich des Gewissens junger Menschen zu bemächtigen, sie zu Hass und Terror aufzustacheln und als Kanonenfutter in sinnlose Kriege zu schicken. Das, was Erikson die ideologische Tendenz des Jugendalters nennt, kann in den widersprüchlichsten Formen zum Ausdruck kommen: ehrliche religiöse Askese vs. das Kultivieren sinnenbejahender Lebensformen; begeisterte Unterordnung unter totalitäre Systeme vs. entschiedenes antiautoritäres Aufbegehren; die Rückkehr zu einfachen ökologischen Lebensweisen vs. konzentrierte Mitarbeit am technischen Know-how einer Computergesellschaft.

Gerade weil ideologisches Denken höchste ethische Ziele mit lebensfremder Absolutheit durchsetzen will, kann Kritik von innen und außen nicht geduldet werden. Fundamentalistische Gruppen aller coleur verzerren die Wirklichkeit mit raffinierter Propaganda und suggestivem Selbstbetrug, fordern von ihren Anhängern bedingungslose Loyalität gegenüber absoluten Werten und unantastbaren Autoritäten. Vor allem psychisch labile Jugendliche werden leicht Opfer politischer oder religiöser Sekten, welche mit totalitären Methoden die Identitätsverwirrung noch steigern, um ihre Mitglieder zu ausgehöhlten Konformisten gleichzuschalten und für destruktive Ziele zu missbrauchen.

Rasch vermag das sozialkritische Engagement Spätadoleszenter unreife Formen anzunehmen. Die totalitäre Tendenz, scharf zwischen gut und böse, Freund und Feind, rein und unrein zu unterscheiden mit dem Zug des Hitzigen, Provokatorischen »macht junge Menschen gelegentlich tödlich zwanghaft und im Innersten konservativ, gerade wo und wenn sie am anarchischsten und radikalsten erscheinen« (Erikson, 1981a, S. 195). Enthusiasmus schlägt leicht in fanatische Ablehnung um, das Solidaritätsgefühl in einen elitären Gruppen-Narzissmus, Zorn in Gewalttätigkeit. Nehmen Projektion und Wut überhand, verliert der Jugendprotest in immer weitergehenden Provokationen und Spiegelfechtereien seine ethische Kraft und realitätskritische Funktion. Die aufbegehrenden jungen Menschen müssen geradezu zwanghaft auf einen bösen Außenfeind fixiert bleiben, zu dem es keine Kommunikationsbrücken mehr gibt. Im gleichen Maße sehen die herausgeforderten Autoritäten in den protestierenden Adoleszenten nur noch gefährliche Provokateure und Feinde der gesellschaftlichen Ordnung. Die Geschichte der Rote-Armee-Fraktion, der Roten Brigaden oder der Japanese Red Army zeigt eindringlich, wie der Kampf um Freiheitsideale zunehmend in wechselseitiger projektiver Verteufelung eskaliert und am Ende bei einer kleinen Extremgruppe in amokläuferische Gewalt umschlägt.

Musterbeispiel einer breiten jugendlichen Verweigerungshaltung waren für Erikson die nonkonformistischen Lebensformen der 1960er Jahre, die, von Kalifornien ausgehend, ganz Amerika erfassten und als antiautoritäre Rebellion in die Metropolen Westeuropas überschwappten. Was als Protest gegen den Vietnam-Krieg und die Misere an den Hochschulen begann, weitete sich zu einem allgemeinen Unbehagen am amerikanischen Way of Life aus. In der Verehrung bestimmter Musikstile, in radikal neuen Experimenten des Zusammenlebens und der Erziehung, der Ablehnung von Konkurrenzdruck, Militarismus und Neokolonialismus kam die Sehnsucht nach ganz anderen Lebensformen und Werten zum Ausdruck. Gewiss war vieles an dieser Protestbewegung unausgegoren und widersprüchlich. Trotzdem rührten die spielerischen Aufmärsche und Demonstrationen – straff militärisch organisiert, aber dennoch zunächst gänzlich gewaltfrei – an das Gewissen der Nation und weckten die politische Phantasie vieler Amerikaner, die sich in ihrem ehemaligen Liberalismus und Nonkonformismus bestätigt sahen. Der Vietnamkrieg musste mit einem »ehrenvollen Rückzug« beendet werden, und ein verändertes politisches Klima der Dialogbereitschaft zwischen den Generationen und Rassen verhalf der Bürgerrechtsbewegung zum endgültigen Durchbruch.

Deutlich spürt man Eriksons Sympathie für die nonkonformistischen Lebensformen der 1960er Jahre, die ihn sicherlich an seine eigene unkonventionelle Jugendzeit erinnerten. Eher beiläufig und in manchmal etwas abwertendem Ton spricht er von jener »großen Mehrheit« der Jugendlichen, die sich lautlos an die herrschenden Produktionsweisen und Erfolgsmaßstäbe anpassen und darauf vertrauen, dass die Politiker und Experten es wie »gute Eltern« schon richten werden. Höchstens einmal in ihren Träumen moralisch beunruhigt, unterstellen sie »Fragen der Moral, Ideologie und Ethik einem von Methoden und Techniken beherrschten Weltbild, das sich selbst verifiziert, wobei Probleme wie Sünde oder Heil an eine Sonntagsreligiosität verwiesen werden, die nie mit Gewohnheit oder Vernunft in Konflikt gerät und Belohnung denen verspricht, die sich selbst zu helfen wissen« (Erikson, 1982b, S. 224). Die besonders Begabten oder besonders Gewieften aus dieser breiten Masse der Angepassten entwickeln sich dann zu den, wie Erikson sie bezeichnet, »Spezialisten«, jene Technokraten, Manager und Finanzgenies, die das hochkomplizierte Getriebe industrialisierter Mega-Gesellschaften in Gang halten. Ihr Ethos ist Produktivität, Leistung und Effizienz, sie verschwenden wenig Gedanken darauf, welchen Preis ihr Handeln hat – im menschlichen Miteinander, in der Natur oder in der eigenen Psyche. Aber vielleicht, so Eriksons versöhnlicher Gedanke, könnten in einer Welt der Zukunft die Spezialisten versuchen, das umzusetzen, was die Nonkonformisten an Unkonventionellem träumen und hoffen – zum Wohl der gesamten Gesellschaft. Dass manch zornige Vertreter der 68er-Generation nur wenige Jahre später zu besonders erfolgreichen Spezialisten mutieren sollten, konnte Erikson beim Verfassen von »Jugend und Krise« nicht ahnen.

7.3 Erikson zum Verhältnis von Psychoanalyse und Religion

Nicht von ungefähr hat Erikson das Schicksal zweier charismatischer religiöser Erneuerer zum Gegenstand seiner beiden großen Biographien gewählt. Man spürt sein Angesprochensein von einer unverstellten Frömmigkeit, ebenso seine tiefe Abneigung gegen jede Form religiösen Dogmatismus und Fanatismus. Über Jahrtausende bestimmte die Religion Weltauffassung und Lebensform der Kulturen, war traditionsmäßig dem Individuum genauso selbstverständlich vorgegeben wie seine soziale Identität. Heutzutage, in Zeiten einer rapiden Säkularisierung, ist Glaube für viele Zeitgenossen kaum noch ein Thema. Und dennoch kommen wir im Staunen über das Wunderwerk der Schöpfung oder beim Nachdenken über den Sinn unseres Lebens um metaphysische Fragen nicht herum. Manchmal beschleicht uns ein vages Unbehagen, beklemmende Gedanken, dass uns etwas zustoßen könnte, wir eigentlich gar nicht zu existieren bräuchten, unser Dasein endlich ist. Letzte Quelle menschlicher Existenzängste ist für Erikson die Realität des Todes, die »wiederkehrende, aufwühlende Furcht vor totaler Finsternis und geistigem Tod, vor Gesichts- und Sinnlosigkeit« (1978b, S. 102). Hier, an der Grenze von Vernunft und Erkenntnisvermögen, gehen Religionen weiter, versuchen Antworten zu geben auf die bedrängendsten Fragen nach dem Woher und Wohin menschlichen Lebens, dem Ursprung des Bösen, dem Sinn von Leid, Krankheit und Tod. Es ist für Erikson Grundfunktion jeder Religion, die Kräfte von Urvertrauen und Hoffnung gerade in den Klippen und Krisen des Daseins zu stärken, dem rätselhaften Geworfensein unserer Existenz über das Irdische hinaus einen Sinn zu verleihen. Das, wonach der Mensch sich lebenslang zurücksehnt, die glückliche Ur-Harmonie mit der »guten Mutter« der Säuglingszeit, steht im Kern religiöser Verheißungen für das Jenseits: ein primär-narzisstisch anmutender Zustand völligen Geborgenseins bei Gott. Gleichzeitig suchen Religionen die elementarsten Ängste des Menschen – psychoanalytisch: das Urmisstrauen des Kindes vor abweisenden, »bösen« elterlichen Introjekten – abzubauen, dem Bösen, wenn es im Letzten auch nicht zu bannen ist, in Gestalt von Teufeln, Hexen und Dämonen greifbare Formen zu verleihen. Und schließlich weisen Religionen durch ein System von Vorschriften und Geboten den Weg zu ewigem Heil, wenngleich auf deren Nichtbeachtung oft strenge Strafen stehen.

Alle organisierten Religionen beleben nach Erikson einen kostbaren Erfahrungsschatz der Säuglingszeit wieder, das Empfinden des Beschütztseins durch Vertrauen spendende, haltende, tröstende Mächte. Gebete, Rituale und Gottesdienste – besonders an den Festen des Jahreszyklus bzw. an den Wendepunkten des Lebens – helfen über Ängste und Enttäuschungen hinweg, binden Menschen in gemeinsamer Frömmigkeit aneinander. Die ontogenetischen Wurzeln menschlicher Religiosität liegen für Erikson in den frühesten Empfindungen der oralen Phase, sind doch infantile Muster in der religiösen Praxis verschiedenster Kulturkreise unverkennbar. Ähnlich wie der Säugling zur Mutter aufschaut, blickt der Gläubige hoffnungsvoll zu Gott auf, bittet um Schutz, Führung und Glück, gesteht demütig seine Sünden und Missetaten ein, bittet reumütig um Vergebung. Quasi intuitiv führt vieles in der Praxis organisierter Religionen in die Erlebniswelt des Kindes zurück, etwa die prachtvollen Formen der katholischen oder orthodoxen Liturgie, die magischen Gesten, beruhigenden Klänge und einschläfernden Gerüche, die regredieren lassen und empfänglich machen für geheimnisvolle Erfahrungen. In ergreifenden Formulierungen beschwören religiöse Texte das absolute Aufgehobensein in den Armen Gottes, eine Geborgenheit, wie sie die Verlässlichkeit der Eltern-Kind-Beziehung übertrifft. Man denke an den Psalm 23 »Der Herr ist mein Hirte« oder Aussprüche der Propheten: »Selbst wenn eine Mutter ihr Kind vergisst, ich vergesse Dich nicht« (Jes. 49,15); »Ich will Euch trösten, wie einen seine Mutter tröstet« (Jes. 66,13). Genauso eindringlich betont religiöse Kunst in Skulpturen und Gemälden das Motiv des Blickkontakts, die Ursehnsucht des Kindes, erkannt und anerkannt zu sein – die Madonna mit dem Jesuskind, Christus, der in tiefster Passion am Kreuz zu seinem Vater aufblickt, Heilige, die ergriffen zum Licht göttlicher Gnade aufschauen, die friedvoll lächelnden Buddha-Figuren asiatischer Kulturkreise.

Religiöse Empfindungen beziehen sich auf Kräfte und Gewissheiten, die als machtvoll erlebt werden und dennoch schwer bzw. gar nicht kommunizierbar sind. Der Gläubige hat durch seine Beziehung zu Gott einen anderen Schwerpunkt in seinem Dasein gefunden, kann sein Leben als Teil von etwas Höherem begreifen, fühlt sich angenommen, ohne Angst um sein beschränktes Ich haben zu müssen. In den Offenbarungen der Heiligen oder den Visionen der Mystiker scheint das Überirdische in den Seelengrund einzubrechen, wird die Realität Gottes einen Augenblick lang zur absoluten Gewissheit. Solche Identität ist für Erikson, »so verwundbar sie auch scheinen mag, unzerstörbar in ihrer unmittelbaren Überzeugung« (1975a, S. 197). Ist Gott, der »Ich bin, der ich bin da« (Ex. 3,14), tatsächlich eine transzendente Wirklichkeit und als Urgrund und letztes Ziel menschlicher Identitätsfindung ein reales Gegenüber unseres Ich? Spiegelt organisierte Religion das Bemühen des Ichs wider, zusammen mit anderen an diesem göttlichen Ich teilzuhaben? Aufklärerisch hat die Psychoanalyse in Gott eine Projektion früher Elternbilder gesehen, wie es die verschiedenen kulturellen Gottesvorstellungen ja unverkennbar widerspiegeln. Aber wie sonst als im Rückgriff auf früheste Lebenserfahrungen soll der Mensch Aussagen über das gänzlich Unwissbare und Geheimnisvolle machen? Müssen wir es, fragt Erikson, »Regression nennen, wenn der Mensch so in seinem Streben nach einer erhofften, ewigen Zukunft die vertrauensvollen Begegnungen seiner frühesten Vergangenheit wiedersucht? Oder haben nicht vielmehr die Religionen an des Menschen Fähigkeit teil, sich gerade durch das Zurückgreifen auf frühere Stufen schöpferisch zu beleben« (1975a, S. 292)?

Für jeden Psychologen unbestritten stellt das Faszinosum der Religion für Millionen von Menschen eine Quelle von Trost und Hoffnung dar. Andererseits rührt jede Beschäftigung mit den letzten Dingen unweigerlich an das Tremendum von Angst, Abgründigkeit und Schuld. Tief religiöse Menschen scheinen von solchen Erfahrungen schwerer betroffen zu sein, sehen diese oft gar als Geschenk oder Gnade Gottes an. Mitunter ist die Grenze schwer auszumachen, wo religiöse Ernsthaftigkeit in pharisäerhafte Projektion übergeht, ehrliche Begeisterung in fanatische Verblendung, aufrichtige Askese in selbstquälerischen Masochismus. Zu allen Zeiten hat Religion dazu hergehalten, zutiefst ungerechte politische Ordnungen zu legitimieren, eigene Macht- und Herrschaftsgelüste metaphysisch unangreifbar zu machen. Die Freud'sche Religionskritik hat gezeigt, wie systematisch vor allem christliche Kirchen die Regressionsneigung ihrer Mitglieder ausgenutzt haben. Indem man Menschen katastrophale Ängste, Scham- und Schuldgefühle anerzog und sich anschließend als einzig rettende Instanz hinstellte, förderte man kindlichen Glaubensgehorsam und stärkte künstlich den Zusammenhalt der eigenen Institution. Der dabei erzeugte Hass musste auf »mit dem Teufel im Bund« stehende Mächte, unliebsame Individuen, Heiden, »Ungläubige« abgelenkt werden und wurde in Krisensituationen immer wieder zur Quelle von Fanatismus und Gewalt. Die Unterdrückung eigenständigen Denkens durch Folter und Gedankenpolizei, die kühl geplanten Exzesse der Ketzer- und Hexenverfolgungen, die archaischen Sadismen der Glaubenskriege – manche Phasen der Geschichte vor allem monotheistischer Religionen waren für Erikson »beherrscht von grausamer, kalter und ausschließlicher Totalität« (1981a, S. 83). Andererseits mahnten gerade in Zeiten finsterer Korruption Propheten, Heilige und Ordensgründer zur Umkehr, setzten durch ihre Besinnung auf die Ur-Werte des Glaubens große Regenerationsbewegungen in Gang. So sehr die sich mit Religion ausstaffierende Macht zum Vorreiter der Inhumanität wurde, zu keinem Zeitpunkt haben die Weltreligionen ihren generativen, gegen die Macht und den Triumph des Bösen gerichteten ethischen Kern ganz verleugnet.

Eriksons weit über sein Werk verstreute religionspsychologische Beiträge haben für Theologie, Pastoralpsychologie und Religionspädagogik viele Denkanstöße vermittelt und zur Entkrampfung des Verhältnisses zwischen Psychoanalyse und Theologie beigetragen (vgl. Kuld, 2004; Linn & Linn, 1991). Während Freud Religion als kindliche Illusion auffasste, aus paternistischen Machtverhältnissen ableitete und diese stützend, sieht Erikson, ähnlich wie Winnicott, Balint oder Chasseguet-Smirgel, die Quelle religiöser Empfindungen in der frühen Mutter-Kind-Dyade und betont eher deren positive, Ich-stärkende Funktion. Seine Unterscheidung zwischen einer vom Urvertrauen getragenen Frömmigkeit und einem von misstrauischer Existenzangst getriebenen Dogmatismus ist – gerade angesichts des weltweiten Erstarkens militanter fundamentalistischer Bewegungen – ein wichtiger Beitrag zur Abgrenzung gesunder von pathologischen Formen der Religiosität.

Freilich gibt es Grenzen der Verständigung, nicht nur zwischen den Auffassungen unterschiedlicher Religionen, sondern auch zwischen Psychoanalyse und christlicher Theologie, die Erikson in seinem Bedürfnis nach Harmonisierung oft nicht deutlich genug aufzeigt. Es ist die Frage, ob ein Mensch, der auf der Suche nach seiner Identität ist, ohne weiteres mit einem Menschen verglichen werden kann, der von Beginn seines Lebens an in der Geschichte mit Gott lebt. Dass Religion Vertrauen und Hoffnung stärkt und so das Identitätsgefühl des gläubigen Menschen in den Krisen und Ängsten des Lebens stützt, würde heute kein Theologe bestreiten. Fragwürdig und von theologischer Seite aus abzulehnen ist jedoch »eine Reduktion des christlichen Glaubens auf die Funktion, das Urvertrauen aufrechtzuerhalten, ebenso wie überhaupt eine Bestimmung von Vertrauen und Hoffnung allein aus psychologischer Sicht« (Schneider-Flume, 1985, S. 89). Wenn Religion sich einzig und allein darauf beschränken würde, zu Gesundheit und Ich-Stärkung beizutragen, wäre sie eine von vielen Quellen der Identitätsbildung und könnte im Prinzip durch andere Möglichkeiten der Sinngebung ersetzt werden. In der christlichen Anthropologie hingegen ist die Beziehung Gottes zum Menschen nicht etwas, was hinzukommen oder auch wegbleiben mag, sondern existentielle Grundbedingung. Von Anfang an besitzt der Mensch Identität durch die liebende Bejahung Gottes, muss sein Lebensglück nicht selber »herstellen«, braucht, was immer ihm zustoßen mag, keine Angst um sein Ich zu haben. Eriksons Aussagen zur Religion bewegen sich irgendwo zwischen christlichem und psychoanalytischem Menschenbild, ohne dass er deutlicher etwas von einer eigenen religiösen Überzeugung durchblicken lässt. So bleibt die Kernfrage letztlich unbeantwortet: Beruht Religion, so tröstlich sie auch wirken mag, im Grunde nur auf kindlichen Projektionen und Regressionen? Oder handelt es sich um das Einwirken transzendenter Kräfte auf das Ich, die »orale« Wünsche und Ängste weit übersteigen?

8 Erikson als Kliniker

8.1 Eriksons ganzheitliches Krankheitsverständnis

Während seiner gesamten wissenschaftlichen Laufbahn blieb Erikson in erster Linie Kliniker und leitete einen Großteil seiner Erkenntnisse aus der Psychotherapie ab. Gewiss sind Eriksons Beiträge zur Erforschung von Neurosen und Frühstörungen ebenso wie seine technischen Hinweise nicht ganz so umfassend und differenziert wie etwa bei Spitz, Mahler, Kernberg, Kohut oder Jacobson, aber in seinen Falldarstellungen vermag er besonders lebensnah den ganzheitlichen Charakter von Krankheit und Neurose aufzuzeigen. Gerade in der klinischen Begegnung, wo man nicht am Menschen, sondern mit dem Menschen etwas tut, wird die ungeheure Kompliziertheit der Psyche, die stete Verflochtenheit von Lebensgeschichte und konflikthafter Gegenwart deutlich. Egal, ob der Patient an einer scheinbar »rein« organischen Krankheit leidet, einem »unerklärlichen« neurotischen Symptom oder einer psychosenahen Identitätsverwirrung – kein pathologischer Vorgang bleibt bei einem Individuum auf einen Lebensbereich beschränkt. Die biologischen, psychologischen und sozialen Organisationsvorgänge der Persönlichkeit sind allesamt durcheinandergeraten, erzeugen wechselseitig Ungleichgewicht und Dysfunktion. Jedes Detail muss bei der Aufnahme einer Krankengeschichte zu allen anderen Einzelheiten in Beziehung gesetzt werden, die körperliche Verfassung des Patienten, seine psychischen Eigenarten und Abwehrmechanismen, ungelöste Konflikte und traumatische Erfahrungen der Lebensgeschichte, das soziale System, in dem er lebt. So gelangt man in der Anamnese weder zu einem fest umschriebenen Beginn einer Störung noch zu einer sicheren Prognose. In der Tat steht jede Erkrankung für eine Kumulation von Fehlentwicklungen, spiegelt jede Neurose »die gemeinsam erlebte Panik, die isolierte Angst und die somatische Spannung, alles zugleich, wider« (Erikson, 1981a, S. 53).

Naturwissenschaftliche Verfahren wie Laboranalysen, psychologische Tests oder soziologische Statistiken können die therapeutische Arbeit erleichtern. Aber nur durch gründliche Einfühlung und einen gelegentlichen Sprung der Intuition kann der Kliniker in der verwirrenden Vielfalt der verbalen und nonverbalen Äußerungen des Patienten ein verbindendes Thema aufdecken, einen Zusammenhang herstellen zwischen dessen Symptomen, aktuellen und weit zurückliegenden Lebensproblemen und dem momentanen Geschehen in der Übertragungsbeziehung. Tatsächlich ist die Deutungsarbeit für Erikson manchmal eher ein künstlerisches denn ein wissenschaftliches Verfahren und enthält einen »Kern disziplinierter Subjektivität« (1966a, S. 46), was der Psychoanalyse immer wieder den Vorwurf der Unwissenschaftlichkeit eingetragen hat. Dennoch wäre es verhängnisvoll, dem Diktat des modernen Positivismus zu folgen und den leidenden Menschen auf das Beobachtbare und Messbare zu reduzieren.

Besonders will Erikson herausarbeiten, wie stark seelische Störungen in ihrer äußeren Erscheinungsform von Kultur und Geschichte geformt werden. Die Besessenen der Evangelien, die Schwärmer des Mittelalters, Freuds Hysteriker oder die narzisstischen Charaktere heutiger technisierter Gesellschaften sind in ihrer Symptomatik kaum miteinander vergleichbar. Auf seinen Forschungsreisen bekam Erikson ein Gespür für die soziokulturelle Relativität aller Psychotherapie. Die alte Schamanin, die voll ritueller Inbrunst die Angst aus dem Körper eines kranken Kindes »saugte«, war in ihrer indianischen Kultur gewiss ähnlich erfolgreich wie er selber als tiefenpsychologisch arbeitender Kindertherapeut des amerikanischen Establishments.

Vor allem bei amerikanischen Einwanderern, die unterschiedlichste Familienumwelten und Traditionen ihrer Heimatländer als »psychisches Gepäck« in die Neue Welt mitbringen und den hektischen Wandel, den Druck, experimentieren und nach neuen Chancen greifen zu müssen, nicht ausreichend ertragen können, zeigen sich neurotische Haltungen in bunter Vielfalt. Jugendliche aus Emigrantenfamilien beispielsweise identifizieren sich aus Protest gegen ihre »angepassten« Eltern mit Vorfahren aus der Alten Welt. Erikson berichtet auch vom kleinen Sohn jüdischer Flüchtlinge, der sich auf einmal seiner fassungslosen Familie gegenüber wie ein fanatischer Hitlerjunge gebärdete (1981b, S. 23ff). In seiner ödipalen Rivalität hatte er sich mit den Angreifern seines Vaters identifiziert und eine Attitüde wiederbelebt, die in seiner neuen kulturellen Umgebung ein Höchstmaß an Entsetzen hervorrief.

Die Katastrophen des 20. Jahrhunderts riefen in der Psyche der Opfer Verheerungen hervor, die sich keinen psychopathologischen Kategorien zuordnen lassen. Erikson berichtet mehrfach von Therapien an jüdischen Patienten, die in letzter Sekunde dem Holocaust entfliehen konnten. Unbarmherzig aus ihrer vertrauten Umgebung gerissen, viele von ihnen Opfer absoluter Entwürdigung und schwerer physischer Repression, blieb das Leben dieser Menschen überschattet von Angstattacken, depressiven Verstimmungen oder paranoiden Verfolgungsgefühlen. Selbst wenn es ihnen gelang, unter totaler Verleugnung der traumatischen Vergangenheit in der amerikanischen Gesellschaft Fuß zu fassen, brach die Abwehr nicht selten irgendwann zusammen. In ihren psychosomatischen Symptomen oder neurotischen Zwängen verdichteten sich ungelöste Kindheitskonflikte, traumatische Verfolgungserlebnisse und eine lähmende Überlebensschuld. Immer wieder fand sich in den Träumen dieser Menschen das Wurzelsymbol. Wurzeln werden ausgerissen, weggetragen, verdorren oder bleiben lebendig, blühen wieder auf.

8.2 Neurosen und gestörte Organmodi

Erikson übernimmt die klassische psychoanalytische Auffassung, wonach die Neurose in unbewussten Kindheitskonflikten wurzelt und in körperlichen, seelischen oder sozialen Symptomen zum Ausdruck kommt, die eine Kompromissbildung darstellen zwischen verdrängenden Kräften des Ich und verdrängten Anteilen des Es. Er möchte aber auch die nach außen sichtbare, oft »leibhafte« Not der Patienten hervorheben, zeigen sich neurotische Konflikte doch häufig in typischen Hemmungen, Übertreibungen oder Verkrampfungen der Körpermotorik, der Gefühlsäußerung und des Denkens. Darin kommt für Erikson die inadäquate Ausreifung der infantilen Organmodi zum Ausdruck. Körperfunktionen und Gefühle, die in früher Kindheit Ablehnung und Strafe provoziert haben, sind beim Neurotiker oft übermäßig gehemmt, während Verhaltensweisen, die auf elterliches Wohlwollen gestoßen sind, sich zu führenden Lebenstechniken entwickeln. Wut und aggressiver Trotz beispielsweise, die nicht offen gezeigt werden dürfen, können sich früh schon hinter einer zwanghaften Überentwicklung des retentiven Modus verbergen: Das Kind hält seine Ausscheidungen zurück, verkrampft sich in seiner ganzen Körperhaltung, verschließt sich zunehmend in der emotionalen Kommunikation, wirkt ausdruckslos und steif, geradezu wie ein einziger Schließmuskel, der sich ganz selten einmal krampfhaft zu öffnen vermag.

Modi sind eine Art Organsprache. Nicht selten verrät – gerade bei psychosomatischen Symptomen – die Störung des körperlichen Funktionsablaufs symbolisch den dahinter liegenden Konflikt. Bei chronischem Erbrechen beispielsweise dominiert anstelle des Herunterschluckens eine spasmische Überbetonung des oral-eliminativen Hilfsmodus. Es ist einem eklig, »zum Kotzen«, man kann eine Kränkung nicht »schlucken«, will schlimme Erfahrungen oder böse Affekte aus dem eigenen Selbst »herauseliminieren«. Im Asthma-Anfall behindert die inadäquate orale Retention das Ausatmen, Zeichen, dass der Patient sich übermäßig »zusammennimmt«, vielleicht schon als Säugling gehemmt wurde, Gefühle wie Wut, Angst oder Hilfsbedürftigkeit herauszuschreien. Ein übertrieben eliminatives Verhalten, z. B. das sofortige Reagieren mit Durchfall auf Anforderungen und Konflikte, ist gleichsam die infantile Form, Angst erregenden Situationen aus dem Weg zu gehen, bedrohliche Eltern-Imagines durch Hergeben zu besänftigen.

An verschiedenen Stellen seines Werkes beschreibt Erikson typische, auf Modus-Fixierungen basierende charakterliche Eigenheiten oder klinische Symptomatiken von Psychoanalyse-Patienten oder historischen Persönlichkeiten, die den von Riemann herausgearbeiteten Neurose-Strukturen ähneln. Schizoide sind in ihrem oral-passiven Sein gehemmt, haben eine Art Schutzstarre gegenüber mitmenschlicher Nähe aufgebaut. Es ist für sie schwer erträglich, wenn andere sie versorgen oder gar bemitleiden. Besonderen Wert auf Unabhängigkeit und Autarkie legend, können Schizoide kaum stärkere Gefühle entwickeln und vermeiden zu enge Bindungen, um auf keinen Fall in Abhängigkeit zu geraten und enttäuscht zu werden Wie eine Art Radarsystem müssen sie ihre Umgebung unter Kontrolle halten, dominiert in ihrem Verhalten das aktive Nehmen, Ergreifen und Festhalten.

Leitsymptom Depressiver ist die Hemmung des aktiv-inkorporierenden Modus. Aus steter Angst vor Liebesverlust können solche Menschen nicht gut fordern, zupacken, Chancen am Schopf ergreifen, wirken zurückhaltend, bescheiden, zaudernd, unterwandern ihnen sich bietende Möglichkeiten durch Unentschlossenheit oder Verzicht. Unbewusst erwarten sie, von anderen gegeben zu bekommen, ohne sich aktiv etwas nehmen zu müssen, eine orale Hemmung, die sich meist auf der analen Entwicklungsstufe fortsetzt. Der Depressive kann sich nur schwer retentiv verhalten, nein sagen, auf seinem Standpunkt beharren. Stattdessen reagiert er rasch mit sofortigem Hergeben seiner Gedanken und Gefühle, passt sich schon im Vorhinein den Wünschen und Meinungen anderer an. Das wiederum disponiert in der ödipalen Phase dazu, Angst machender Rivalität aus dem Wege zu gehen, Impulse zu Konkurrenz und Exhibition zu verdrängen, sich in eher brav-gefügiger Weise mit dem gleichgeschlechtlichen Elternteil zu identifizieren.

Zwangsgesteuerte Persönlichkeiten suchen alles Spontane, Unvorhersehbare zu meiden, wirken vorsichtig, zurückhaltend und korrekt bis zur Unnahbarkeit. Der retentive Modus dominiert, der Zwanghafte muss seine Gedanken und Gefühle unter Kontrolle halten, sich »verschließen«, kann schlecht etwas von seiner Zeit, seinem Besitz oder seinen Empfindungen »hergeben«. Vielfach werden das Horten und Sammeln, die peinliche Überprüfung des Kontostandes, der Bücher und Akten hervorstechende Persönlichkeitszüge, wobei es beim Durchforsten der Schränke und Papiere auch Momente erleichtert-lustvollen »Eliminierens« gibt. Die übermäßige Neigung zum Zurückhalten und Festhalten spiegelt die unbewusste Angst vor dem unkontrollierten Durchbruch aggressiver und sexueller Triebimpulse wider, die den Betreffenden in peinlichste Scham stürzen würden. Gleichzeitig wird im trotzigen Nichtloslassenkönnen eine Pseudo-Autonomie demonstriert, unbewusst oft eine sadistische Gegenreaktion gegen die kontrollierende Mutter oder den autoritären Vater der Kindheit. Die typische Anspannung vieler Anankasten, in letzter Sekunde einen Wutausbruch oder blasphemischen Gedanken zurückhalten zu müssen, zeugt vom Rumoren der unterdrückten Gefühlswelt. Die Verdrängung ist jedoch nie lückenlos. In Ausnahmesituationen kann der Zwanghafte explodieren, in ätzender Kritik oder einem Jähzornsanfall all die aufgestaute Wut mit einem Schlag »eliminieren«.

Der dramatische Gefühlsausdruck und die theatralische Gestik, mit der Hysteriker sich in Szene setzen müssen, wirken irgendwie »eindringlich« und »aufdringlich«. Obwohl der hysterische Mann stets Attraktivität und Potenz zu demonstrieren sucht und die hysterische Frau zur Erotisierung ihrer Beziehungen neigt, ist doch das Geschlechtliche bei diesen Menschen unterschwellig mit Ängsten und Schuldgefühlen besetzt. Vielfältige Sexualstörungen können die gesunde Funktion der Modi von Phallus und Vagina behindern, und selbst wenn der Koitus in einem mechanischen Sinne gelingt, erweisen Hysteriker sich oft als unfähig, Sexualität und Liebesfähigkeit in einer stabilen gefühlsmäßigen Beziehung zu verbinden. Die hysterische Frau scheint nach Erikson von der sexuell-erotischen Funktion besessen und ständig mit Ereignissen beschäftigt, die die hinnehmende Rolle der Frau dramatisieren. Dennoch bleibt sie sexuell oft nicht empfindungsfähig, weil die eigene Geschlechtlichkeit für sie in früher Kindheit irgendwann einmal schwierig, wenn nicht unannehmbar geworden ist. »Allen diesen gequälten Menschen«, so Eriksons Fazit, »seien es Süchtige, Depressive oder Gehemmte, ist es irgendwie misslungen, die eine oder andere der infantilen Phasen zu integrieren, und sie wehren sich nun selbst gegen diese infantilen Verhaltensweisen – eigensinnig, erschöpfend, erfolglos« (1982a, S. 55).

8.3 Zustände der Identitätsverwirrung und Psychosen

Die Einführung des Konzepts »Identitätsverwirrung« – von momentanen Schockerlebnissen bis hin zu psychosenahen Grenzzuständen vor allem bei jungen Patienten – ist der wohl wichtigste klinische Beitrag Eriksons. Während in der Identitätskrise das Selbsterleben weitgehend intakt bleibt, droht das Ich im Zustand akuter Identitätsverwirrung in seine verschiedenen Kerne und Funktionen zu zerfallen. Fast wie in einem schizophrenen Schub erlebt der Betreffende sich als zerrissen, ohnmächtig und initiativelos, hat das Empfinden, er werde »gelebt«, die Ereignisse um ihn herum »geschehen«. Die Grenzen zwischen Selbst und Außenwelt, Phantasie und Realität, Traum und Wachzustand drohen zu verschwimmen. Der Patient hat das Gefühl, den inneren Zusammenhang, sein Bewusstsein, seinen Willen und seine Prinzipien zu verlieren, kann in Zuständen der Desorientierung Name, Herkunft oder Alter vergessen. »Es ist eine Zersplitterung des Selbst-Bildes eingetreten, ein Verlust der Mitte, ein Gefühl von Verwirrung und in schweren Fällen die Furcht vor völliger Auflösung« (Erikson, 1981b, S. 154).

Solch akute Fälle der Identitätsverwirrung hat Erikson in großer Zahl an amerikanischen Kriegsveteranen kurz nach Ende des Zweiten Weltkriegs studiert, die während der Kampfhandlungen unvermittelt mit psychoseartigen Symptomen zusammengebrochen waren. Traditionelle Erklärungen, es handele sich um Nervenschwäche, Simu-lan-tentum oder die Nachwirkung von Schockerleb-nissen, schienen nicht stichhaltig. Vielmehr ließ sich in der Ausnahmesituation des Krieges besonders exemplarisch die Überlastung und der endliche Zusammenbruch der synthetischen Funktion des Ich verdeutlichen. Außergewöhnliche körperliche Anstrengungen und Erschöpfungszustände, geringere Krankheitsresistenz, Fieber und Infektionen bewirkten eine chronische Überlastung des Organismus. Der Verlust der Heimat, das extreme Aufeinanderangewiesensein, Missstimmungen und Konflikte, gelegentlich unterbrochen durch alptraumhafte Gefahrensituationen ließ in vielen Einheiten eine unterschwellig brodelnde Panikstimmung entstehen. Die ständige Angst und Überreiztheit trug zur Schwächung der Abwehrmechanismen der Soldaten bei, ließ infantile Bedürfnisse nach Ruhe, Aufgeben und Rückzug immer bestimmender werden. Die Summe der Extrembelastungen in Körper, Psyche und Gemeinschaft ließ das Ich an irgendeinem Zeitpunkt zusammenbrechen. Manchmal war es ein einzelnes traumatisches Erlebnis (ein vernichtendes Trommelfeuer, der Tod eines Kameraden), manchmal aber auch eine Kette von Zermürbungen, die zur Dekompensation führten.

Eindrucksvoll hat Erikson das Phänomen der Identitätsverwirrung in klinischen und biographischen Studien beschrieben und dabei auch als einer der ersten Psychoanalytiker wissenschaftliche Worte für das Leiden extrem traumatisierter Menschen gefunden. Da er freilich den Begriff nicht eindeutig definiert, ergeben sich, vor allem hinsichtlich der Differentialdiagnose, manche offenen Fragen. Alle Symptome, die er anführt, können auch bei hirnbeteiligenden Erkrankungen oder Hirnverletzungen, Alkohol- und Drogenmissbrauch oder endogenen Psychosen auftreten. Erikson scheut den Fatalismus klassischer psychiatrischer Diagnosen. Er will die Identitätsverwirrung in erster Linie als Folge einer Lebenskrise beschreiben, im Prinzip »verstehbar« und reversibel. Es würde sich dann um eine besonders schwere Erlebnisreaktion handeln, z. B. auf Krieg, Vertreibung, Vergewaltigung oder Gefängniseinlieferung. Aber warum reagieren nur einige Menschen mit entsprechenden Verwirrtheitssymptomen, während andere selbst in schlimmsten traumatischen Situationen orientierungs- und handlungsfähig bleiben? Gehen nicht auch in Aufnahme und Verarbeitung solcher Erlebnisse endogene Momente erschwerend mit ein?

In der Behandlung kindlicher Schizophrenien hat Erikson auch die psychotische Identitätsverwirrung studiert. Gerade in solchen Fällen wirkt das radikale Misstrauen, der Rückzug in eine einsam-autistische Welt besonders bedrückend. Erikson spricht von dem eigentümlichen Eindruck »zentrifugaler Annäherung«. Die oft ansprechenden Gesichtszüge solcher Kinder stehen in krassem Kontrast zu ihrem bizarren, abweisenden Verhalten. Bei jedem engeren Kontaktversuch erfolgt sofort eine diffuse Flucht. Selbst wenn es gelingt, eine Art Kommunikation herzustellen, haben die kleinen Patienten größte Schwierigkeiten, zwischen Ich und Du, der Grammatik der Zweisamkeit, zu unterscheiden. Oft zeigen schizophrene Kinder in Teilbereichen, z. B. beim Singen,

Basteln oder Musizieren, erstaunliche Fähigkeiten. Ihre scharfe Beobachtungsgabe macht sie besonders sensibel für das Unbewusste anderer. Diese selber so ungemein kränkbaren Wesen wissen genau, wo ihre Mitmenschen verletzlich sind. In aller Regel können sie besonders scharf erinnern, aber ihr Gedächtnis scheint unfähig, all die verschiedenen Eindrücke in eine einheitliche Erlebniswelt zu integrieren. Es herrscht keine Kontinuität zwischen den verschiedenen Selbsten, die zu verschiedenen Zeiten verschiedene Dinge tun. Psychotische Kinder sind nicht in der Lage zu sagen: »Ich habe das getan« oder »Ich habe das erlebt«. Die Realitätsprüfung und die Integration der Erfahrungen muss ständig wiederholt werden, weil zum Zeitpunkt des wirklichen Geschehens das Gefühl der Vertrauenswürdigkeit der Ereignisse fehlte.

Generell scheint der Aufbau eines vertrauensvollen Kontakts zur Welt laut Erikson im ersten Lebensjahr im Fall schwererer Persönlichkeitsstörungen misslungen. Die für das Ich-Wachstum dringend erforderlichen sozialen Reize können die autistische Mauer nicht mehr durchdringen. Das Kind kapselt sich in einer unheimlichen privaten Welt ein, lebenswichige Identifikationsvorgänge finden so gut wie nicht statt. Nahezu alle Symptome der Schizophrenie spiegeln für Erikson die elementare Schwäche des Ich wider. Vor allem die Fähigkeit, hunderte von Wahrnehmungen aus dem Erleben auszublenden, um sich auf eine bestimmte Sache zu konzentrieren, ist mangelhaft entwickelt. Von außen fühlen Schizophrene sich oft von Eindrücken überflutet, misstrauen ihren Sinnesbotschaften. Von innen droht das Unbewusste die fragilen Abwehrmechanismen zu überschwemmen, was subjektiv die typisch psychotischen Ängste vor Desintegration und Vernichtung hervorruft. Selbst in scheinbar ausgeglichenen Phasen kann das Kind unvermittelt von mörderischer Wut oder grausamen Selbstschädigungsimpulsen überfallen werden.

Bis heute haben alle biogenetischen, tiefenpsychologischen oder kommunikationstheoretischen Erklärungsversuche kaum ausreichend Licht in den dunklen Entfremdungszustand der Schizophrenie bringen können, und Erikson grenzt sich gegen allzu vereinfachende Interpretationsversuche, etwa dem Klischee der »schizoprenogenen Mutter«, ab. Eine Vielzahl kumulativ zusammenwirkender organischer, psychischer und sozialer Faktoren scheint für das Scheitern der allerersten Objektbeziehungen verantwortlich – eine Hemmung der intentionalen Kontaktaufnahme seitens des Säuglings, eine offene oder unbewusste Ablehnungshaltung seitens der Eltern, zusätzliche »orale Traumen« wie Brustinfektionen, Mundfäule, frühe Trennungen von der Mutter, aber auch massive Erschütterungen im Familienmilieu, gewalttätige Auseinandersetzungen, schwere Erkrankungen oder Alkoholismus eines Elternteils. Erikson möchte sich nicht auf irgendwelche »ersten Ursachen« festlegen. Bei den Fällen infantiler Schizophrenie, die er selbst kennen gelernt habe, »bestand ein deutliches Defizit in der ›Sendekraft‹ des Kindes. Auf Grund des außerordentlich frühen Versagens der Kommunikation könnte es aber auch so sein, dass das Kind nur in gefährlicherer Form eine Schwäche des affektiven Kontakts verrät, die schon bei den Eltern (oder einem Elternteil) besteht, aber bei ihnen durch spezielle Charakterbildungen oder durch überlegene intellektuelle Begabung kompensiert sein kann« (1982a, S. 202–03).

8.4 Die Identitätsverwirrung des Jugendlichen

Im engeren Sinne ist die Identitätsverwirrung bei Erikson ein Störungssyndrom der Adoleszenz. Dabei geht es nicht so sehr um Trieb- und Autoritätskonflikte der Pubertät, sondern um eine Art Entwicklungsstillstand an der Schwelle zum Erwachsenenalter, der mit den verschiedensten Symptomen und regressiven Phänomenen einhergehen kann. Statt sein weiteres Leben offensiv und realistisch zu planen, zieht der junge Mensch sich zunehmend in sich selber zurück, wirkt antriebslahm, misstrauisch, resigniert oder dehnt in manischer Aktivität die Experimentierphase seines Moratoriums weiter aus. Das führt nach Erikson irgendwann zu einem Lähmungszustand, »dessen Mechanismen so konstruiert zu sein scheinen, dass ein Minimum tatsächlicher Verpflichtung und Entscheidung mit einem Maximum innerer Überzeugung verbunden bleibt, noch Zeit und Kraft zur Entscheidung zu haben« (1981b, S. 156).

Nirgendwo sagt das Lärmen der Symptome so wenig über Art und Schweregrad einer möglichen Pathologie aus wie in der Adoleszenz, und von einer Identitätsverwirrung sollte man laut Erikson erst sprechen, wenn vier typische Störungsbilder zusammenkommen: Erstes und charakteristischstes Anzeichen der Identitätsverwirrung ist regelmäßig die »Diffusion der Intimität«, die Unfähigkeit des Heranwachsenden zu einer tiefer gehenden und dauerhaften Liebesbeziehung. Aufgrund ihrer schwachen Ich-Grenzen fühlen die betreffenden jungen Menschen sich in ihrem Körper, ihren Gedanken und Gefühlen nicht richtig zu Hause, leben in der ständigen Furcht, dass andere bei zu engem Kontakt in sie eindringen und ihr Selbst bedrohen könnten. Von daher weckt gefühlsmäßige oder erotische Nähe rasch psychoseähnliche Ängste vor Verschlungenwerden, Entgrenzung und Auflösung. Typisch ist ein eigentümliches Empfinden der Spannung oder ein Erleben völliger Leere und Distanz im Beisein des anderen Geschlechts. Andererseits wird der Wunsch nach Bestätigung und liebendem Kontakt immer bedrängender. Bei vielen Patienten, in der Phantasie an ein narzisstisches Ideal-Objekt fixiert, versteift sich alles Denken und Fühlen auf den einen und einzigen »Traum-Partner« hin, dem man sich jedoch nie ernsthaft anzunähern wagt. Bei anderen kann das Sexualleben in wahllosen Beziehungen geradezu promiskuitiven Charakter annehmen. Man benutzt den anderen emotionslos als Triebobjekt, verleugnet aber von vorneherein jeglichen Wunsch nach einer tieferen Beziehung.

In verzweifelter Spaltung sucht der Jugendliche nach dem total »guten Objekt«, das ihm in frühester Kindheit versagt blieb und dem er nun riesenhafte Ansprüche entgegenbringt. Gleichzeitig unterminieren Argwohn und latente Wut, verbunden mit aggressiv-sadistischen Racheimpulsen auf das »böse« Mutter-Introjekt, Ansätze zu dauerhafter Zuneigung. Traumatische Erfahrungen elterlicher Unzuverlässig-keit und Ablehnung haben zu einem misstrauisch-zynischen Urzweifel an jeder Möglichkeit einer verlässlichen Beziehung geführt. Charakteristisch ist eine Grundhaltung der Distanzierung, entweder in Form scheuer, schizoider Zurückhaltung oder in ätzender Entwertung aller Möglichkeiten von Freundschaft und Sympathie.

Zweites typisches Syndrom der Identitätsverwirrung ist für Erikson die »Diffusion der Zeitperspektive«, das Gefühl, »in großer Zeitbedrängnis zu sein, zugleich aber auch, den Zeitbegriff als eine Dimension des Lebens verloren zu haben« (1981b, S. 159). Die biologische Pulsation des Lebens scheint stillzustehen. Der Patient bewegt sich langsam und apathisch wie in einem Zeitlupenfilm, wirkt chronisch müde, resignativ und abwesend. Es fällt ihm schwer, ins Bett zu gehen oder wieder aufzustehen, pünktlich zu kommen oder rechtzeitig zu gehen. Kaum etwas erscheint reizvoll und kann libidinös besetzt werden, für nichts lohnt es sich zu engagieren. Die getriebene Suche nach kurzfristigem Lustgewinn und weitestgehender Vermeidung jeder Anstrengung verdeckt Gefühle von Angst und Leere. Weil sich scheinbar keine Zukunftschance eröffnet, sucht man das Hier und Jetzt zu zelebrieren, z. B. durch das Schweben in der »absoluten Zeit« beim Musikhören, durch mystische Erlebnisse in Tanz und Ekstase oder die psychodelische Aufhebung des Erlebensflusses im Drogenrausch. Die chronisch verzögerte oder unzureichende Erfüllung der oralen Wünsche hat in tiefsten Schichten der Seele eine Haltung paranoid gefärbter Hoffnungslosigkeit zurückgelassen. Die am bedenklichsten regredierten jungen Patienten zeigen laut Erikson »so etwas wie ein Misstrauen gegen die Zeit an sich; jeder Aufschub erscheint als ein Betrug, jedes Wartenmüssen als ein Ohnmachtserlebnis, jede Hoffnung als eine Gefahr, jeder Plan als eine Katastrophe, jeder potentielle Versorger als ein Verräter. Deshalb muss die Zeit zum Stillstand gebracht werden, notfalls mit dem magischen Mittel katatoner Unbeweglichkeit – oder durch den Tod« (1981b, S. 180).

In engem Zusammenhang mit dem Verlust der Zeitperspektive stehen Arbeitsstörungen, Lernunlust, das Ausweichen vor aller Verpflichtung in Schule oder Ausbildung. Man kommt zu spät, beteiligt sich nicht, fühlt sich überlastet, fehlt unentschuldigt, streunt herum. Auf Druck von Eltern und Erziehern wechseln die Jugendlichen Schulklassen oder Lehrstellen, begeistern sich unter Umständen kurzfristig für utopische Projekte, verfallen aber bei der kleinsten Enttäuschung wieder in mutlose Resignation. Obwohl nach außen hin meist stoische Gleichgültigkeit an den Tag legend, leiden sie innerlich oft tief darunter, mit anderen nicht mithalten zu können. Die Gleichaltrigen sind vom Schicksal bevorzugt, erscheinen glücklicher, kompetenter, sorgenfreier, während für einen selber nur die Rolle des Benachteiligten und Versagers bleibt. Erikson spricht von der »Diffusion des Werksinns« als drittem Charakteristikum adoleszenter Identitätsverwirrung, ein tief verwurzeltes Gefühl der Entmutigung und Inkompetenz. In der Regel haben die Betroffenen von frühauf nie richtig die Erfahrung gemacht, etwas von Wert zustande zu bringen und von Erwachsenen ernst genommen zu werden, ist ihre Schullaufbahn oft eine Kette von Misserfolgen. Psychodynamisch, glaubt Erikson, verbergen sich hinter ihrer Abscheu vor jeglicher wetteifernden Leistung nicht nur mangelndes Urvertrauen in die eigene Kompetenz und Wichtigkeit, sondern schwere ödipale Konflikte. Unbewusst fühlen sich solche Jugendliche übermächtigen Elternfiguren oder beneideten Geschwistern tief unterlegen. Zu viel Erfolg zu haben hieße, mit dem gefürchteten Rivalen in Konkurrenz treten, was elementare Ängste und Schuldgefühle auslösen würde.

Als viertes Hauptmerkmal der adoleszenten Identitätsdiffusion nennt Erikson die »Identifikation mit der negativen Identität«. Der Jugendliche gleicht sich in Verhalten und Selbstauffassung gerade denjenigen Personen oder Einstellungen an, die ihm seit Kindheit an als unmoralisch, böse und gefährlich vorgehalten wurden, sagt sich radikal von allem los, was seinen Eltern und Lehrern als richtig und erstrebenswert gilt. Kinder aus streng religiösen Familien experimentieren mit hedonistischen Weltanschauungen, Jugendliche aus reichen Elternhäusern kleiden sich in Landstreicherkostüme, der Sohn eines Staatsanwaltes verkehrt in der Rauschgiftszene. Dieses »Agieren« geht über die sonst üblichen Provokationen und Spiegelfechtereien der Adoleszenz hinaus. In vielen Fällen muss man von einer quasi willentlichen Umschaltung auf die Rolle des Außenseiters und schwarzen Schafes sprechen. Es kann sich um ein stummes Leiden handeln – das chronische Sorgenkind, das sich gegenüber den erfolgreichen, selbstbewussten Geschwistern »ganz anders« entwickelt, in der Schule versagt, mit den falschen Freunden verkehrt, Aufputschmittel nimmt und schließlich ein Fall für die Psychiatrie wird. Häufiger noch bricht der Adoleszente alle Brücken hinter sich ab und wählt bestimmte Subkulturen zum Familienersatz, Punker, Skinheads, Hooligans, Drogenkreise oder fanatische politische Bewegungen. Jugendliche aus solchen Randgruppen tragen nach außen eine besondere Unbeugsamkeit zur Schau. Fast scheint es darum zu gehen, alles, was irgendwie die Erwachsenen schockiert, zusammenzukratzen und sich damit ein neues Selbstbild und Gruppenprofil zu verschaffen. Man kleidet sich in Lumpen, hält sich Ratten als Haustiere, verleiht sich mit kahl geschorenen Schädeln eine paramilitärische Aufmachung, greift offen faschistische und gewaltbereite Parolen auf. Ein bestimmtes Territorium, eine abgelehnte Lebensweise wird trotzig-paranoid als letzte persönliche Ausdrucksform einer scheinbar übermächtigen Welt gegenüber verteidigt. Typisch in Verhalten und Weltbild ist die borderline-artige Spaltung zwischen »nur guter« Eigengruppe und »nur böser« Außenwelt. Gegenüber »spießerhaften« Erwachsenen und »angepassten« Gleichaltrigen legt man eine Mischung aus zynischem Argwohn und snobistischem Stolz an den Tag. Alle Kommunikationsversuche seitens Eltern, Sozialarbeitern oder Psychotherapeuten werden mit Hohn und Spott belegt. Gerade weil das gemeinsame Identitätsgefühl so brüchig ist, müssen Misstrauen und Hass gänzlich nach außen projiziert werden. Obwohl solche Jugendliche nahezu zwanghaft irgendwelche Normüberschreitungen begehen, um ihre Wut abzureagieren und ihre scheinbare Verderbnis unter Beweis zu stellen, können sie laut Erikson ausgesprochene Treuegefühle in der Loyalität zu ihrer Gruppe und ihren Anführern entwickeln, darf man sie nicht von vorneherein als unzuverlässig und bindungslos abstempeln.

Die Psychoanalyse der schweren adoleszenten Identitätsverwirrung verläuft gerade in der Anfangsphase oft dramatisch und scheinbar bösartig. Erikson spricht von der »Rock-Bottom-Attitüde«, ein Sich-Fallenlassen des Patienten, einem »Zug in die Regression und einer Suche nach der allerniedrigsten Lage, die zugleich die äußerste Grenze der Regression und das einzige feste Fundament für einen neuen Aufstieg ist« (1981b, S. 169). Oft wirkt der junge Mensch vollkommen abweisend, rebelliert gegen Ärzte und Stationsordnung. Oder er verfällt in eine depressiv-hoffnungslose Stimmung, äußert Suizidgedanken, gleitet in ein schizophren anmutendes Verhalten ab. Es hat nach Erikson keinen Sinn, den Patienten durch künstliches Lob stützen zu wollen. In der Psychotherapie muss immer erst das unterste Felsgestein erreicht worden sein, bevor die Entwicklung wieder nach vorne umgeleitet werden kann. Es geht darum, den Jugendlichen zu einem »Neubeginn« (Balint 1966) zu befähigen, er muss lieben und vertrauen lernen, arglos wie ein Kleinkind. In all seinem Agieren regrediert der Patient in die frühesten Objektbeziehungen und sucht im Therapeuten ein narzisstisches Ideal-Objekt, das mit ihm von neuem die Krisen der psychosozialen Entwicklung durchkämpft. »Nur scheinbar«, so Erikson, »sitzt dem Therapeuten also ein hohnvoller, trotziger und abgewendeter junger Mensch gegenüber; in Wirklichkeit wird von ihm erwartet, dass er die Aufgabe einer Mutter übernimmt, ein kleines Kind von der Vertrauenswürdigkeit des Lebens zu überzeugen. Im Zentrum der Behandlung steht das Bedürfnis des Patienten, sich selber klar abzugrenzen und so die Grundlagen seiner Identität wieder aufzubauen« (1981b, S. 170).

Die Therapie solcher Fälle gestaltet sich lang und krisenhaft. Die stete Gefahr destruktiven Agierens macht die Unterbringung in einem geschützten klinischen Milieu nicht selten unumgänglich. Zu jedem Zeitpunkt können sich abrupte Übergänge zwischen hoffnungsvollen Phasen und schlimmen Rückfällen ergeben. Momente der Spontaneität und Kreativität wechseln mit Perioden der Verlangsamung und Apathie; konzentrierte Aufmerksamkeit verwandelt sich in unüberwindliche Müdigkeit, Selbstsicherheit geht in vernichtenden Minderwertigkeitsgefühlen unter. Wenn Triebkräfte des Es das Ich überschwemmen, kommt es zu Onanieexzessen, promiskuöser Sexualität oder Trinkorgien; anschließend fordert das sadistische Über-Ich seinen Tribut in Stimmungen der Niedergeschlagenheit und Verzweiflung. Im Kontakt mit diesen äußerlich abweisenden, innerlich aber ungemein sensiblen Patienten zeigt sich, was es heißt, sich einem anderen Menschen voll zu stellen. Stets wird die Aufrichtigkeit des Therapeuten auf die Probe gestellt, seine Geduld durch alle nur denkbaren Provokationen aufs ärgste strapaziert. Nur wenn der Therapeut zum Jugendlichen eine absolut konstante Beziehung aufrechterhält und innerlich stets an dessen Fortschritt glaubt, ist eine Besserung möglich.

Nicht zuletzt aus eigener persönlicher Betroffenheit hat Erikson darauf gepocht, auffällige Verhaltensweisen junger Menschen nicht sofort als Ausdruck psychiatrischer Erkrankungen, krimineller Neigungen oder einer verwahrlosten Persönlichkeitsstruktur zu betrachten. Psychiater belegen schwerere Identitätsprobleme Adoleszenter rasch mit klinischen Etiketten wie »Kern-Neurose«, »pseudo-psychotische Neurose«, »Psychopathie« oder »Schizophrenia simplex«. Aus psychoanalytischer Sicht entsprechen viele Symptome der Identitätsverwirrung nahezu lupenrein dem von Kernberg (1983) beschriebenen Borderline-Syndrom.

Erikson scheut den Fatalismus solcher Diagnosen, die jungen Menschen in der besonders labilen Zeit der Identitätsfindung leicht ein pathologisches Stigma aufdrücken. Andererseits spricht er selber von »Patienten« und empfiehlt vielfach eine stationäre Therapie. Vermutlich hat er in seinen sehr aufwendigen Behandlungen eher die hoffnungsvolleren Fälle zu Gesicht bekommen, und sicher gibt es ebenso Patienten, bei denen die Verwirrung stärker durch Krankheitsfaktoren mitbewirkt wird und die Prognose weniger günstig ausfällt. Auch hier kommt es auf die genaue Differentialdiagnose an. Eine endogene Depression oder bösartig sich entwickelnde Essstörung muss mit anderen Methoden behandelt werden als eine schwere Identitätsverwirrung.

9 Der junge Mann Luther

9.1 Erikson als Psychohistoriker – die Auseinandersetzung mit Luther

In den letzten zwei Kapiteln dieses Buches wird Eriksons Beitrag zum Spezialgebiet der Psychohistorie dargestellt, das »Studium des individuellen und kollektiven Lebens mit Hilfe der Methoden der Psychoanalyse und denen der Geschichtswissenschaften« (1975b, S. 13). Erikson liebt es, seine theoretischen und klinischen Konzepte anhand des Lebensschicksals außergewöhnlicher Persönlichkeiten zu veranschaulichen. Neben seinen großen Biographien über Luther und Gandhi finden sich weit über sein Werk verstreut Aufsätze und Bemerkungen zu so unterschiedlichen Persönlichkeiten wie Thomas Jefferson, George Bernhard Shaw, Maxim Gorki, Adolf Hitler, William James, Charles Darwin, Albert Einstein oder Franz von Assisi. Erikson ist sich bewusst, auf welch schmalem Grat sich der Psychohistoriker bewegt, gilt es doch, sowohl der historischen Quellenforschung wie der analytischen Interpretation Rechnung zu tragen, keine der beiden Disziplinen auf die jeweils andere zu reduzieren. Die Geschichte ist für Erikson kein psychiatrisches Spital. Man kann nicht in Bausch und Bogen tiefenpsychologische Deutungen auf historische Persönlichkeiten oder Massenbewegungen anwenden. Andererseits lässt sich die ganze Tragik historischer Fehlentwicklungen nicht erfassen, wenn man nicht Freuds Erkenntnisse mitberücksichtigt. Alle Menschen waren einmal Kinder. Infantile Ängste, Wut- oder Minderwertigkeitsgefühle lauern im Unbewussten eines jeden; in aufgeheizten Krisensituationen können hochgradig antisoziale Impulse, Spaltung und Projektion in gänzlich irrationaler Weise Herrschaft über das Verhalten von Führern und Geführten gewinnen.

Erikson will sicher keine Geschichtstheorie aus psychoanalytischer Sicht entwerfen. Er ist fasziniert von jenen Ausnahmepersönlichkeiten, die die Massen verzaubern und in Übergangszeiten gewaltige Kräfte der Veränderung freisetzen. Sicher sind große politische Wandlungen nicht nur auf die Leistung von Einzelpersonen zurückzuführen. Aber historische Führer sind auch nicht bloße Marionetten im Spiel wirtschaftlicher und soziologischer Kräfte. Stets in Krisensituationen, wenn gesellschaftliche Missstände oder der moralische Verfall herrschender Institutionen zu weit fortgeschritten sind, der Leidensdruck breiter Massen zu groß wird, treten charismatische Gestalten auf, die die Ängste und Sehnsüchte ihrer Zeitgenossen spüren und mit ihrem Auftreten, ihren Visionen breite Massen ansprechen und irgendwann mit sich reißen. Häufig durchleben solche Menschen eine konflikthafte Kindheit, leiden als Spätadoleszente vermehrt an den sozialen Ungerechtigkeiten und politischen Spannungen ihrer Zeit. Sie können sich nicht einfach an die bestehenden Verhältnisse anpassen, ringen mehr als ihre Altersgenossen um Lösungen für Probleme, die sie von innen und außen bedrängen. In einem kritischen Moment, glaubt Erikson, stößt eine Führerpersönlichkeit auf ihre Lebensaufgabe, ihre historische Mission, die alles andere für sie bedeutungslos macht: »Alles oder Nichts ist also die Devise solcher Menschen« (1975a, S. 118), sie scheinen von nun an nur dann zu innerer Identität finden zu können, wenn es ihnen gelingt, zusammen mit ihrer persönlichen Krise auch die Krise ihrer Epoche zu lösen. Ob dieser Weg in ein neues Zeitalter führt oder schwerste Katastrophen heraufbeschwört, hängt von vielerlei Unwägbarkeiten ab. Von hohem sittlichem Ernst geleitete Persönlichkeiten wie Gandhi, Martin Luther King oder Nelson Mandela gaben eindrucksvolle Beispiele für die Macht gewaltloser Disziplin. Größenwahnsinnige Führer mit dem Syndrom des malignen Narzissmus entfesselten in Zeiten kollektiver Identitätsverwirrung Orgien perverser Rachsucht. Gerade bei Ausnahmepersönlichkeiten gilt es, das grundlegend Zwiespältige der menschlichen Natur in Rechnung zu stellen, das Nebeneinander von überragender Begabung und pathologischer Konflikthaftigkeit, höchster Sensibilität und egozentrischer Rücksichtslosigkeit, generativen und destruktiven Bestrebungen. Mitunter entscheiden winzige historische Zufälle, welche Richtung das Schicksal eines begabten Menschen nimmt. Erikson erinnert daran, dass Leonardo da Vinci ein passionierter Bastler von Kriegswerkzeug war. Undenkbar, wenn er seine Talente in den Dienst eines verblendeten Tyrannen gestellt hätte. Und vielleicht wäre das hasserfüllt-Zerstörerische in Adolf Hitler nicht in so fataler Weise zum Durchbruch gelangt, hätte er vor der verhängnisvollen Radikalisierung seines Weltbildes im Wiener Moratorium eine Nische für seine ursprünglichen Träume, die Kunst und das Bauen, gefunden (vgl. Erikson, 1975a, S. 114ff.; Conzen, 2005, S. 134ff.).

Ein historischer Erneuerer, bei dem tiefes religiöses Ringen und persönliche Konflikthaftigkeit besonders nahe beieinander lagen, war Martin Luther. Eigentlich hatte Erikson ihm nur ein Kapitel in einem Buch über die Adoleszenz widmen wollen. Doch dann zog ihn die Beschäftigung mit dem Reformator zusehends in den Bann: »Seine junge Männlichkeit gehört zu den radikalsten, die wir kennen« (1975a, S. 7). Bis heute zählt Eriksons »Der junge Mann Luther« zu den bekanntesten, wenn auch bei Historikern und Theologen nicht unumstrittenen Biographien über eine geschichtliche Persönlichkeit aus tiefenpsychologischer Sicht. Bereits im Einführungskapitel »Einzelfall und historisches Ereignis« betont Erikson, dass er die Größe Luthers in keiner Weise erklären, sondern höchstens verstehend nachvollziehen möchte. Angesichts der Vielzahl von Deutungen und Mythen hat er nicht den Anspruch, ein neues Luther-Bild vorzulegen, geschweige denn eine analytische Fallgeschichte zu schreiben und Traumata, Kindheitskomplexe oder sexuelle Abartigkeiten in ihn hineinzudeuten. Sorgsam und mit großer Sachkenntnis hat Erikson alle möglichen Strömungen auf Luthers Persönlichkeitsentwick-lung herauszuarbeiten versucht – Weltstimmung und Lebensform des Mittelalters, die Geschichte der Katholischen Kirche und des Mönchtums, der Einfluss der Philosophen und Kirchenväter auf Luthers theologisches Denken. In dieser »psychoanalytischen und geschichtlichen Studie« will Erikson »einen historischen Abschnitt (in diesem Fall die Jugend eines großen Reformators) neu bewerten« und dabei die Psychoanalyse als »geschichtliches Werkzeug« einsetzen (1975a, S. 16). Erikson schildert das verzweifelte Ringen eines ebenso begnadeten wie gefährdeten jungen Mannes um seine Identität,

9.1 Erikson als Psychohistoriker – die Auseinandersetzung mit Luther

will Luthers lang anhaltende adoleszente Krise in Beziehung setzen zur Sinn- und Glaubenskrise der untergehenden mittelalterlichen Welt. Die neue Theologie, die Luther aus schweren Qualen und Glaubenszweifeln schuf, trug laut Erikson nicht nur zur Genesung seiner Persönlichkeit bei. Sie stellte auch für sein zerrissenes Zeitalter ein neues geistliches Fundament dar. Insofern ist »Der junge Mann Luther« auch ein Buch über Religion »als Quelle von Ideologien für Menschen, die auf der Suche nach sich selbst sind« (1975a, S. 23).

Immer wieder in Luthers Leben gab es pathologisch anmutende Ausnahmesituationen, Angstattacken, Zornaufwallungen oder Phasen brütender Verzweiflung. Nicht selten ist in der Luther-Literatur von Seelenleiden oder Geisteskrankheiten die Rede, wobei mitunter offen bleibt, ob es sich um das psychiatrische Leiden eines Patienten oder das spirituelle Leiden eines Homo religiosus handelt. Nicht von ungefähr beginnt Erikson seine Studie mit einer ausführlichen Schilderung von Luthers »Anfall im Chor«, jene bekannte Episode, wo Martin als junger Mönch während der Eucharistiefeier zu Boden stürzt und, wie ein Rasender »I bins nit! I bins nit« brüllend, minutenlang von einem Krampfanfall geschüttelt wird. Erikson deutet die Worte »ich bins nicht!« als Ausdruck der sich zuspitzenden Identitätskrise. Verzweifelt musste Luther herausschreien, was er nicht war, vom Teufel besessen, krank, sündig, um zu dem vorzudringen, was er in Wirklichkeit sein wollte – gerechtfertigt, in den Augen Gottes und seines Vaters (vgl. Erikson, 1975a, S. 38f.; Müller, 2004, S. 310f.). Luther selber hat sich in Tischgesprächen, Predigten oder Briefen mit einer Offenheit über sein Seelenleben geäußert, die ihn vergleichbar macht mit anderen großen Selbstbekennern wie Augustinus, Rousseau oder Kierkegaard. Er beschrieb seine religiösen Empfindungen und Verzweiflungszustände in krassen Formen, z. T. prahlerisch und übertrieben, bisweilen voll ehrlicher Inbrunst und manchmal auch vulgär. Dementsprechend unterschiedlich fallen bis heute die Urteile über den Reformator aus, der heroisiert wurde als deutscher Patriot, christlicher Hausvater oder frommer Bibeltheologe und ebenso entwertet als destruktiver Rebell, Werkzeug des Teufels oder autoritärer Zwangscharakter.

Sämtliche Interpretationen – Erikson wählt als seinerzeit repräsentativ die Luther-Studien des protestantischen Theologen Otto Scheel (1917), des Dominikanerpaters Heinrich Denifle (1904), des dänischen Psychiaters Paul Reiter (1937) sowie den psychoanalytischen Deutungsversuch von Smith (1913) – erscheinen deutlich ideologisch vorbelastet, bauen aus Mosaiksteinen verschiedenster Bilder einen Mythos auf, der dem tatsächlichen Luther kaum gerecht werden kann. Erikson interessiert sich vor allem für die Jugendjahre des Reformators und spricht meist von Martin, nicht von Luther. Er zeichnet von ihm das Bild eines gehemmten, traurigen jungen Mannes, eines »Patienten«, der an seiner Umgebung erhöht leidet, sich aber auch selbst Leiden auferlegt, weil er es sich nicht leicht macht, sich nicht einfach von Unrecht und Unglaubwürdigkeit abwenden kann. Zunehmend machte Martin auf seinem Lebensweg die Erfahrung, mit seiner Umwelt nicht mehr übereinzustimmen, mit den ehrgeizigen Plänen seines Vaters und seiner juristischen Laufbahn, mit der Welt der Katholischen Kirche und seiner Berufung als Priester. Religiöse Zweifel stürzten ihn in eine schwere Identitätsverwirrung. Aber dieses Leiden, glaubt Erikson, wurde Stachel zu Auseinandersetzung und Aufbegehren. Mit ungeheurer geistiger Inspiration schuf Luther ein theologisches Gedankengebäude, das die Grundlagen des Urchristentums wiederbelebte, ihm persönlich ein neues Vertrauens- und Identitätsgefühl aus tiefer religiöser Überzeugung heraus verlieh und das historisch den veränderten wirtschaftlichen und politischen Realitäten seines Zeitalters entgegenkam.

Die Hauptquelle von Martins Leiden liegt für Erikson in dessen unglücklicher Kindheit. Gerade weil es darüber nur wenige verlässliche Daten gibt, sieht er sich dem Historiker gegenüber im Vorteil, gehört es doch zum Wesen der psychoanalytischen Methode, auch aus erwachsenen Verhaltensweisen und Aussprüchen auf Kindheitserfahrungen rückschließen zu können, »Hauptlinien auch dort zu erkennen, wo nicht alle Tatsachen verfügbar sind« (1975a, S. 53). Der Psychoanalytiker müsse »selbst fragwürdige Quellen so auszuwerten verstehen, dass er zu einer zusammenhängenden Hypothese gelangt« (1975a, S. 53f.). Der Versuch, moderne psychologische Erkenntnisse auf einen mittelalterlichen Menschen anzuwenden, ist ein kühnes Experiment und verdient Respekt. Andererseits wird hier die Gefahr psychohistorischen Forschens noch größer, vorgefasste Deutungsmuster auf den Untersuchungsgegenstand zu projizieren und dabei bestimmte Informationen überzubewerten, andere wiederum zu vernachlässigen. Obwohl Erikson mustergültig herausstellt, wie viele unbewusste Wahrnehmungsverzerrungen den Autor bei der Entgegennahme und persönlichen Verarbeitung geschichtlichen Quellenmaterials beeinflussen können, wird selbst der wohlwollendste Kritiker ihm den Vorwurf nicht ersparen können, dass auch er ein ziemlich festgelegtes Modell von Luthers Lebensweg vor Augen hat und dieses mit einer Vielzahl von Spekulationen stützt. Die Komplexität von Luthers Persönlichkeit und Wirken wird auf bestimmte Konstellationen seiner Kindheit zurückgeführt und damit auch eingeengt. Das alles überragende Erklärungsmuster in Eriksons Biographie ist der unbewältigte ödipale Konflikt zwischen Martin und seinem Vater Hans.

9.2 Luthers Kindheit und Jugend

Martin Luther wurde 1483 zu Eisleben in Thüringen geboren. In Luthers Elternhaus herrschte ein Klima von Entbehrung und Verzicht; die Erziehung der Kinder war streng, darüber lässt die historische Quellenlage keinen Zweifel. Luthers Vorfahren waren arme Bauern. Sein Vater Hans hatte früh den elterlichen Hof verlassen. Ehrgeizig und fleißig arbeitete er sich hoch in die leitende Schicht eines Bergwerksbetriebes in Eisleben. Wenn viele Geschichtsbücher Luther als den »bäuerlichen Sohn eines bäuerlichen Vaters« hinstellen, erscheint dies Erikson problematisch. Offenbar gab Hans die bäuerliche Identität nicht nur auf, sondern stellte sich in manchem sogar gegen sie, was später mit zur zwiespältigen Haltung Luthers gegenüber seinen bäuerlichen Ahnen beigetragen haben könnte. Auch die innere Angespanntheit Hans Luthers, die Angst und die abergläubische Dämonenfurcht der Bergleute bei der gefährlichen Arbeit im Erdinnern, dürften laut Erikson auf Martin abgefärbt haben. Zeitlebens gehörten Hexen und Teufel ebenso zu Luthers Innenwelt wie seine Furcht vor plötzlichem Tod und Jüngstem Gericht, wiewohl man fragen muss, ob solche Ängste nicht für den mittelalterlichen Menschen typisch waren.

Die unbewusste Beziehungsdynamik zwischen Vater und Sohn deutet Erikson als ungemein kompliziert und hoch ambivalent. Nicht nur die klassischen ödipalen Rivalitäts- und Schuldgefühle scheinen das Verhältnis zwischen Martin und Hans bestimmt zu haben, sondern auch verdeckte Bindungen, Aufträge, Vermächtnisse und Loyalitätskonflikte. Als außerordentlich belastend für Luthers Entwicklung sieht Erikson die Bürde der überhöhten Erwartungen, die der Vater seinem ältesten Sohn auferlegte. Vor allem im dritten Kapitel »Gehorsam – wem?« zeichnet er von Hans Luther das Bild eines überambitionierten Menschen, der die sich andeutenden neuen Möglichkeiten seines Zeitalters erahnt. Sein Sohn, spekuliert Erikson, sollte stellvertretend für ihn außergewöhnliche Erfolge erringen und so seine geheimen Selbstzweifel wettmachen. Der Vater muss Martin schon früh aus der Beziehung mit der Mutter herausgerissen und ihn zum Objekt seiner weitreichenden Pläne gemacht haben. Hans investierte beträchtliche finanzielle Mittel, um ihn zur Lateinschule und später zur Universität zu schicken. Martin sollte Jurist, vielleicht sogar Bürgermeister werden, es auf jeden Fall weiter bringen als er selber. Wäre die Vater-Sohn-Beziehung nur von Hass und Opposition bestimmt gewesen, hätte Martin später wohl leichter seinen Weg gehen können. So aber verlieh Hans' Ehrgeiz ihm ein Gefühl, auserwählt zu sein und eine innere Verpflichtung in sich zu tragen. Das bedeutete für Martin sowohl eine Auszeichnung wie eine schwere Bürde. Die Frage des Vaters »Was hast Du für mich geleistet?« wurde, glaubt Erikson, von Martin verinnerlicht und Keim zur Entstehung eines äußerst anspruchsvollen Ich-Ideals. Von daher muss ihm der spätere Abbruch der juristischen Karriere und damit der »Verrat« am väterlichen Auftrag besonders schwere Schuldgefühle bereitet haben. Es blieb Luthers größte weltliche Last, dass sein Vater der mönchischen Laufbahn nicht zustimmte und immer wieder Zweifel an der Aufrichtigkeit seiner Berufung äußerte. Bei all seiner Rebellion, unterstellt Erikson, blieb Martin Hans und dessen Ambitionen in verkappter Weise gehorsam, wählte er doch einen der besten und fortschrittlichsten Orden aus und stieg, gemäß den Forderungen seiner Oberen, in der klerikalen Karriereleiter immer höher. Später, als er aus dem Kloster ausgetreten und die Welt um sich in Brand gesetzt hatte, heiratete Luther in erster Linie, um seinem Vater einen Gefallen zu tun. In seiner Theologie steckten zudem viele Elemente, welche schon bald darauf die wirtschaftlichen und politischen Ziele der neuen Unternehmerklasse stützen sollten, in der Hans zu arrivieren versuchte.

Fast stereotyp stellt Erikson als zweite große Konfliktdimension in der Vater-Sohn-Beziehung die unerbittliche Strenge und Härte Hans Luthers heraus. Erikson bezieht sich hier auf Luthers eigene Aussprüche, z. B. das berühmte – allerdings an beide Elternteile adressierte (!) – Zitat: »Mein Vater stäupte mich einmal so sehr, dass ich ihm flohe und ward ihm gram, bis er mich wieder zu sich gewöhnte«; bzw.: »Die Mutter stäupte mich einmal um einer geringen Nuss willen, dass das Blut hernach floß. Solch strenge Zucht trieb mich in die Möncherei, aber sie meinten's herzlich gut« (zit. aus Erikson, 1975a, S. 68). Ob der historische Hans Luther wirklich so brutal-despotisch war, wie Erikson ihn zeichnet, ist kaum zu rekonstruieren, war es damals durchaus üblich, Kinder zu prügeln und wie ökonomische Werkzeuge zu behandeln. Aber gerade weil der Vater Martin in sentimentaler Weise an sich band, könnte die rohe Behandlung beim überaus sensiblen Jungen besonders tiefe Wunden geschlagen haben. Die stete Furcht, selbst bei der kleinsten Übertretung schwer geprügelt zu werden, muss außerordentliche Angst- und Ohnmachtgefühle, gekoppelt mit geheimen Rache- und Vergeltungswünschen in Martins Seele geweckt haben, ideale Brutstätte für die Entstehung eines äußerst harten, kategorischen Gewissens. Tatsächlich beschreibt Erikson Luther an manchen Stellen geradezu wie einen Patienten mit ausgeprägter Über-Ich-Pathologie und leitet daraus Luthers depressive Schwermut, seine übermäßigen Skrupel und Schuldgefühle ab, die ihn dazu drängten, sich theologisch mit dem Gewissen weit über den Rahmen der damaligen Volksfrömmigkeit hinaus zu befassen. Zeit seines Lebens konnte eine unheimliche Strafangst von ihm Besitz ergreifen, fühlte er sich als Sünder und Verbrecher, ängstigte sich vor einem unbarmherzigen Gott, vor Hölle und ewiger Verdammnis. Die Frage nach der Rechtfertigung des Sünders wurde für Luther zum zentralen Glaubensproblem. Und selbst als er nach seinem theologischen Durchbruch Gott nicht mehr als rächende Zorneswirklichkeit erleben musste, brachen immer wieder primitive Vater-Ängste aus der phallischen Entwicklungsphase durch. »Gegen diesen Komplex«, glaubt Erikson, »konnte sich kein Vertrauen und kein Glaube in ihm jemals ganz durchsetzen – in wechselnder Gestalt begleitete er Luther bis an sein Ende« (1975a, S. 185).

Was mag ursächlich dafür gewesen sein, dass die verdrängten Impulse zu Hass und Aufbegehren zunehmend Herrschaft über Luther gewannen und er nicht zeitlebens gehorsam gegenüber dem internalisierten Über-Ich blieb? Erikson zeichnet hier ein drittes Moment in der Vater-Sohn-Problematik, die moralische Unaufrichtigkeit Hans Luthers, welche rebellische Gefühle von Zweifel und Wut in Martin ungemein verschärfte. In typischer Über-Ich-Spaltung scheint Hans sich für den Inbegriff der Gerechtigkeit gehalten zu haben, ein Mann, der unter unkontrollierten Zornanfällen litt und seine Erregung an der Familie abreagierte unter dem Vorwand, ein strenger und gerechter Richter zu sein. So stand Martin einem Vater gegenüber, »der von seiner rohen Überlegenheit fragwürdigen Gebrauch machte; der andere dazu bringen konnte, sich moralisch unterlegen zu fühlen, ohne selbst ganz in der Lage zu sein, seine eigene moralische Überlegenheit zu rechtfertigen. Einem Vater, mit dem er nicht vertraut werden und von dem er auch nicht lassen konnte. Wie hätte er sich solchem Vater unterwerfen können, ohne entmannt zu werden – wie hätte er sich gegen ihn auflehnen können, ohne den Vater zu entmannen« (Erikson, 1975a, S. 71)?

Die Erfahrung, dass der Vater oft seine eigenen Gebote übertrat, muss bei Martin tiefe Skepsis hinterlassen haben, ob alle Moral nicht letztlich willkürlich und grausam ist. In unbewusster Verschiebung litt Luther später an elementaren religiösen Zweifeln, ob das Handeln der Kirchenoberen integer ist, ob Gott wirklich gerecht ist, wenn er den Sünder straft. All die kindlichen Ohnmachtsgefühle ließen tiefen Groll in Martins Seele zurück, der lange Zeit verdrängt blieb. Martin konnte, vermutet Erikson, seinem Vater gegenüber keine offene Aggression zeigen, nur stillhalten, traurig sein. Erst viel später brach der unterdrückte Zorn aus ihm heraus und wurde zum Antriebsmotor seiner Rebellion. Als erwachsener Mensch entwickelte Luther eine enorme Fähigkeit zu hassen, ausdauernd und oft in vulgärer Form, ein Hass, der sich zunehmend auf eine Ersatzfigur für seinen Vater konzentrierte, die mächtiger nicht sein konnte – der Papst in Rom.

Welche Beziehung hatte Martin zu seiner Mutter? Erikson macht den Vater Hans Luther zu einer so übermächtigen Gestalt, dass der mütterliche Einfluss auf Martins Entwicklung zu verblassen scheint. Luther konnte sich als Erwachsener bisweilen derb und herablassend über Frauen und Sexualität äußern. Die Madonna wurde in seiner Theologie beiseitegeschoben, und die Reformation trug, wie Erikson ironisch bemerkt, für die Frau nur ein einziges neues Identitätselement bei: das der Pastorenfrau. Erikson zeichnet von Margarete Luther das Bild eines traurigen, verhärmten Menschen. Sie gebar viele Kinder und verlor viele. Auch die Mutter schlug Martin und unterstützte ihn in seiner Klosterlaufbahn nicht. Aber Zorn und Enttäuschung über sie kamen bei Martin nie so dramatisch zum Ausdruck wie sein Vaterhass, weil er, unterstellt Erikson, Margarete nur als Erfüllungsgehilfin ihres Mannes erlebte. Daneben muss Martin auch positive Erfahrungen mit ihr gemacht haben, war er doch als Erwachsener zu tiefen Gefühlen und zu einer befriedigenden Sexualität in der Lage. Luthers Hang zum Mystizismus, sein einfaches, aufgeschlossenes Verhältnis zur Natur und das reiche sprachliche Ausdrucksvermögen führt Erikson in der Hauptsache auf die mütterliche Identifizierung zurück. Vor allem aber weckte Margarete in Martins früher Kindheit Quellen des Urvertrauens, die das negative Gewissen niemals ganz verschütten konnte und die ihm in kritischsten Phasen seiner Laufbahn die Kraft zum Durchhalten gaben. Von daher muss sie in Martins ödipaler Entwicklungsphase auch seine Sinnlichkeit angesprochen, in ihm den geheimen, ebenso vermessenen wie schuldbeladenen Wunsch geweckt haben, die Mutter als Liebesobjekt zu begehren und den Vater als lästigen Rivalen auszuschalten. So war der Boden bereitet für einen Autoritätskonflikt größten Ausmaßes, der sich bei Luther auf immer weitere Ersatz-Väter bis hin zum himmlischen Vater im Jenseits ausdehnen sollte. Er spiegelte nach Erikson die ideologisch-historische Krise des ausgehenden Mittelalters wider, den Konflikt zwischen den althergebrachten religiösen Autoritäten im Himmel und den aufwärts strebenden neuen weltlichen Mächten der Fürsten, Kaufleute und Gelehrten: »Aber es bedurfte zweifellos eines Vaters und eines Sohnes von so standhafter Aufrichtigkeit und geradezu sträflicher Ichbezogenheit, um diese Krise zu nutzen und einen Kampf einzuleiten, in dem sich Elemente des Dramas von König Ödipus und der Passion auf Golgatha mit einer Beimischung echt sächsischen Eigensinns verbanden« (1975a, S. 82).

9 Der junge Mann Luther

Nach der familiendynamischen Analyse zeichnet Erikson im zweiten und dritten Abschnitt des Kapitels »Gehorsam – wem?« Luthers Kindheit und Adoleszenz als eine Zeit pflichtschuldigen Lernens. Mit sieben Jahren wurde Martin auf die Lateinschule in Mansfeld geschickt, wechselte mit 14 Jahren auf eine Schule in Magdeburg. Ein Jahr später schickte ihn der Vater nach Eisenach, wo er von der wohlhabenden Patrizierfamilie von Cotta aufgenommen wurde. 17jährig trat Martin in die juristische Fakultät der Universität Erfurt ein und studierte dort von 1501 bis 1505 die Rechte. Ernst, in sich gekehrt, beschäftigte er sich in dieser Zeit mit Aristoteles, weniger mit Albertus Magnus und Thomas von Aquin, den damaligen Autoritäten der mittelalterlichen Philosophie. In Erfurt wurde die occamistische Version des Aristoteles gelehrt. Martin war angetan von dieser wissenschaftlichen Lehre, und Erikson meint, dass sie für ihn eine Art erstes ideologisches Gedankensystem darstellte, für das er sich begeisterte, ohne es damals schon in das Ganze der abendländischen Geistesgeschichte einordnen zu können.

Martin gehörte zu den besten Studenten. Im Februar 1505 bestand er das Magisterexamen. Er konnte nun den Traum seines Vaters verwirklichen und an einer der besten juristischen Fakultäten das Recht studieren. Hans sah sich angeblich nach einer Braut für ihn um. Martin muss gespürt haben, dass sein Leben kurz vor irreversiblen Entscheidungen stand, und seine Identitätskrise steigerte sich offenbar in eine schwermütige Verfassung hinein. Am 2. Juli, auf dem Rückweg zur Universität, geriet Martin in ein schweres Unwetter. Ein Blitz schlug unmittelbar in seiner Nähe ein und schleuderte ihn zu Boden. In entsetzlicher Todesangst, ohne sich der Bedeutung seiner Worte voll bewusst zu sein, rief er aus: »Hilff du, St. Anna, ich wil ein monch werden« (zit. aus Erikson, 1975a, S. 99)! Martin empfand dies als Gelübde und glaubte sich diesem gegenüber verpflichtet, obwohl er die Worte eher als aufgezwungen empfunden hatte und rasch darauf spürte, dass er es nicht ernst meinte: »Ich bin nicht gern ein munch worden« (zit. aus Erikson, 1975a, S. 99). Erikson gibt zu bedenken: »Was seinen unwillkürlichen Ausruf betrifft, so war dieser, wenn überhaupt ein Gelübde, dann ein höchst doppeldeutiges. Denn er hatte mit der Absicht des Ungehorsams gegen seinen Vater dessen Schutzpatronin angerufen. Er hatte der Heiligen, die vor plötzlichem Ende schützt und reich macht, gelobt, den Beruf zu ergreifen, der auf den Tod vorbereitet und lebenslängliche Armut fordert. Diese und manche andere Ambivalenz drängten sich in jenem Augenblick zusammen« (1975a, S. 99). Am 17. Juli 1505 bat Martin im Augustiner-Eremitenkloster zu Erfurt um Aufnahme; ihm wurde zunächst eine Probezeit gewährt.

In der Tat fehlte bei der plötzlichen Richtungsänderung in Luthers Leben, im Gegensatz etwa zu der des Paulus, das Übernatürliche. Es gab auch keine Zeugen. So wurde vielfach über dieses Erlebnis spekuliert: Es sei eine religiöse Eingebung gewesen, eine Halluzination, ein rebellischer Impuls gegen den Vater oder die Einwirkung eines Dämons. Zumindest psychologisch, so Erikson, kam der Blitzschlag folgerichtig. Kurz vor dem Ereignis muss Martin sich in einem Zustand lähmender Traurigkeit befunden haben, der es ihm unmöglich machte, weiter zu studieren oder gar an Heirat zu denken. Irgendetwas musste geschehen, »das sich überzeugend als von außen und von oben kommend auswies, damit entweder Hans sich genötigt fühlte, den Sohn ziehen zu lassen (…) oder Martin seinem Vater und der Vaterschaft abschwören konnte« (Erikson, 1975a, S. 102).

9.3 Das Moratorium im Kloster und die Entstehung einer neuen Theologie

Zur damaligen Zeit war das Kloster für labile junge Menschen ein gängiges Moratorium. Man konnte durchaus nach gewisser Zeit den Orden wieder verlassen. Im Kapitel »Erste Messe und Sackgasse« sucht Erikson nachzuempfinden, wie Martin sich buchstäblich für einige Zeit einmauerte, sich zurückzog sich in eine Welt der Abgeschiedenheit und dabei sein irdisches Leben wie seine Loyalität an irdische Väter aufgab. Das Moratorium ließ ihm Zeit, um Eindrücke zu verarbeiten, Konflikthaftes zu klären, und Erikson glaubt, dass die klösterliche Ordnung für Martin zunächst »ein selbstgewähltes Gefängnis voll heilsamer Ruhe« darstellte (1975a, S. 146). Weltlich und geistig ein Niemand, konnte er für einige Zeit seine Skrupel vergessen und fand in dieser Zeit der Anonymität »entschiedenes Glück – wenigstens für eine Weile« (1975a, S. 107). Ein Jahr nach seiner Rezeption wurde Martin zur Profess zugelassen, musste sich vor dem Prior entscheiden, entweder nun endgültig der Welt zu entsagen oder aus dem Orden auszutreten. Bald darauf sah man ihn zum Priester aus, der erste Schritt über das Dasein eines einfachen Mönches hinaus. Martin dämmerte es, in welchem Maße es persönlicher Integrität und eines starken Glaubens bedurfte für ein Amt, das anderen die Gegenwart Christi vermittelt. Hier müssen sich, nimmt Erikson an, erstmals stärkere Zweifel eingestellt haben, ob er würdig genug für das Priesteramt war und es mit seiner Berufung überhaupt ernst meinte.

Anzeichen der schleichenden Krise war der Angstanfall, den Luther bei seiner ersten Messe erlitt. Später äußerte er, er habe wie Judas vor der Welt fliehen wollen und sei »vor Angst fast gestorben, weil kein Glaube da war« (zit. aus Erikson, 1975a, S. 153) Es wird sogar behauptet, er habe versucht, vom Altar zu flüchten und sei von einem Superior zurückgehalten worden. Wenngleich sich das Ereignis historisch nicht hundertprozentig rekonstruieren lässt, so ist doch für Erikson psychologisch folgerichtig, dass Luther hier einen Ausnahmezustand durchlitt, begegnete er doch zum ersten Mal seit seinem Eintritt ins Kloster dem Vater wieder, der mit einer Reiterstafette erschienen war. Vor ihm stand Gott, der ihm das Erlebnis der Eucharistie nicht gewährte. In seinem Rücken befand sich Hans, der ihm die Sanktionierung seiner Priesterlaufbahn verweigert hatte. Erikson sieht Martin hier am Scheideweg seiner Entwicklung, fehlte doch seinem Glauben »in jenem Moment die sichere Formulierung vom Wesen der Mittlerschaft, die später in den Vorlesungen über die Psalmen erschien. Martin hatte keinen lebendigen Begriff von Christus. Er war tatsächlich vom Rätsel der Mittlerschaft tödlich geängstigt« (1975a, S. 153).

Die weitere Entwicklung Luthers im Kloster von 1507 bis 1515 ist schwer zu rekonstruieren. Luther selber hat diese Zeit später mit übertriebenen Worten abgewertet. Tatsächlich stieg er in diesen Jahren die klerikale Karriereleiter immer höher hinauf weit über die Rolle eines einfachen Mönches hinaus. Von 1508 bis 1509 hatte er den Lehrstuhl für Moralphilosophie an der Universität Erfurt inne und erlangte in

9.3 Das Moratorium im Kloster und die Entstehung einer neuen Theologie

Wittenberg den Doktor der Theologie. Als späterer Reformator war er Prior, Distriktvikar von 11 Klöstern und Professor für Theologie. Dies zeugt von Fleiß, Ehrgeiz und Begabung. Gleichzeitig gibt es in den Quellen Hinweise auf eine psychisch unausgeglichene Verfassung. Martin, so Erikson, schien ursprünglich gehofft zu haben, in ein Leben des Gottesgehorsams flüchten zu können. Nun aber dämmerte ihm, dass er sich einer Sache verschrieben hatte, die nicht seine eigene war. Zunehmend befand er sich in einem Vakuum. Er hatte die Laufbahn des Vaters verworfen, aber sein Klosterdasein wurde nun ebenfalls problematisch: »Seine Skrupel begannen wie Motten am Gewebe des Mönchtums zu fressen, das er bis dahin als festgewirkten Schutz gegen seine Impulse empfunden hatte« (Erikson, 1975a, S. 170). Erikson vermutet, dass Luther unter sexuellen Anfechtungen besonders gelitten hat, wie sie den Mönch im Zustand permanenter Askese immer überfallen können. Beziehungen zu Frauen dürften in dieser Lebensphase höchst unwahrscheinlich gewesen sein. Aber bereits nächtliche Ejakulationen könnten Martin in seiner Übergewissenhaftigkeit Schuldgefühle bereitet haben, ließen ihn, spekuliert Erikson, jedwede sexuelle Spannung mit Sünde gleichsetzen: »So wurde er anfällig für jene Verbindung sinnlicher Reizbarkeit mit Überempfindlichkeit des Gewissens, die eine Identitätsdiffusion auf die Spitze treibt« (1975a, S. 170).

Eindrucksvoll schildert Erikson im Kapitel »Erste Messe und Sackgasse« die nun einsetzende religiöse Krise Luthers an der Grenze zwischen geistigem Ringen und psychopathologischer Abgründigkeit. Es ist andererseits die Frage, ob diese Krise wirklich so massiv und langanhaltend war – immerhin handelt es sich um einen Zeitraum von mehreren Jahren –, oder ob Erikson manche Quellen überinterpretiert und Gefahr läuft, auf Luther eigene Erfahrungen aus der Therapie seiner verwirrten jungen Patienten zu übertragen. Das negative Gewissen, sucht Erikson die psychische Verfassung des jungen Mönches nachzuempfinden, meldete sich bei Martin mit aller Macht zurück. War sein Glaube wirklich stark genug, sollte der Vater mit den Zweifeln an seiner Berufung Recht behalten? Er begann, sich schuldig und unwürdig zu fühlen, externalisierte andererseits das strenge Über-Ich nach außen, glaubte sich von den Mitbrüdern und den Oberen beobachtet, litt unter zunehmender Reizbarkeit und unkontrollierten Zornausbrüchen. Dies steigerte sich bisweilen in Zwangszustände und Halluzinationen hinein, Angstattacken, Gefühle, vom Teufel bedroht zu sein. All das war laut Erikson inneres Ergebnis lange zurückgehaltenen Zorns in einem Menschen, der seine fromme Selbstbeherrschung nicht verlieren will und andererseits noch kein legitimes Feindbild gefunden hat: »Sehr wahrscheinlich näherte sich Martins Leben bisweilen dem, was wir heute als psychotischen Grenzzustand eines Jugendlichen in verlängerter Adoleszenz und wiedererwachten infantilen Konflikten ansehen« (1975a, S. 162f.).

Eine Zeitlang muss Luther versucht haben, den inneren Aufruhr durch übertriebene Gefügigkeit zu unterdrücken. Akribisch studierte er die Heilige Schrift, hielt sich übergenau an jede Kleinigkeit der Ordensregeln, erforschte skrupulös sein Gewissen und konnte stundenlange Beichten wegen Bagatellen ablegen. Im zwanghaften Gehorsam freilich zeigte sich der Abwehrmechanismus der Reaktionsbildung gegen verdrängte rebellische Impulse. Martin sehnte sich nach urtümlicher Frömmigkeit, in seinem Innern aber brodelten Zorn und Blasphemie. Dies alles brachte ihn endlich dazu, Gott in die Rolle des gefürchteten Vaters einzusetzen, den er hasste und dem er nicht vertrauen konnte. Damit schloss sich für Erikson der Kreis, und »das Verdrängte kehrte mit ganzer Macht zurück; denn nun entsprach die Stellung Gottes genau der, die der Vater eingenommen hatte, als Martin versuchte, sich mit Hilfe des Gewitters in die Theologie zu flüchten« (1975a, S. 180). Martin wurde von panischem Schrecken erfüllt, wenn er den Namen Christus hörte. Er zweifelte am Opfer des Gottessohnes, begann, ihn zu fürchten und zu hassen. Es war dem verzweifelten jungen Mönch unvorstellbar geworden, dass man Gottes Gnade durch die Befolgung von Vorschriften erlangen konnte und die Begegnung mit Gott durch irgendwelche persönliche Anstrengungen erreichbar sei. An diesem Punkt hatte Martin das innere Felsgestein seiner Identitätsdiffusion erreicht. Er musste nun einen eigenen, ganz neuen Zugang zu Gott finden jenseits der religiösen Konventionen seiner Zeit oder er drohte in seinem gesamten Lebensentwurf zu scheitern.

Im Jahre 1508 wurde der 25jährige Luther nach Wittenberg an das dortige Augustinerkloster versetzt. Hier schloss er Bekanntschaft mit dem Generalvikar Dr. Johann von Staupitz, dem Erikson eine außerordentlich bedeutsame, fast therapeutische Rolle in dieser kritischen Pha-

9.3 Das Moratorium im Kloster und die Entstehung einer neuen Theologie

se von Luthers Leben zuweist. Für das jugendliche Feuer in Martins Person empfänglich, entwickelte sich Staupitz für den jungen Luther zu einer positiven Vaterfigur. Martin konnte sich bei Staupitz aussprechen. Er bestärkte ihn, von seinen Gewissensbissen zu lassen und auf sein ureigenes Gefühl zu lauschen. Als nicht tadelnde Autorität konnte er Martin mit Humor und Nachsicht begegnen, in ihm das lange verschüttete Urvertrauen wieder zum Schwingen bringen. Obwohl theologisch eher von mittelmäßigem Format, war es nach Auffassung Eriksons Staupitz, der genau zum rechten Zeitpunkt und mit den richtigen Worten Martins Aufmerksamkeit auf die Originaltexte der Bibel lenkte: »Die Tatsache, dass Staupitz Martins Bestimmung zum großen Redner und Deuter des Wortes erkannte und sich über seine heftigen Einwände hinwegsetzte, zeugt ebenso von therapeutischem Wagemut wie von planendem Weitblick« (1975a, S. 182).

Auf ein Zwischenspiel, Luthers Romreise im Herbst 1510, geht Erikson im Kapitel »Die Bedeutung von es ernst meinen« ein. Angesichts der Tatsache, dass Luther nur wenige Jahre später einen Großteil der Christenheit vom römischen Papsttum abspaltete, verlief sein Aufenthalt in der heiligen Stadt vollkommen undramatisch. Vom Glanz der Renaissance war damals noch wenig zu sehen. Rom verfügte Anfang des 16. Jahrhunderts höchstens über doppelt so viele Einwohner wie Erfurt und war teilweise noch zerstört. Luther näherte sich mit frommer Inbrunst den religiösen Sehenswürdigkeiten der Stadt und legte eine Generalbeichte ab, laut Erikson offenbar ein letztes zwangsgesteuertes Bemühen, seine innere Unruhe durch fromme Handlungen zu beschwichtigen. Dennoch muss Luther die religiöse Dekadenz seines Zeitalters aufgefallen sein, die blühende Reliquienverehrung, die Mischung aus Aberglaube und Geschäftsgeist, der Ablasshandel, die Beleidigungen der Messe durch unwürdige Priester. Er nahm diese Eindrücke gequält in sich auf, sah sie noch nicht als Symptom des Niedergangs seiner Kirche. Luther hatte noch nicht das Ende seiner schöpferischen Latenzzeit erreicht. Ein innerer Schutzmechanismus, spekuliert Erikson, gleichsam ein Zustand »seelisch-geistiger Verstopfung« (1975a, S. 194) hielt Gefühle von Zweifel und Empörung zurück und bewahrte ihn vor verfrühten Entschlüssen.

9.4 Der Weg in die Reformation

Nach der Rückkehr aus Rom war Luther Universitätslehrer und Seelsorger zugleich. Vor einfachen Schichten des Volkes ebenso wie vor Fürsten und Studenten predigend, entdeckte er den Reichtum seines sprachlichen Ausdrucksvermögens. Luther wandte sich an das Herz der Menschen, sein Auftreten war faszinierend. Buchdrucker verbreiteten seine Ansprachen, er wurde zum Volksprediger. Als Universitätsdozent entwickelte Luther allmählich einen eigenen theologischen Stil aus dem gründlichen Studium der Heiligen Schrift, der Beschäftigung mit den philosophischen Autoritäten und der scholastischen Liebe zur Definition. Bei der Arbeit auf seinem Spezialgebiet, der Bibelexegese, konnte er seinen theologischen Überlegungen freien Lauf lassen. Erikson sieht die Wurzeln der Reformation schon lange vor 1517 und glaubt, dass Luthers Theologie im Entwurf bereits fertig vorlag, als er in die Geschichte einbrach.

Besonders in den Arbeiten an der Psalmenvorlesung 1513 bzw. am Römerbrief 1516 muss sich ein schlummerndes Gedankengebäude aufgebaut haben, das sich in Luthers Turmerlebnis zu einer dramatischen Offenbarung verdichtete. Als er die Stelle Röm. 1,17 überdachte, gewann der letzte Satz plötzlich eine Klarheit, die seine Persönlichkeit bis ins Tiefste erschütterte: »Der Gerechte wird seines Glaubens leben«. Die grundlegende Erkenntnis, dass der Glaube vor der Tat da sein muss und der Christ allein durch seinen Glauben gerechtfertigt ist, war der entscheidende theologische Durchbruch Luthers zu einer völligen Neubestimmung der Beziehung des Menschen zu Gott. Es gibt für den einzelnen überhaupt keine Möglichkeit, sich durch Anstrengungen oder gute Werke das Heil zu erwerben. Gott ist kein gestrenger Richter, der an einem Jüngsten Tag entsprechend eines vorgefertigten Sündenregisters Gericht übt, den es zu versöhnen oder zu bestechen gilt. Gott hat den Glauben gegeben, aus dem wir leben sollen, und dies begreifen wir, indem wir das Wort begreifen, das Christus ist. Einzig die Ernsthaftigkeit des Glaubens ist entscheidend für das Verhältnis zu Gott.

Dieses zweite, viel mehr aus persönlichen Quellen stammende Bekehrungserlebnis befähigte Luther zu größter religiöser Inspiration und geistiger Kreativität. Gott war nun in seinem Empfinden keine rächende Zorneswirklichkeit mehr, gleichsam ein in himmlische Sphären projiziertes grausames Über-Ich, sondern eine gütige, Erbarmen schenkende Autorität. Luthers nun entstehende Theologie der Rechtfertigung des Sünders aus dem Glauben befreite ihn von Ängsten und Schuldgefühlen und weist nach Erikson »überraschende Strukturparallelen zu dynamischen inneren Veränderungen auf, wie sie Kliniker bei der Genesung von Patienten aus seelischer Not beobachten« (1975a, S. 227f.). Frei von lähmenden Denkverboten sog Luther gleichsam die Weltstimmung seines Zeitalters in sich auf. Die Renaissance als die »Ich-Revolution par excellence« (Erikson, 1975a, S. 212) bejahte den Körper und die Sinnlichkeit, förderte die kreativen Fähigkeiten des Menschen, betonte, in der Sprache der Psychoanalyse, die Souveränität des Ich gegenüber dem Über-Ich. »Dieses allgemeine und unheimliche Gebiet des negativen Gewissens müssen wir als den fest umrissenen Ort betrachten, dem Luthers Arbeit galt. Seine Mittel waren die der Renaissance: Rückgriff auf die Originaltexte, entschiedene Anthropozentrik (wenn auch in christozentrischer Form), Einsatz seines ureigenen Ausdrucksmittels, der Muttersprache« (Erikson, 1975a, S. 215). Dennoch war Luther sich nach Einschätzung Eriksons vor 1517 nicht im Entferntesten bewusst, dass er zum Herold eines neuen Zeitalters werden sollte. Alles, was er formulierte, war in seinen Augen rechtgläubige Theologie: »Nur ein sehr unabhängiger Geist konnte so die Grundlagen des Urchristentums neu formulieren. Und nur ein rechtschaffen einfältiger Mann konnte sich zu dem Glauben verleiten lassen, dass die römische Kirche ihm das Predigen erlauben würde, wenn er sie leben ließe« (Erikson, 1975a, S. 244).

Die skrupellosen Geldgeschäfte seiner Kirche, der epidemisch werdende Ablasshandel war es, der bei Luther den Stein ins Rollen brachte. Mit seinem Thesenanschlag am 31. Oktober 1517, ein damals üblicher Vorgang, um zur öffentlichen Diskussion einer Streitfrage einzuladen, wollte er seine Kirche vor einem Irrweg bewahren und hatte keinesfalls die Absicht zur Rebellion. Aber Luther war der erste historische Führer, dem die Buchdruckerkunst und damit neue Techniken der Massenbeeinflussung zu Gebote standen. Die Sprengkraft seiner nach überall hin verbreiteten Thesen traf ihn unvorbereitet. Einflussreiche Männer stellten sich auf seine Seite. Die Lehre von der religiösen Bedeutungslosigkeit der Werke ließ sich zu einer wirtschaftlichen Theorie der Revolte ausbauen. »Die deutsche Übersetzung der Thesen weckte unmittelbares, weithallendes und deutliches Echo: in der breiten Öffentlichkeit, die antiitalienisch und patriotisch gesinnt war, bei den antikapitalistischen, gleichmacherischen Entrechteten, den antimonopolistischen Klein-Plutokraten, den partikularistischen Fürsten, den antiklerikalen und diesseitsfreudigen Gebildeten, den teutonischen und anarchistischen Rittern« (Erikson, 1975a, S. 251).

An einem jener »Identitäts-Vacua«, jener entscheidenden Wendepunkte der Geschichte, hatte Luther eine sich im Gären befindliche Revolte losgetreten. Die nun folgende symmetrische Eskalation wird von Erikson im 7. Kapitel »Glaube und Zorn« nur in kurzen Zügen geschildert. Sowohl Luther wie der Papst schwankten einige Zeit, machten Zugeständnisse. Spätestens nach der öffentlichen Disputation mit dem versierten Johannes Eck, der Luther dazu brachte, Zweifel an der Oberhoheit des Papstes zu äußern, war keine Umkehr mehr möglich. 1520 drohte die päpstliche Bulle ihm die Exkommunikation an. In drei Streitschriften griff er wesentliche Grundlagen des katholischen Glaubens an, worauf im September 1520 der Kirchenbann über ihn verhängt wurde. Schon am nächsten Tag verbrannte Luther öffentlich die Schrift des Papstes und verkündete, dass niemand gerettet werden könne, der nicht, wie er, die römische Kirche verlasse. Damit waren die Würfel gefallen.

Unaufhaltsam wuchs Luther nun in die Rolle des ideologischen Führers und deutschen Propheten hinein. Ein Jahr später, auf dem Reichstag zu Worms bot er »Ächtung und Tod die Stirn, nicht eines Glaubenssystems oder der Verpflichtung gegenüber Tradition und Abstammung wegen, sondern um seiner persönlichen Überzeugung willen, die ihm aus innerem Konflikt erwachsen war. Das Gewissen, von dem er sprach, war kein innerer Niederschlag einer zur Form gewordenen Moral; es war das beste, was ein einzelner Mensch zwischen Himmel, Hölle und Erde zu erfahren vermochte« (Erikson, 1975a, S. 254). Ein Glaubensbekenntnis für die Menschen der Neuzeit formuliert zu haben, für Menschen, die entschlossen waren, religiös, politisch und wirtschaftlich auf eigenen Füßen zu stehen, war laut Erikson Luthers entscheidende historische Leistung. Die Bedeutung, die er dem individuellen Gewissen beimaß, wies den Weg zu einer Fülle von politischen Forderungen nach

Freiheit, Gleichheit und Selbstbestimmung in kommenden weltlichen Revolutionen und Kriegen.

Hier endet für Erikson die Geschichte des jungen Mannes Luther. Er hatte der Reformation den entscheidenden Anstoß gegeben, nun wurde er von den politischen Vorgängen überrollt: »Was die Menschheit aus Luthers Erkenntnissen und Lehren gemacht hat, könnten wir der Massenpsychologie und politischen Philosophie überlassen und die verbleibenden Konflikte, die der weiteren Entwicklung seiner Persönlichkeit zum Verhängnis wurden, endogenen Prozessen oder frühem Alter zuschreiben« (Erikson, 1975a, S. 258). Die grausam unterdrückten Bauern revoltierten und beriefen sich auf Luther als politischen Führer. Dieser hatte indessen nur die Beziehung des Gläubigen zu Gott neu gestalten wollen. Eine politisch-wirtschaftliche Revolution lag nicht in seiner Absicht. Nach wie vor war er der Überzeugung, dass geistige Unabhängigkeit mit Leibeigenschaft und Leibeigenschaft mit der heiligen Schrift vereinbar sei. Luther riet den Bauern zur Mäßigung und musste erleben, dass sie ihm nicht gehorchten. Aus Angst vor dem politischen Umsturz erfolgte 1525 seine »Kampfansage wider die mörderischen und räuberischen Rotten der Bauern«. Seine Äußerungen waren maßlos und autoritär: »Hören wir nicht Hans, der das Überbleibsel eines halsstarrigen Bauern aus seinem Sohn herausprügelt?« (Erikson, 1975a, S. 260).

Während Luther sich als Pastor und Professor in Wittenberg befand, begann die Reformation sich über ganz Europa auszubreiten. Im Juli 1525 heiratete Luther Katharina de Bora. Ein Jahr später wurde der gemeinsame Sohn Hans geboren. Immer stärker zeigte sich nun die verspätete Identifikation Luthers mit seinem Vater, nicht nur in seiner Lebensweise als Ehemann und Familienoberhaupt, sondern auch in seinen politischen und theologischen Ansichten. Zunehmend stellte er sich auf die Seite der Obrigkeit und vertrat die Ansicht, dass das mosaische Gebot: »Ehre Deinen Vater!« sich auch auf die Fürsten beziehe. Einst hatte Luther das Individuum von der Diktatur der römischen Kirche befreien wollen, nun half er, eine politische Ordnung vorzubereiten, welche den einzelnen zwang, sich der Wirtschaftspolitik und dem Glaubensbekenntnis des Landesherren unterzuordnen. Dies kam nach Erikson zweifellos den neuen merkantilen Fortschrittsbestrebungen entgegen: »Obwohl er heftiger als irgend jemand sonst auf Ablass und Wucher reagiert hatte, half Luther, die metaphysische Mesalliance zwischen Wirtschaftsegoismus und Kirchenzugehörigkeit vorzubereiten, die für die westliche Welt so kennzeichnend wurde. Martin war der metaphysische Anwalt für die Klasse seines Vaters geworden« (1975a, S. 264).

Ab 1527 setzten bei Luther Ängste und Depressionszustände ein verbunden mit quälenden körperlichen Beschwerden, die ihn von nun an bis zu seinem Tode 1546 immer wieder überfielen. In tiefer Melancholie verlor Luther bisweilen jede Wertschätzung seiner selbst. Er konnte maßlos essen und trinken und sich in derben Späßen über das Essen und die Verdauung auslassen, fixierte in dreckschleudernden Zornausbrüchen seinen Hass immer krasser auf die beiden Projektionsflächen des Bösen, den Teufel und den Papst. Psychiatrische Autoren interpretieren die Verstimmungszustände des alternden Luther als Ausdruck der fortschreitenden endogenen Psychose. Entscheidender als die konstitutionelle Melancholie war für Erikson jedoch die generative Krise im mittleren Erwachsenenalter, wo Luther feststellen musste, was seine Bewegung bei den Massen ausgelöst hatte, wie sehr die Reformation von allen Seiten, den Fürsten, Kaufleuten, Bauern und den unteren Klassen, ausgenutzt worden war. Noch elementarer, glaubt Erikson, muss Luther die Erkenntnis getroffen haben, wie sehr er mittlerweile seinem Vater Hans ähnelte: »In Hinblick auf Luthers Vaterbeziehung leuchtet ein, dass seine tiefste Verzweiflung entstand, als er so viel von dem geworden war, was sein Vater für ihn gewollt hatte: einflussreich, wirtschaftlich gesichert, eine Art von Super-Rechtsanwalt und Vater eines Sohnes mit Namen Hans« (1975a, S. 268f.). So ideal Erikson den jungen Martin zeichnet, so deutliche Vorbehalte äußert er dem alternden Luther gegenüber. Obwohl er das Vorbild der liebevollen, kinderreichen Mittelstandsehe schuf, sei Luthers Familienleben nicht frei von Fadheit und kleinbürgerlicher Behaglichkeit gewesen. Sich zunehmend in der paranoiden Fixierung auf den Papst aufreibend, habe Luther viel von dem Feuer und der ehrlichen Überzeugungskraft des jungen Reformators verloren.

Am Ende seines Buches zieht Erikson Parallelen zwischen Luther und Freud, die sich in revolutionärer Weise von den Denkgewohnheiten ihrer Zeit freimachten und zu entscheidenden Fortschritten in Theologie, Philosophie und Psychologie beitrugen: »Beide versuchten, mit introspektiven, auf den Mittelpunkt seines Konflikts zielenden Methoden im Menschen den Spielraum innerer Freiheit zu vergrößern. Ihr Ziel war Individualisierung und geistig-seelische Gesundheit des Menschen« (1975a, S. 278). Luther schuf eine neue Art des Gebets, in der die aufrichtige Gewissenserforschung im Mittelpunkt stand. Freud erfand eine Technik der Introspektion, welche eine zutiefst ehrliche Auseinandersetzung mit den Mechanismen der eigenen Selbsttäuschung erforderte. Luther befreite das individuelle Gewissen vom Dogma der römischen Kirche, Freud vom Druck des anerzogenen Über-Ich. Beide betonten die unverbrüchliche Verantwortung des Einzelnen für sein Schicksal, die Verpflichtung, das Leben trotz aller Erfahrung unvermeidlichen Leides ohne falsche Illusionen zu ertragen.

9.5 Kann Erikson den historischen Luther erfassen?

Mit großer Einfühlsamkeit und Liebe zum Detail hat Erikson es in »Der junge Mann Luther« verstanden, das Große der Person Luthers, die Macht seiner Gefühle und die Tiefe seines religiösen Ringens deutlich zu machen. Dennoch fallen bereits dem historisch ungeschulten Leser manche Konstruktionen, gewagte Schlussfolgerungen und Übertreibungen auf, die erst recht bei Fachleuten auf Kritik gestoßen sind. Kann man, indem man über einen Abstand von 400 Jahren moderne Begriffe wie »Identität«, »Ideologie«, »Ödipuskomplex« oder »Moratorium« auf den Lebenslauf eines mittelalterlichen Menschen anwendet, wirklich etwas über dessen geschichtliche Persönlichkeit in Erfahrung bringen? Oder spiegelt die psychohistorische Methode nicht eher Persönlichkeit und Motive des Psychohistorikers wider?

Mustergültig hat Erikson auf die Vielfalt unbewusster Einflüsse bei der Überlieferung und Deutung geschichtlicher Tatbestände hingewiesen. Gerade der Psychohistoriker müsse sich fragen, welche geheimen Idealbildungen und Identifikationen, welche unbewussten Projektionen und Übertragungsvor-gänge ihn bei der Auswahl und Bearbeitung eines bestimmten Stoffes beeinflussen. Jedoch – von Eriksons eigener Gegenübertragung auf die Person Martin Luthers erfährt man letztlich zu wenig. Manche Fragen drängen sich auf. Steht der große Widerspruchsgeist Luther für jenen empörten Zorn, den der zurückhaltende Erikson nie richtig ausleben konnte? Sieht er in Martin Luther den idealen Vater seiner Jugendträume, während er auf Hans Luther eigene unbewusste Aggressionen gegen den Stiefvater Theodor Homburger verschiebt? Stark zu vermuten ist, dass Erikson Teile der eigenen Lebensgeschichte auf sein Forschungsthema projiziert, litt er doch selber an vielfältigen Autoritätskonflikten, widersetzte sich den Berufswünschen seiner Eltern und durchlebte ein krisenhaftes Moratorium. Zumindest aus seiner Bewunderung für den jungen Reformator hat Erikson keinen Hehl gemacht. Luther ist für ihn ein faszinierender Homo religiosus, mutiger Rebell und Wegbereiter der Neuzeit. Weit weniger sympathische Seiten an Luther werden von Erikson zwar angesprochen, aber zugleich – in bisweilen humorvoll-nachsichtigem Ton – eher in Schutz genommen. Das kann leicht dazu führen, manch problematische Auswirkung Luthers auf den weiteren Geschichtsverlauf – von seiner Obrigkeitsverehrung bis zu seinen antisemitischen Tiraden – nicht ausreichend zu berücksichtigen.

Gerade aus seiner persönlichen Sympathie heraus vermag Erikson sich tief in die Nöte und Ängste des jungen Martins einzufühlen. Seine Schilderung ist in manchen Passagen so intensiv, dass der Leser sich unmittelbar in Szenen aus Luthers Leben hineinversetzt sieht. Andererseits fragt man sich, ob Eriksons Phantasie nicht bisweilen zu weit geht – etwa die Spekulation, das Turmerlebnis sei als befreiende »anale« Elimination auf dem Abort erfolgt – und er Gefahr läuft, die notwendige Vorsicht und Distanz zu seinem Gegenstand zu verlieren. Woher weiß Erikson beispielsweise, dass Luther auf dem Reichstag zu Worms wirklich »bescheiden und demütig vor seinem Kaiser stand und kaum zu hören war« (1975a, S. 158) oder bei seinem Anfall im Chor das »epilepsoide Ringen um Selbstaufgabe« durchlebte (1975a, S. 41)?

Erikson hat sorgfältig die ganze Vielfalt der soziologischen, kirchengeschichtlichen und philosophischen Strömungen auf Luthers Persönlichkeitsentwicklung und Werk aufzuarbeiten versucht. Bei alldem benutzt er freilich psychopathologische Termini und Diagnosen, spricht von »analer Charakterstruktur«, »paranoider Fixierung«, »Teufelsphobie«, »Ödipuskomplex« oder »Identitätsdiffusion«. In gewisser Weise legt er Luther doch »auf die Couch« und wendet sein psychoanalytisches Modell von den Krisen des Lebenszyklus in teilweise höchst spekulativer Weise auf Luthers Leben an. Gefahr dabei ist, dass man um der Eingängigkeit des Modells willen gewisse Tatsachen überbewertet, andere hingegen nicht genügend in Rechnung stellt bzw. ganz weglässt. Besonders deutlich wird dies, wenn Erikson ein zentrales Stück der Freud'schen Lehre, den Ödipuskomplex, zum Kerngedanken seines eigenen Interpretationsversuchs macht und mitunter geradezu in die historischen Texte »hineinliest« (Müller, 2004, S. 323). Das geschichtlich unhaltbare Bild, das Erikson dabei von Luthers Vater entwirft, ist bei Historikern und Theologen immer wieder zentraler Kritikpunkt gewesen. Der Vaterkonflikt – und seine Übertragung auf immer weitere Personen und Institutionen bis hin zum himmlischen Vater – wird zum alles beherrschenden, gleichsam monokausalen Erklärungsprinzip für Luthers Persönlichkeit und Werk, lässt die ganze Reformation nahezu als »Notwehr gegen den gnadenlosen Vater« erscheinen (Obermann, 1986, S. 91). Es überrascht, dass Erikson kein gutes Haar an Hans Luther lässt, ihn mit einer Fülle von Übertreibungen und Spekulationen zu einer dämonischen Schreckensgestalt hochstilisiert. Es ist die Rede von einem »eifersüchtigen Gott« (1975a, S. 135), von »sexueller Hemmungslosigkeit, Neigung zu Alkohol und Grausamkeit«, welche »die moralische Maske des Vaters offenkundig durchbrechen« (1975a, S. 135), Formulierungen, die ein brutal-despotisches Bild von Hans Luther zeichnen, das weit über das hinausgeht, was die spärliche Quellenlage zu behaupten zulässt. In nahezu jeder Hinsicht wird Martin von Erikson als Opfer des tyrannischen Vaters hingestellt. Hans' brutale Erziehung ist Quelle von Martins Traurigkeit; die Auflehnung gegen den Berufswunsch des Vaters wird Motiv für den Eintritt ins Kloster; die Glaubenskrise des jungen Mönches führt Erikson im Wesentlichen auf eine Wiederkehr des Vaterkomplexes zurück, von dem Luther sich durch den Entwurf einer neuen Theologie befreit. Sogar Luthers Altersmelancholie soll aus der verspäteten Identifizierung mit dem Vater herrühren. Hans Luther trägt bei Erikson »alle Züge eines ideologischen Konstruktes, und die damit gezeigte Denkstruktur verbindet Erikson ohne Zweifel stärker mit der religiösen Überlieferung als mit der modernen psychologischen Wissenschaft« (Scharfenberg, 1985, S. 22).

Dass Luthers Kindheit hart und entbehrungsreich war, steht außer Frage. Erikson hätte es gar nicht nötig gehabt, das Bild von Martins Erziehung so überzogen zu zeichnen, um Luthers spätere Krisen verständlich zu machen. So gewinnt man leicht den Eindruck, als hätte Erikson in erster Linie die dunklen Züge aus Luthers Kindheitserinnerungen herausgefiltert und diese mit seinem eigenen psychoanalytischen Wissen über infantile Ängste noch negativer ausgemalt. Damit macht er es sich zu einfach. Erikson scheint die positiven Gefühle in Luthers Äußerungen zu seinen Eltern zu übersehen, wie sehr er ihre Geborgenheit suchte, wie tief es ihn schmerzte, seinem Leben eine andere Richtung gegeben zu haben. Luther hat sich öfter über die strenge Erziehung beider Eltern beklagt. Nie hat er offen Hans' Charakter in Frage gestellt, der, wie Mansfelder Verwandte berichten, oft am Bett der Kinder gebetet habe (vgl. Bornkamm, 1969, S. 48), auf der Primizfeier seines Sohnes dem Kloster eine beträchtliche Geldspende machte (vgl. Obermann, 1986, S. 92). In seinem Sterbebrief an Hans zeigt sich viel an Respekt und Verehrung, so dass man sich fragen muss, ob die Beziehung zwischen Martin und Hans in dem Maß von Hass bestimmt war, wie Erikson es unterstellt.

In vielen Passagen des Luther-Buches spürt man Eriksons Bemühen, sein Angesprochenwerden von Religion mit seiner psychoanalytischen Identität zu versöhnen. Oft weist er auf die – eher unerwarteten und unwahrscheinlichen – Parallelen zwischen Luther und Freud hin, wenngleich man fragen muss, ob Freud sich nicht gegen solche Vergleiche gewehrt hätte. In der Tat können, bei allem Bemühen um Harmonisierung, nicht grundlegende Unterschiede zwischen Tiefenpsychologie und evangelischer Theologie ausgeblendet werden. Ziel der psychoanalytischen Introspektion ist ein Aufarbeiten infantiler Konflikte und unbewusster Projektionen. In Luthers Art des Gebets hingegen geht es nicht, wie Schneider-Flume (1985) betont, um bloße Ich-Stärkung, sondern das Erschließen einer transzendenten Wirklichkeit, die sich im Letzten nicht rational fassen lässt. Der Konflikt mit dem Vater mag mitentscheidend gewesen sein, dass er seine juristische Laufbahn abbrach. Entscheidender Anstoß für den Eintritt ins Kloster war vermutlich doch die für den mittelalterlichen Menschen typische Sorge Luthers um sein Seelenheil. Sicherlich schwangen in Luthers Teufelsphobien frühkindliche Ängste mit, wurden in seinen inbrünstigen religiösen Visionen Vertrauensgefühle der Säuglingszeit wiederbelebt. Dennoch stieß Luther wohl in existentielle Sphären befreiender Glaubensgewissheit vor, die sich allen reduktionistischen Deutungsversuchen entziehen. »Dieser religiöse Kern«, wendet Bornkamm ein, »in den sich Luthers Jugenderfahrungen schließlich verdichten und aus dem alles Spätere erwächst, wird bei Erikson zwar nicht ganz beiseite gelassen, aber in seiner Eigenkraft nicht ernst genommen. Er erscheint mehr als die zufällige Form für die Auswirkungen des Vater-Konflikts, auf den alles zurückgeht. Über dem psychoanalytisch aufgedeckten Motiv werden die offen liegenden um ihre Bedeutung gebracht« (1969, S. 46).

10 Gandhis Wahrheit

10.1 Auf den Spuren des Mahatma

Auch in seinem zweiten weltbekannt gewordenen psychohistorischen Werk behandelt Erikson das Leben eines religiösen Erneuerers, und wieder ist eine starke persönliche Faszination dafür mit ausschlaggebend. Bereits in seiner Jugend hatte Erikson Gandhi und dessen Auftreten gefesselt. Welchen Utopien war die Menschheit im 20. Jahrhundert nicht nachgejagt? Und in welche Katastrophen kalt geplanter Vernichtung mündeten manche dieser Ideen hinein? Was stellte andererseits Mahatma Gandhi mit seinem gewaltlosen Friedensinstrument für einen Kontrast dar zu den größenwahnsinnigen Führern dieser Epoche? Eine kleine, feingliedrige Gestalt mit schmalem Gesicht, sanften dunklen Augen, voll unendlicher Geduld und Liebe; ein Mann von äußerster Kargheit, gekleidet in ein Leinentuch, der sich nur von Reis und Früchten ernährte, wenig schlief und sich in rastlosem Einsatz für andere verzehrte. Gandhi bewegte 300 Millionen Inder zum gewaltlosen Widerstand, leitete den Untergang des britischen Empire ein und vermittelte nach Einschätzung Eriksons »der Welt den stärksten religiösen Impetus der letzten zweihundert Jahre« (1978a, S. 32).

1969, nach jahrelanger gründlicher Vorbereitung, erschien »Gandhis Wahrheit. Über die Ursprünge der militanten Gewaltlosigkeit«, ein über 550 Seiten umfassendes Werk, bestehend aus Vorrede, Prolog, vier Hauptkapiteln und einem Epilog. Motto des Buches ist »die Suche eines von der westlichen Zivilisation geprägten Mannes und Psychoanalytikers nach der historischen Gestalt Mahatma Gandhi und nach der Bedeutung dessen, was er Wahrheit nannte« (1978a, S. 7). Erikson bemüht sich sehr, die indische Mentalität nachzuempfinden, Gandhi so wenig wie möglich mit westlichen Denkkategorien zu begegnen. Der Mahatma wird von ihm bei weitem nicht so stark wie Luther in ein psychoanalytisches Modell gepresst. Gandhis Ablegen der Waffen ist keine symbolische »Selbst-Kastration«, sein Arbeiten am Spinnrad nicht Symptom einer »bisexuellen Verwirrung«. Und wenn Gandhi Salz aus dem Meer entnimmt, dann ist dies nicht der »Samen«, mit dem er dem indischen Volk »seine Potenz« zurückgeben will. Erikson verfasst auch nicht, wie es in anderen Gandhi-Biographien leicht zur Gefahr wird, eine Heiligenlegende. Die menschlich-allzumenschlichen Seiten des Mahatma lässt er nicht außer Acht, die Versuchungen, zu denen er sich bekannt hat, der verkappte Moralismus, sein Zaudern und seine Irrtümer. Bei alldem ist Erikson sich bewusst, dass letztlich kein Interpretationsversuch solchem Charisma gerecht werden kann: »Wer könnte beschreiben, wer einen solchen Mann ›analysieren‹? Geradlinig und dennoch nicht steif; scheu, aber wiederum nicht in sich zurückgezogen; Intelligenz, ohne dass sie angelesen gewirkt hätte; willensstark und doch nicht stur; feinfühlig, aber nicht weichlich: all dies deutet auf jene Integrität, die ihrem Wesen nach nicht erklärbar ist – und ohne die keine Erklärung Gültigkeit für sich beanspruchen dürfte« (1978a, S. 126f.).

Bereits der erste Indien-Besuch 1962 anlässlich eines interdisziplinären Seminars in Ahmedabad, der Industriestadt in Gujarat, nahe der pakistanischen Grenze, hatte für Erikson etwas Überwältigendes. Rasch wurde klar, dass, wer Gandhi verstehen wollte, zuerst Indien verstehen musste mit seinem Glauben an die Bilderwelt der Mutterreligionen und die Wiedergeburt, mit seinen krassen Kastengegensätzen, der schwelenden Angst vor dem Furor ethnischer Konflikte, vor allem dem alles durchdringenden Eindruck katastrophaler Armut. Fusion und Isolierung sind Eriksons Empfinden nach die beiden Pole, zwischen denen das indische Welterleben sich hin- und herbewegt. Die strikte Unterteilung zwischen Selbst und Gemeinschaft, Körper und Seele ist dem Inder fremd. Stärker als der Europäer vermag er mit der Außenwelt zu verschmelzen, sich als eingebettet in einen großen Lebensstrom zu empfinden. Erikson spricht von einer »femininen Raum-Zeitlichkeit«, das Umhüllt- und Gehaltenwerden von einer Gemeinschaft hegender Eltern, Großeltern, Geschwister, Onkeln, Tanten, Nichten und Neffen, welches von früh auf das Identitätsgefühl des indischen Menschen prägt. Die Religion in Indien ist eine Mutterreligion, das fraglose Empfinden, von einem vertrauenswürdigen Universum getragen zu werden, oft verbunden mit einem Hang zu passiver Schicksalsergebenheit, ein, wie Gandhi scharf erkannte, wesentliches Element der politischen Unmündigkeit seines Volkes. Gegenstück ist das tief verwurzelte Bedürfnis nach dem, was in der Großfamilie vorenthalten blieb, nach Getrenntheit, Alleinsein, nach meditativem Bezug zum eigenen Ich bzw. innigem Kontakt mit einem einzelnen Menschen. In der Institution des Gurus scheint sich der Wunsch nach väterlicher Wegweisung mit der Sehnsucht nach einer exklusiven Mutterbeziehung zu verbinden. Gandhi vereinigte für Erikson beide Pole in sich. Bis zur Selbstaufgabe konnte er sich in die Stimmung eines Gegenübers, die Atmosphäre einer Gemeinschaft hineinversetzen, genau zum rechten Zeitpunkt und mit den richtigen Worten etwas Bedeutsames zum Schwingen bringen. Gleichzeitig brauchte er immer wieder Phasen des Alleinseins, um in einsamer Abgeschiedenheit der Stimme seines innersten Selbst zu lauschen.

Persönlichkeitsentwicklung heißt für den Inder, die eigenen Fähigkeiten und Absichten möglichst optimal in Übereinstimmung mit dem Dharma, der vom Schicksal vorgegebenen Bestimmung, zu bringen. Daraus ergibt sich nach Hindu-Auffassung das Karma, die Konsequenzen der persönlichen Biographie für die Wiedergeburt. Je mehr man in genauer Befolgung der Schicksalsbahnen lebt und stirbt, desto besserer Leben wird man würdig und teilhaftig, bis man schließlich bereit geworden ist, dem großen Ganzen des ewigen Kreislaufs entnommen zu werden. Dieses fatalistische Weltbild lebte zäh selbst in den fortschrittlichsten und aufgeklärtesten Indern fort und konnte sich als Hemmschuh gegen dringende sozialpolitische und wirtschaftliche Reformen auf dem Weg Indiens zur Industrienation erweisen. Die Teilnehmer des Seminars in Ahmedabad, Ärzte, Industrielle, Physiker oder Erzieher, begegneten Eriksons Ausführungen mit höflicher Skepsis. Dennoch fanden sich manche Parallelen zwischen Eriksons acht Grundaufgaben des Lebenszyklus und indischem Denken. Auch die hinduistische Tradition geht von vorgegebenen Entwicklungsstufen aus, z. B. das »Antevasin«, das »Grhastha«, das »Artha« oder das »Vanaphrastha«, wohldefinierte Lebensphasen, in denen der Mensch schrittweise in die Welt des Lernens, der intimen Partnerbeziehung und der Familiengründung hineinwächst, um im Alter für »Moksha« freizuwerden, das allmähliche Sich-Ablösen aus irdischen Banden und Aufgehen in der Transzendenz.

1964, auf einem sorgsam vorbereiteten weiteren Indien-Aufenthalt, besuchte Erikson die Hauptwirkungsstätten Gandhis, studierte dessen Schriften, befragte ehemalige Weggefährten und Mitstreiter. Gandhi selber hat nicht nur in seiner Autobiographie, sondern in einer Vielzahl von Briefen und Notizen mit einer Freimütigkeit von seinen persönlichsten Seiten berichtet, die ihn auf eine Stufe stellen mit anderen großen Selbstbekennern der Menschheitsgeschichte. Dennoch will Erikson keine klinische Fallgeschichte schreiben, kann es nicht angehen, aus Gandhi einen Patienten zu machen, seine Äußerungen wie freie Assoziationen aufzufassen und daraus neurotische Komplexe, sexuelle Verdrängungen oder Charakteranomalien herauszudeuten. Im Gegenteil: Erikson hält »jeden Versuch, einen Führer von Gandhis Format auf stets frühere wie jeweils größere und immer bessere Kindheits-Traumata zu reduzieren, sowohl für methodisch falsch wie für verhängnisvoll in ihren Auswirkungen – und dies aus keinem anderen Grund als dem, weil ich eine Zeit heraufkommen sehe, in der die Menschheit sich auseinanderzusetzen haben wird mit ihrem Bedürfnis, ›Größe‹ zu personifizieren und sich ihr auszuliefern« (1978a, S. 109).

Vieles an Eriksons Studie ist eingängig und historisch gut belegt. Gleichwohl schreibt er keine bloße Biographie, sondern hat beim Nachzeichnen von Gandhis Entwicklungsphasen sein Modell des Lebenszyklus im Hinterkopf, gehen geschichtliche Tatsachenschilderung und psychoanalytische Interpretation ineinander über. Roter Faden ist für Erikson das epigenetische Prinzip, wonach sich bestimmte Persönlichkeitseigenschaften schon in früher Kindheit herauskristallisieren und auf späteren Entwicklungsstufen immer differenziertere Formen annehmen. So versucht er, bestimmte Wesenszüge Gandhis, seinen Hang zu neckendem Humor, zu mütterlicher Fürsorge oder zu gewaltloser Konfrontation, auf ihre infantilen Ursprünge zurückzuführen, zeigt auf, wie diese Eigenschaften im jungen Erwachsenenalter deutlicher hervortreten und in immer komplexerer Weise sein politisches Handeln bestimmen, gleichsam die Ingredienzien für seine spätere Größe bilden. Von daher ist für Erikson jede Lebensstufe Gandhis wichtig auf dem Weg zur

Mahatmaschaft: die Verspieltheit des kleinen Moniya (Gandhis Name als Kind), der eine Sonderstellung bei den Eltern einnimmt; das Jurastudium in London, wo der schüchterne junge Mann Sprache und Lebensgewohnheiten seiner späteren Gegner kennenlernt; die zwanzigjährige Tätigkeit als Rechtsanwalt in Südafrika; das Leben im Ashram nach der Rückkehr in sein Heimatland; schließlich das »Ereignis« von Ahmedabad, wo Gandhi sein gewaltloses Friedensinstrument erstmals auf indischem Boden anwendet, ein wesentlicher Schritt in der Geschichte Indiens und, wie Erikson glaubt, in der psychosozialen Evolution der Menschheit.

10.2 Gandhis Kindheit in der Großfamilie

Mahatma Gandhi wurde am 2. Oktober 1869 als jüngster Sohn von sechs Kindern in der Hafenstadt Porpandar auf der Halbinsel Kathiawar am Arabischen Meer geboren. Es war eine Welt der Fischer, Seefahrer und Kaufleute, die für ihre Schläue und Gerissenheit bekannt waren. Gandhis Vater hatte das Amt des Premierministers eines kleinen »Fürstentums« inne, damals von den Briten geförderte Enklaven der Selbstverwaltung, oft nicht größer als ein Gutsbesitz. Die Gandhis gehörten seit alters her der Händler-Kaste der Banias an, und der Name Gandhi bedeutet ursprünglich Krämer. Der kleine Moniya wuchs in eine Umgebung hinein, die ihm laut Erikson eine starke regionale und feudale Identität verliehen haben muss. Nicht selten wurde Gandhi später verdächtigt, er habe bei seinen Kampagnen und Fastenaktionen den schlauen Geschäftsgeist seiner Bania-Vorfahren an den Tag gelegt.

Das Zuhause Moniyas war das Musterbeispiel einer indischen Großfamilie. Der Vater lebte mit den Familien von fünf seiner Brüder im Erdgeschoss eines dreistöckigen Hauses. Da auch für jung verheiratete Paare des Clans stets kleine Zimmer eingebaut wurden, handelte es sich um ein unglaublich verschachteltes Gebäude, wo Personen aller Altersstufen auf engstem Raum miteinander wohnten. Im Kapitel »Moniya und seine Mutter« versucht Erikson sich auszumalen, wie viel Zurückhaltung und diplomatisches Geschick ein solch dicht gedrängtes Zusammenleben erfordern muss. Wenn ein Familienmitglied verletzt oder übergangen wird, führt dies leicht zu vergiftenden Konflikten. Nur kleine Andeutungen von Ungerechtigkeit oder Parteilichkeit lassen Neid und Eifersucht hervorbrechen. Einen Verwandten zu enttäuschen, kann ein schweres Schuldgefühl zurücklassen, selber verletzt zu werden, ein tiefes Ressentiment. Für Gandhis spätere Rolle als Friedensstifter stand das Kindheitsmilieu Pate. Tiefer Respekt, Takt und Rücksichtnahme, gepaart mit genauer Kenntnis der menschlichen Natur, waren charakteristisch für Gandhis Umgang mit anderen. Es wurde gleichsam seine Leidenschaft, Menschen unterschiedlicher Herkunft und Gesinnung einander näherzubringen, selbst unter erbitterten Gegnern ungeahnte Potentiale der Versöhnung freizulegen.

Gandhis Mutter Putali Bai gehörte der Jain-Religion an. Oberstes Gebot dieser um Ausgleich und Toleranz bemühten Religionsgemeinschaft war das Prinzip von »Ahimsa«, die ausdrückliche Weigerung, irgendeinem Lebewesen Schmerz zuzufügen. Vieles von Gandhis späteren religiösen Ritualen, das Ablegen von Gelübden, das Fasten und Meditieren, vor allem die Ablehnung jeglicher Gewalt führt Erikson auf den Einfluss der Mutter zurück. In der starken Identifikation mit Putali Bai und der indischen Tradition der Mutterreligion müssen die infantilen Quellen für Gandhis ungeheure, wie Erikson es bezeichnet, »religiöse Präsenz« gelegen haben. Selbst in riskantesten Situationen konnte er eine Art franziskanische Heiterkeit an den Tag legen, ein Gefühl unendlichen Vertrauens in das potentiell Gute seines Gegners. Zugleich wurde Gandhi nie zum Dogmatiker. Er blieb offen für die Botschaften aller Weltreligionen, wenngleich die indische Religion bei ihm die tiefsten Wurzeln schlug.

Gandhis Vater, Kaba Gandhi, ein energischer und gebildeter Mann, war unumstrittenes Oberhaupt der Großfamilie. Die tägliche Regierungsarbeit versah er mit Klugheit, taktischem Geschick und, wenn notwendig, sturem Durchsetzungsvermögen. Daneben kümmerte er sich um jeden einzelnen seines Clans und hielt sich oft im Haushalt auf. Der kleine Moniya konnte beobachten, wie er sich nicht zu schade war, die Wohnung zu fegen oder das Essen mitzubereiten, und das Gesamtbild, so Erikson, macht es schwer, »eindeutig maskuline und feminine Verhaltensmerkmale zu unterscheiden« (1978a, S. 118). Die Identifikation mit der Muttersprache Gujarati, mit dem Geist seiner Händlerkaste, mit der Fürsorglichkeit seiner Mutter und der starrköpfigen Integrität seines Vaters bildeten lebenslang quasi das innere Felsgestein von Gandhis Identität. Was war andererseits untypisch (vielleicht sogar unindisch) an Gandhis Entwicklung? Erikson stellt hier die Vermutung an – und dies ist die zentrale Konstruktion bei der Aufarbeitung von Gandhis Kindheit und Jugend –, dass die Beziehung zwischen ihm und seinen Eltern weitaus inniger gewesen sein muss als sonst in der indischen Großfamilie üblich. Er stand den Eltern nicht nur emotional näher; diese vermittelten ihm auch das Gefühl, wichtig für sie zu sein, Verantwortung für sie zu tragen, später einmal über sie hinauswachsen zu können. So mag Gandhi schon früh eine Originalität in sich gespürt haben, die sich immer weiter konkretisierende Ahnung, eine Mission in sich zu tragen, der einzig Verfügbare zu sein, der die Probleme seiner Eltern, seines Clans und später eines sich stets ausweitenden Kreises von Menschen richtig zu erfassen und zu lösen vermag. Diese – in der Sprache der psychoanalytischen Familientherapie – »Delegation« muss ihn an entscheidenden Punkten seiner Laufbahn immer wieder davor zurückgehalten haben, sich auf einen konventionellen Lebensweg, z. B. als indischer Hausvater oder als Rechtsanwalt, festzulegen.

Schon als Kind entwickelte Moniya laut Erikson eine nicht nachlassende und kluge Anhänglichkeit, »die seinen Eltern das Gefühl eingab, dass ihr Verhältnis zu ihm ein einzigartiges sei, und ihm wiederum das Gefühl vermittelte, als sei ihm das Schicksal eines auserwählten Wesens geworden« (1978a, S. 119). Und weiter: »Die Glanztat bestand darin, das Vorrecht eines Kindes zu bewahren und doch – indem man es zunächst zu sein nur vorgibt und schließlich wirklich dazu wird – in Auseinandersetzungen von immer größerer Tragweite sich so sehr zum Gegenspieler der Eltern zu machen, dass man in bedeutungsvollem Wechselspiel sich ihre Stärke und Kraft erwirbt« (1978a, S. 123). Als jüngster Sohn einer jungen Mutter und eines alternden Vaters muss die Beziehung Gandhis zu Putali Bai besonders intensiv gewesen sein. In der Tat erinnert sich Gandhi in seiner Autobiographie, das Lieblingskind der Mutter gewesen zu sein. Spielen hatte keine Faszination für ihn; von

Gleichaltrigen und von Wettkämpfen hielt er sich fern, es sei denn, er konnte als Schiedsrichter oder Friedensstifter auftreten. Immer wieder zog es ihn zur Mutter zurück, offenbar, weil er spürte, dass diese ihn brauchte, er sie in bestimmten Situationen besser als jedes andere Familienmitglied verstehen und unterstützen konnte. Somit identifizierte sich Gandhi nicht nur mit Putuli Bai, sondern gab ihr auch ein Großteil mütterlicher Liebe zurück. In dieser Parentifizierung, in dieser von inniger Liebe und Verantwortung bestimmten symbiotischen Beziehung könnte der infantile Keim für Gandhis heiligmäßige Präsenz gelegen haben. Typisch für sein späteres Wirken war, dass er außerstande schien, zur selben Zeit mehr als nur eine tiefe Bindung einzugehen, vor allem, wenn es sich um ein Verhältnis voller Hingabe, ja sogar mit dem Ziel der Erlösung des anderen handelte. Egal, ob er mit seinen Anhängern meditierte, eine Streikgemeinde anführte oder britischen Gegenspielern gegenüberstand – stets gab er dem Gegenüber das Gefühl, dass der andere von einzigartiger Bedeutung sei und er sich ganz auf dessen Heil konzentriere.

Auch andere charakteristische Persönlichkeitszüge Gandhis deuten sich für Erikson in der Kindheit bereits an. Stets zu Streichen und Späßen aufgelegt, scheint sich der kleine Moniya ausgeprägt mit dem Humor identifiziert zu haben, der das Leben in einem dicht zusammengedrängten Familienclan erträglich macht. Schon als Kind hatte er die Angewohnheit, seine Umgebung als listiger Fragensteller auf die Probe zu stellen. Die neckende Ironie, mit der Gandhi voller Respekt die Schwächen seines Gegenübers entlarvte, traf Anhänger und Widersacher gleichermaßen. Besonders in Situationen, in denen er übermächtige Gegner herausforderte, legte er jene Mischung aus Humor und absoluter Entschlossenheit an den Tag, die andere im wahrsten Sinne des Wortes zu entwaffnen vermochte. Ebenfalls früh entwickelt war Gandhis lokomotorische Neugier. Moniya konnte sich immer wieder aus dem engen Elternhaus davonstehlen und auf Entdeckungsreise gehen. Seine ältere Schwester bezeichnete ihn als umtriebig wie Quecksilber. Gandhis ausdauernde Vitalität bei Fußmärschen, die Mobilität, mit der er später den indischen Subkontinent durchreiste, seine unstillbare Neugier und sprühende Energie mögen in dieser infantilen Rastlosigkeit ihre epigenetischen Ursprünge gehabt haben. Nie war die Familie vor Moniyas Streichen sicher. Er soll die Wände bemalt und religiöse Kultgegenstände in der Wohnung verstreut haben. Wenn seine Mutter ihn deswegen zur Rede stellte, pflegte er sich – die ersten Anfänge des Sitzstreiks? – trotzig auf den Fußboden zu hocken. In der Abwesenheit des Vaters nahm Moniya mitunter dessen Bildnis vom Podest und platzierte dort sein eigenes. Dergleichen Respektlosigkeiten begegnete Gandhis Vater mit Nachsicht. Er hatte offenbar, ähnlich wie die Mutter, eine besondere Beziehung zu seinem überaus begabten jüngsten Sohn. Schon früh, vermutet Erikson, scheint er ihm zugetraut zu haben, in England zu studieren und vielleicht einmal seine Nachfolge in der Tradition der Premierminister anzutreten. Auch Moniya entwickelte eine besondere Anhänglichkeit an den Vater. Mit 15 Jahren beichtete er ihm voller Angst einen Diebstahl. Der ansonsten reizbare und strenge Vater brach ob der Aufrichtigkeit seines Sohnes in Tränen aus, was diesen tief anrührte. Erstmals machte Gandhi hier die Erfahrung, dass ein ehrlich ausgetragener Konflikt auch bei einem überlegenen Gegner Potentiale der Versöhnung freizusetzen vermag, für Erikson eines der Schlüsselerlebnisse auf dem Weg zur gewaltlosen Methode.

Als Mahatma verarbeitete Gandhi seine Kindheitsidentifikationen und Lebenserfahrungen, seine ethischen Überzeugungen und politischen Ziele zu einer einzigartigen Identität des Dienens. Sein späterer Stil der Führerschaft hatte für Erikson weiblich-mütterliche, phallische und kindliche Züge zugleich. Gandhi arbeitete feminin an Webstuhl und Spinnrad, trat auch dem Letzten mit nie versiegender mütterlicher Fürsorge entgegen. Andererseits konnte er entschlossen maskulin sein im Geltendmachen seiner Ansprüche, im Mut, mit dem er sich auf schwer bewaffnete Gegner zubewegte. Dennoch usurpierte Gandhi später nicht den Thron von Königen oder Präsidenten, ließ sich nie durch den Pomp einer traditionellen Amtsführung von den Massen trennen, vielleicht, glaubt Erikson, weil er in all seinem Denken und Handeln ein wenig Moniya blieb und ein Stück »traumhafter Hellsichtigkeit des Kindes« (1978a, S. 126) bewahrte.

10.3 Jugend und Studium in England

Als einen entscheidenden Einschnitt in Gandhis Leben sieht Erikson die Kinderehe mit der jungen Kasturba. Die Verheiratung war eine Angelegenheit der Eltern, von der Tradition der Kaste geregelt. Der 13jährige Mohan wurde nicht gefragt. Der plötzliche Eingriff des Vaters in das Dharma des Sohnes muss bei Gandhi eine verfrühte und verschärfte Identitätskrise ausgelöst haben. Unversehens sah der junge Mohan sich in den Status eines Ehemanns hineinversetzt, und das in einer Entwicklungsphase, wo nach Hindu-Auffassung nicht sinnliche Lust, sondern asketisches Lernen oberstes Gebot war. Gandhi gesteht in seiner Autobiographie das teilweise Exzessive seiner fleischlichen Begierden ein. Sein Intellekt, seine Schaffenskraft und Konzentrationsfähigkeit drohten ausgehöhlt zu werden, herrschten im indischen Denken immer noch abergläubische Vorstellungen, dass Samenverlust die Verschwendung geistiger Kapazitäten bedeutet. Hin- und hergerissen zwischen der Loyalität zu seiner Familie und seiner Kindfrau, den in Aufruhr geratenen Trieben und dem strengen Über-Ich, brach Gandhis kindliche Unbeschwertheit hier ab. Züge überspannter Gewissenhaftigkeit und depressiven Grübelns, die Neigung zu Projektion und Moralismus, wie sie Gandhi in kritischen Phasen seiner Laufbahn immer wieder überfallen konnten, rühren für Erikson unter anderem aus unverarbeiteten Triebkonflikten der Adoleszenz her.

In seiner Autobiographie kann Gandhi später seine »Experimente mit der Sünde« mit einem Anflug von Humor wiedergeben. Sein bester Freund, der Moslemjunge Mehtab, überredete ihn u. a. zum Rauchen in der Öffentlichkeit, zum Fleischessen und zu ehelicher Untreue. Tragikomisch war die Szene, als ein impotenter Mohan von einer wütenden Prostituierten aus dem Bordell gejagt wurde. Wie manch andere charismatische Figuren erlag Gandhi eine zeitlang den triebhaften Verlockungen der Adoleszenz, und Erikson will die jugendlichen Eskapaden nicht aus dem geheiligten Bild des Mahatmas ausblenden. Im Gegenteil: Sie schienen geradezu notwendig, denn Gandhi war auf dem besten Wege, »Sklave seines früh entwickelten Gewissens zu werden« (1978a, S. 156).

Dennoch sieht Erikson die vorzeitig geweckte Sexualität als besonders prägende, weil überfordernde Erfahrung in Gandhis Reifezeit. Seiner Meinung nach gelang es ihm nie, libidinöses Verlangen mit spielerischer Zärtlichkeit zu einer liebenden Beziehung zu vereinigen. Die Sexualität blieb ein Fremdkörper, eine Gefahr, die Gandhi in den Jugendjahren oftmals überschwemmte und die er später immer rigoroser bei sich auszumerzen suchte. Gandhis Aussprüche über die Sexualität als kloakenhafte Lust, als gedankenloses Spiel mit dem Feuer der Zeugung warfen einen Schatten auf seine Beziehung zu Frauen, in denen er unbewusst rasch die potentielle Versucherin sah. In der Lebensmitte wählte Gandhi den Weg absoluter Keuschheit als Voraussetzung für Satyagraha und enthielt sich aller Triebbefriedigung, mit Ausnahme der Aufnahme kleinster Mengen lebensnotwendiger Nahrung. Erotische Phantasien und genitale Wünsche aber blieben für Erikson »ein Stigma und beschworen eine Katastrophe herauf: was den Kindern eine ganz erhebliche Last aufbürdet, die das zufällige Produkt solcher Überschreitungen sind« (1978a, S. 138).

Als besonders einschneidendes Erlebnis in Gandhis Jugendzeit schildert Erikson im Kapitel »Der Fluch« den Tod des Vaters im Jahre 1885. Gerade in der Nacht, als dessen Gesundheitszustand sich rapide verschlechterte, war Mohan nicht bei ihm geblieben, sondern hatte die Pflege einem Onkel überlassen. Der Vater starb in den Armen des Onkels, während Gandhi seiner Frau beiwohnte. Dieser Vorfall wird in der Autobiographie selbstquälerisch als dunkler Fluch geschildert, ein Erlebnis, das wie eine Art offene Rechnung immer wieder düstere Schuldgefühle beim erwachsenen Gandhi hervorrufen konnte. Aus psychoanalytischer Sicht könnte man dies als »Deckerinnerung« interpretieren: Ein bestimmtes Erlebnis bleibt besonders dramatisch im Bewusstsein haften, um viel schwerwiegendere Kindheitskonflikte – in Gandhis Fall verdrängte Hassgefühle und Todeswünsche dem Vater gegenüber – zuzudecken. Tatsächlich, so Eriksons Vermutung, hat Gandhi Sohneskonflikte von verstärkter Intensität erlebt, weil er schon früh eine Überlegenheit in sich gespürt haben muss, die über die normale ödipale Rivalität weit hinausging und andererseits unbewusste Schuldgefühle hervorrief, die in den verschiedensten Abwehrmaßnahmen und persönlichen Eigenheiten zum Ausdruck kamen. Auf Gandhis späteren politischen Stil angewandt, würde dies bedeuten, »dass der ›feminine‹ Dienst gegenüber dem Vater die Funktion gehabt habe, den knabenhaften Wunsch zu verleugnen, den (alternden) Vater im Besitz der (jungen) Mutter zu ersetzen und die jugendliche Absicht zu verdecken, ihn im späteren Leben als Führer zu übertreffen. Somit wäre dies Schema übertragbar auf einen Stil der Führerschaft, die einen überlegenen Gegner nur gewaltlos zu besiegen vermag, und mit der ausdrücklichen Absicht, ebenso sehr ihn wie jene, die er unterdrückte, zu retten. Einiges in dieser Interpretation entspricht in der Tat dem, was der Mahatma ohne Zögern als bewusste Absicht eingestanden haben würde« (Erikson, 1978a, S. 147). Das Motiv, einen von Krankheit und Schwäche befallenen und ambivalent geliebten, überlegenen Gegner zu pflegen, taucht tatsächlich in Gandhis späterem Leben in viel größeren Dimensionen wieder auf. Die Deutung freilich, das Wirken des Mahatma sei »nur« auf die Verarbeitung ödipaler Sohneskonflikte zurückzuführen, hält Erikson für zu plump. Hätte Gandhi einzig und allein unbewusste Autoritätskonflikte ausgelebt, wäre er ein mittelmäßiger Agitator geblieben, vielleicht gar zum Fanatiker abgeglitten. Entscheidend war vielmehr, dass er in der Konfrontation mit ungleich mächtigeren Gegenspielern einen völlig neuen politischen Stil entwickelte, der ungeheure Visionen freisetzte und – im Gegensatz zum neurotischen Wiederholungs-zwang – ihn, seine Anhänger und seine Widersacher in einzigartiger Weise veränderte.

Erikson sieht die Studienzeit Gandhis in England als typisches Moratorium, in dem er sich, fern von der Heimat und familiären Verpflichtungen, mit seinen Kindheitsidentifikationen auseinandersetzen konnte. Nachdem Gandhi vor einem hinduistischen Mönch das Gelübde abgelegt hatte, kein Fleisch zu essen, keinen Alkohol zu trinken und sich von englischen Frauen fernzuhalten, studierte er von 1888 bis 1891 die Rechtswissenschaften in London, lernte Französisch, nahm Geigenunterricht und Tanzstunden. Zu festlichen Anlässen trat der schüchterne Student als Dandy mit Zylinderhut und weißem Kragen auf. Gleichwohl war die Zeit in London nicht frei von Anfechtungen und neurotischen Konflikten. In Gegenwart junger Frauen verhielt sich Gandhi linkisch und ungeschickt, und bei öffentlichen Auftritten fühlte er sich bisweilen so beklommen, dass ihm die Stimme versagte. In einsamen Phasen konnte der junge Mann von oralen Bedürfnissen nach europäischem Essen überfallen werden, mitunter nahe daran, der Versuchung nachzugeben. Schließlich fand er Anschluss an einen Vegetarierverein, lernte wohlschmeckende und nahrhafte fleischlose Menüs selber zu kochen. Das Gelübde band Gandhi nach Ansicht Eriksons an seine Mutter, sein Mutterland, seine Muttersprache. Angesichts des britischen Vorurteils, Hindus seien allesamt unverbesserlich schwache Menschen, musste er sich selbst beweisen, dass er den sinnlichen Versuchungen standzuhalten vermochte. Obwohl seine Studienleistungen nur durchschnittlich waren, bestand Gandhi die Abschlussprüfung in den Rechtswissenschaften. Er war nun ein Barrister, hatte juristische Kenntnisse und Argumentationsweisen erlernt, die ihm bald darauf für seine Auseinandersetzungen mit der kolonialen Administration unerlässlich wurden. Gandhi sprach jetzt vorzügliches Englisch, hatte die Mentalität der Engländer kennengelernt, die Bibel und Schriftsteller wie Tolstoi, Ruskin und Thoreau studiert. Er hatte das Beste von den Europäern übernommen und war dennoch Inder geblieben.

Mit 22 Jahren trat Gandhi 1891 die Heimreise an, lebte sich wieder in seine Rolle als Ehemann und Vater ein und verfügte über alle Voraussetzungen für eine Erfolg versprechende Karriere als Jurist in seiner Heimat. Aber das Moratorium war noch nicht zu Ende gegangen. Innerlich gereizt und unausgeglichen wich Gandhi einer beruflichen Verpflichtung aus. Er ließ sich nicht in Bombay nieder und schlug auch das Angebot seines Bruders aus, in dessen Rechtsanwaltspraxis mitzuarbeiten. Irgendetwas, vermutet Erikson, muss Gandhi in dieser Zeit gedrängt haben weiterzuziehen, sein Heimatland und seine Familie erneut zu verlassen. Im April 1893 nahm er das Angebot an, Rechtsberater einer südafrikanischen Firma zu werden und überquerte den Indischen Ozean. Damit begann vor dem Durchbruch zum Mahatma ein zwanzigjähriger Umweg.

10.4 Gandhi als Rechtsbeistand in Südafrika

Ende des 19. Jahrhunderts hatten sich zehntausende von Gandhis Landsleuten als Vertragsarbeiter in Südafrika anwerben lassen, von den Weißen »Coolies« genannt. Auf Tee- und Kaffeeplantagen oder in Bergwerken unter menschenunwürdigen Bedingungen beschäftigt, rechtlich, ökonomisch und politisch krass benachteiligt, standen die Vertragsarbeiter im Zustand faktischer Halbsklaverei am untersten Rand der damaligen südafrikanischen Gesellschaft. Die Situation war reif für jemanden, der gegen diese Missstände auftrat, und Gandhi war mittlerweile an den kritischen Punkt seiner Persönlichkeitsentwicklung gelangt, um auf seine unumkehrbare Verpflichtung zu stoßen. Als »Coolie-Anwalt« von der elenden Existenz seiner Landsleute angerührt, erfuhr er die entscheidende Wende seines Lebens an einem Juniabend 1893. Auf der Heimfahrt von Durban weigerte sich ein Weißer, die Nacht zusammen mit Gandhi im Erster-Klasse-Abteil zu verbringen. Gandhi, der es seinerseits ablehnte, in die dritte Klasse versetzt zu werden, sah sich schließlich vom Schaffner kurzerhand aus dem Zug geworfen. Zutiefst empört und aufgewühlt verbrachte er diese »Nacht der Nächte« im kalten Warteraum des Bahnhofs von Pietermaritzburg. Wie eine Offenbarung stand ihm auf einmal seine Lebensaufgabe vor Augen: Die ungerechte Behandlung, der er sich ausgesetzt sah, betraf nur die Oberfläche – sie war nur Symptom eines viel tiefer liegenden Übels, der Krankheit des Rassenvorurteils. Er war derjenige, der dazu bestimmt war, seinen Landsleuten ihre Freiheit und Würde wiederzugeben.

Auf über 100 Seiten schildert Erikson fesselnd, wie Gandhi sich in den nächsten 20 Jahren Schritt für Schritt in immer weitergehende politische Angelegenheiten verstricken ließ, nicht nur als Rechtsanwalt, sondern als Rechtsbeistand der Unterdrückten und Benachteiligten arbeitete. Auf seine eigentliche Bestimmung gestoßen, empfand Gandhi keine Spur von Lampenfieber oder Hemmung mehr. Bald war er nicht nur in Pretoria, sondern in Transvaal und ganz Südafrika einer der bekanntesten Vertreter der indischen Minderheit. Immer mehr Menschen wurden in seine Kampagnen gegen Restriktionen und ungerechte Gesetzesentwürfe miteinbezogen. Unterschiedliche indische Volksgruppen, Hindus,

Moslems, Parsen oder Gujaratis, erlebten erstmals ein Gefühl gemeinsamer Schicksalsverbundenheit und Würde. Von der Solidarität seiner Landsleute getragen, ließ Gandhi sich heiter und unerschrocken in Auseinandersetzungen mit zunehmend mächtigeren Gegenspielern ein – die südafrikanische Regierung, der britische Kolonialminister, am Ende die englische Königin höchstpersönlich. Das indische Mutterland und die Weltpresse begannen auf seine Methoden aufmerksam zu werden.

In dieser Zeit kristallisierte sich »Satyagraha« heraus, Gandhis typische Weise zu leben und zu handeln. Lange vor seiner Mahatmaschaft entstanden jene berühmten Techniken der gewaltlosen Konfrontation und loyalen Kooperationsverweigerung, Sitzstreiks, die Bildung von Menschenketten, das öffentliche Verbrennen von Wehrpässen, der solidarische Zusammenschluss waffenloser Körper in vorwärts schreitender oder defensiver Phalanx, Methoden, wie sie im 20. Jahrhundert beispielhaft für die unterschiedlichsten Demonstrationen zivilen Ungehorsams in aller Welt werden sollten. Satyagraha, eine Wortverbindung aus dem Sanskrit, lautet in wörtlicher Übersetzung »Wahrheit« und »Kraft«. Gandhi nannte sein Vorgehen »passiven Widerstand«, wenngleich dieser Ausdruck den Mut und die Entschlossenheit der Satyagrahi nur schwer wiederzugeben vermag. Im Kern steht die prinzipielle Überzeugung, dass niemand das Recht hat, Wahrheit für sich allein zu beanspruchen. Nur wenn man dem Gegenspieler völlig gewaltfrei gegenübertritt, ihm keinerlei unlautere Absichten unterstellt, können beide Parteien die Wahrheit, die in einer Konfliktsituation verborgen liegt, erfassen und einen für alle Beteiligten zufriedenstellenden Kompromiss finden.

Zusammen mit einer wachsenden Zahl von Anhängern aller Altersstufen und unterschiedlichster Herkunft kultivierte Gandhi auf der Phönix- bzw. später der Tolstoi-Farm eine neue Lebensform, eine Kommune der Friedfertigkeit, in die seine Familie zunehmend aufgesogen wurde. Dieser Abschnitt im Leben des Mahatma wird in vielen Biographien vernachlässigt, stellt für Erikson aber ein wesentliches Element seiner generativen Entwicklung im mittleren Erwachsenenalter dar. Bevor Gandhi in Indien zum religiösen Revolutionär wurde, durchlebte er in Südafrika für 15 Jahre mit Ernst und Gründlichkeit das »Hausvatertum«, ein wichtiges Stadium des hinduistischen Lebenszyklus. Der Burenkrieg und der Zulu-Aufstand, das grauenhafte Gemetzel an Schwarzen durch weiße Ehrenmänner, schockierte Gandhi zutiefst, veranlasste ihn, mit dem letzten Identitätsrest als Bürger des britischen Empires zu brechen. Jede Gewaltanwendung – und mag sie noch so hehren Zielen dienen – eskaliert unmittelbar, lässt nicht mehr steuerbare Formen von Sadismus und Destruktivität hervorbrechen. Angesichts der fürchterlichen Folgen moderner Waffen musste weltweit ein neues Friedensinstrument geschaffen werden. Zwei Prinzipien wurden nun für Gandhi immer beherrschender – Armut und Keuschheit. Um zu innerem Frieden zu gelangen, muss man alle Eitelkeit in sich bekämpfen, bereit werden, sich selber auf Null zu reduzieren und die niedrigsten Pflichten zu erfüllen. Nur wer darüber hinaus seine sexuellen Begierden um jeden Preis zu zügeln vermag, kann auch seine Neigung zur Gewalt unter Kontrolle halten. Nachdem Gandhi mit Kasturba vier Söhne gezeugt hatte, enthielt er sich von nun an des Geschlechtsverkehrs. Dieses zweite Gelübde der Entsagung bzw. des »Zölibates« hatte für Erikson eine besonders Weichen stellende Bedeutung. Gandhi verlagerte seine Intimität nun endgültig über seine Familie hinaus auf die Schar seiner Anhänger und Gegenspieler, wurde fähig, vor großen gewaltlosen Kampagnen jenes unerhört charismatische Kraftfeld einer liebend-fürsorglichen Beziehung zwischen sich und einer großen Menschenmenge zu entfalten. Im gleichen Maße erweiterte sich Gandhis Generativität auf den Drang, Verantwortung nicht nur für die Landsleute in Südafrika, sondern auf lange Sicht für sein indisches Mutterland zu tragen.

Der Kampf gegen das »Black-Law-Gesetz«, wonach alle Inder angesichts des unkontrollierten Zustroms illegaler Einwanderer fortan ihre Fingerabdrücke abnehmen lassen sollten, trug bereits alle Elemente späterer Satyagraha-Kampagnen in sich. Am 11. September 1906 kam es im Empire-Theater von Johannesburg zu dem feierlichen Schwur, lieber alle erdenkbaren Repressionen auf sich zu nehmen, als sich der empörenden »Black Act« zu unterwerfen. Gandhi, erstmals festgenommen, schloss sich in der Gerichtsverhandlung dem Plädoyer des Staatsanwalts an und forderte für sich die Höchststrafe als Rädelsführer. Noch viele andere Kampagnen organisierte Gandhi in den kommenden Jahren und verpasste in heiter improvisierten Aktionen der Administration gezielte Nadelstiche. Immer wieder brach die Regierung zum Schein eingegangene Versprechungen und wurde in ihrer moralischen Schwäche bloßgestellt. Im Bergwerkarbeiterstreik von 1913 führte Gandhi Massen von Arbeitern in einem Pilgerzug an und nannte das Überschreiten verbotener Landesgrenzen »asiatische Invasionen«. Ziel war, dass seine Anhänger so sehr die Gefängnisse überfüllten, bis es für die handlungsunfähig gewordenen Behörden keinen Ausweg mehr gab. Stets betonte Gandhi, er wolle der Regierung in aller Bescheidenheit einen nationalen und humanitären Dienst erweisen. Bei sämtlichen Aktionen ermahnte er seine Anhänger, auf keinen Fall fremdes Eigentum anzutasten, Beschimpfungen und Prügel der Polizei hinzunehmen und sich jederzeit widerstandslos festnehmen zu lassen. Die zum Narren gemachte Regierung reagierte immer kopfloser und brachte die öffentliche Meinung nicht nur in Südafrika, sondern im gesamten Empire gegen sich auf. Die südafrikanische Frage wurde zu einem brennenden Thema. Auch der indische Nationalkongress wurde auf Gandhi aufmerksam, und schon damals galt er als einer der ersten potentiellen Führer einer Befreiungsbewegung.

Im Juli 1914 verließ Gandhi nach 21 Jahren Südafrika endgültig. Als er in Bombay in der einfachen bäuerlichen Kleidung seiner Heimat an Land ging, hatte die Vorstellung in ihm bereits deutliche Konturen, mittels Satyagraha den Kampf um die politische Unabhängigkeit Indiens aufzunehmen. Dennoch dauerte es noch einmal vier Jahre bis zum Ereignis von Ahmedabad, in denen er als Politiker eine weitere Probezeit durchmachte. Zusammen mit seiner Familie und seinen Anhängern gründete er einen Ashram am Sabarmati-Fluss in der Nähe von Ahmedabad. Zugleich ging Gandhi daran, sich über die politischen Verhältnisse und Missstände seines Heimatlandes aus erster Hand zu informieren und systematische Propagandaarbeit zu betreiben. Ahmedabad war Ausgangspunkt und Rückzugsbasis für die panische Hast, mit der er in diesen Jahren als »Pilger im Lendentuch« den indischen Subkontinent durchquerte und das studierte, was Nehru später als den »vierfachen«, den wirtschaftlichen, kulturellen, politischen und geistigen Ruin Indiens bezeichnete. Die britische Kolonialmacht glich einem Parasiten, der sich in einem geschwächten Organismus festgesetzt hatte. Der Reichtum des Landes floss durch die großen Seehäfen ab. Die eingeführten westlichen Artikel unterhöhlten das in Jahrhunderten gewachsene kastengebundene System des Zusammenwirkens von Handwerkern und Händlern und damit ein Netzwerk identitätsbildender Verbundenheit zwischen Familien, Berufsgruppen und Dorfgemeinschaften. Infolge der zunehmenden maschinellen Produktion verfielen die meisten Handwerker der Proletarisierung. Mit Einführung der englischen Konzeption des Grundbesitzes wurde das Land zur Ware, die verkauft oder enteignet werden konnte. Landlos gewordene Bauern drängten in die großen Städte, steigerten das Maß an Verelendung und Kriminalität. Straffällig gewordenen Indern wiederum pfropften die Engländer ihr eigenes Rechtssystem auf, gegenüber dem elastischen Hindu-Recht eigenartig pedantisch und unangemessen. Dem indischen Volk war nicht gestattet, über sich selbst in der eigenen Sprache Recht zu sprechen. Die Kolonialherren verwehrten den jungen Indern, abgesehen von wenigen Privilegierten, eine gründliche Ausbildung, wohl wissend, dass mit Einführung eines breiten Schulsystems der britischen Herrschaft keine große Zukunft mehr beschieden sein würde.

Während des Ersten Weltkriegs war Indien am Tiefpunkt angelangt. Ein Großteil der Bevölkerung lebte verelendet in apathischer Hoffnungslosigkeit. Hungersnöte und Seuchen rafften immer wieder zehntausende dahin. In all seinen öffentlichen Auftritten zwischen 1914 und 1918 ereiferte sich Gandhi über die apokalyptischen Missstände, machte die Kolonialherrschaft ebenso wie die Feigheit und Schwäche des indischen Volkes für die katastrophale Situation verantwortlich und rechnete scharf mit den indischen Führern ab, die allesamt Indien mit unindischen Methoden verändern wollten, und das um einer unindischen Zukunft willen.

Zum einen wurde das Sprachenproblem exemplarisch für Gandhis Reformprogramm, gleichsam Widerspiegelung des nationalen Unglücks. Wie solle ein Volk sich selbst regieren, das noch nicht einmal die eigene Sprache zu sprechen wagte und sich statt dessen des Englischen als Amtssprache bediente? Zum anderen sah Gandhi die Zerschlagung des einheimischen Handwerks als Hauptursache für den Niedergang Indiens. Wo überall er auftrat, prangerte er den verderblichen Einfluss der Industrialisierung an, der Eisenbahnen, der Presse, der übergroßen Städte, der mechanisierten Warenproduktion, warb für das Dorf als autarke Gemeinschaft von Bauern und Handwerkern. Erikson glaubt, dass Gandhis Haltung in dieser Zeit vorsichtig war. Ganz allmählich wollte er sein

Volk mit der Methode vertraut machen, die er in Südafrika anzuwenden gelernt hatte. Ausgangspunkt sollten lokale Missstände sein, jedoch so repräsentativ, dass sie in ganz Indien Aufmerksamkeit erregten.

10.5 Das »Ereignis« von Ahmedabad

So dauerte es fast vier Jahre bis zum Textilstreit von Ahmedabad, der ersten bedeutenden Satyagraha-Kampagne auf indischem Boden. Dieser Arbeitskampf wird von Gandhi nur am Rande erwähnt und fand auch in der lokalen Presse kaum Beachtung. Erikson musste mühsam die Fakten zu einem einigermaßen zuverlässigen Bild zusammentragen. Seine fesselnde und bewegende Schilderung dieses »Ereignisses« ist Zentralstück des Buches und gehört zu den großartigen Stücken psychoana-lytischer Literatur. Der Leser fühlt sich in diesem »politischen und psychologischen Thriller« (Coles, 1974, S. 410) unmittelbar in die hochdramatische Situation hineinversetzt: die nervöse Angespanntheit der Arbeiter und Textilfabrikanten, die Stimmungsschwankungen Gandhis zwischen Niedergeschlagenheit und tödlicher Entschlossenheit, schließlich der befreiende Ausgang des völlig gewaltlos gebliebenen Konfliktes.

Wie meist war Ursprung des Arbeitskampfes das Aushandeln von Lohnerhöhungen. Nach der schweren Pestepidemie von 1917 waren die Besitzer der Textilfabriken von Ahmedabad unter Führung Ambalal Sarabhais nicht mehr gewillt, die Seuchenzulage von 75 % zu zahlen. Ambalals Schwester Anasya Sarabhai hingegen unterstützte die Forderungen der Arbeiter. Sie hatte in England Sozialarbeit studiert und sich seit jeher gegen die elenden Arbeitsbedingungen in der Textilindustrie engagiert. Anasya hatte Gandhi über die gespannte Situation in Ahmedabad informiert. Gandhi zögerte zunächst. Waren dies der rechte Augenblick und der geeignete Konfliktstoff, um Satyagraha erstmals in größerem Maßstab auf indischem Boden anzuwenden? Schließlich schrieb er im Dezember 1917 einen Brief an Ambalal in seiner typisch gewinnenden Art, sich angeblich nicht einmischen zu wollen. Ambalal Sarabhai begrüßte zunächst das Eingreifen Gandhis. Ein größerer Produktionsausfall hätte in einer Zeit, da das Empire sich im Ersten Weltkrieg befand, katastrophale Folgen für die indische Textilindustrie gehabt. Im Übrigen stand Ambalal seiner Schwester und Gandhi näher, als er nach außen zugeben wollte. Im Grunde war er fortschrittlichen Ideen gegenüber aufgeschlossen, hatte er doch über die Kastengrenzen hinweg geheiratet und seine Kinder liberal erzogen. Geschickt verknüpfte Gandhi hier einen ökonomischen Konflikt mit einer Familienangelegenheit, wenngleich es laut Erikson falsch wäre, zu viel an unbewussten Übertragungs- und Projektionsvorgängen in diese Auseinandersetzung hineinzuinterpretieren. Ungeachtet seiner persönlichen Sympathie blieb Ambalal Gandhi und Anasya gegenüber stets hart, solange er sich an sein berufliches Dharma gebunden fühlte. Sozialarbeit war deren Angelegenheit, Geldverdienen seine.

Die Fabrikbesitzer Ahmedabads, allesamt Mitglieder der beherrschenden Bania-Klasse, schlossen sich zu einer Front unerbittlich harter Manager und Treuhänder zusammen. Die Textilarbeiter schraubten ihre Forderungen auf eine Lohnerhöhung von 50 % herunter, die Fabrikbesitzer boten maximal 20 %. Die Arbeiter unter der Führung Anasyas drohten daraufhin Kampfmaßnahmen an. Die Industriellen zerrissen das Papier mit der Streikdrohung und forderten Ambalal auf, seine Schwester zur Vernunft zu bringen. Nach reiflicher Prüfung der Lage gelangte Gandhi zu der Überzeugung, dass eine 35prozentige Lohnerhöhung für die Arbeiter notwendig sei, für die Industrie Ahemedabads erträglich und für die indische Öffentlichkeit ein würdiger Kompromiss. Die Fabrikanten unter Führung Ambalals blieben hart und verkündeten die Aussperrung. Die erste Phase der Auseinandersetzung hatte begonnen.

Etwa 10000 Textilarbeiter versammelten sich daraufhin und leisteten unter Führung Gandhis einen feierlichen Eid, die Arbeit nicht wieder aufzunehmen, bis ihnen eine 35prozentige Erhöhung ihres Lohnes vom Juli 1918 an gewährt werde. Sie schworen, während des Zeitraums der Aussperrung keine Störaktionen durchzuführen, weder Plünderungen zu begehen noch Eigentum der Arbeitgeber zu beschädigen oder irgendjemanden körperlich zu misshandeln. Die verängstigten Arbeiter empfanden ein Gefühl ungeahnter Solidarität und Würde; noch nie hatte ein gebildeter Mann so voller Achtung zu ihnen gesprochen und sich so rückhaltlos für ihre Rechte eingesetzt. Gandhi erfand für diese Satyagraha-Kampagne neue Rituale. Täglich ließ er die Masse der Arbeiter sich unter dem Babul-Baum in der Nähe des Sabarmati-Flusses versammeln, verteilte Flugblätter mit Losungen und Parolen für den jeweiligen Tag. Die meisten der Tausende konnten ihn nicht verstehen, aber allein sein Anblick vermittelte allen Anwesenden ein Gefühl geheiligter Gegenwart. Am Ende jeder dieser Zusammenkünfte wurde von allen das feierliche Gelöbnis wiederholt. Und wie um den Respekt vor seinen Gegenspielern zu unterstreichen, ließ sich Gandhi anschließend zur Teestunde zum Landsitz Ambalals fahren. Er bestand darauf, dass Anasya ihrem Bruder aufwartete. Es war eine Auseinandersetzung in völliger gegenseitiger Achtung.

Natürlich war es eine unermesslich schwere Aufgabe, eine Masse von Analphabeten, in der Mehrzahl Moslems, von der Macht des gewaltlosen Widerstandes zu überzeugen und unter tausenden von Menschen Disziplin zu wahren. Je länger sich der Arbeitskampf hinzog, desto kritischer wurde die Situation. Die aufgebrauchten Ersparnisse gingen zur Neige, in den ersten Familien machte sich Hunger breit. Die Fabrikanten ließen Gerüchte ausstreuen, die Aussperrung würde bald aufgehoben, falls die Streikenden nachgäben. Demjenigen wurde eine Sonderprämie versprochen, dem es gelang, fünf Kollegen zur Rückkehr in die Fabriken zu bewegen. Wie in jeder Satyagraha-Kampagne zeigte sich nun die moralische Schwäche der Mächtigen. Für den 11. März kündigten die Textilunternehmer das Ende der Aussperrung und eine größere Lohnerhöhung an. Gandhi spürte, dass nunmehr die kritischste Phase gekommen war. Würden die Arbeiter nachgeben und in großen Scharen in die Fabriken zurückkehren, hätten sie ihr Rückgrat verloren. Die Streikaktion und letztlich die Zukunft von Satyagraha in ganz Indien stand auf dem Spiel. Für den 11. März berief Gandhi die Versammlung unter dem Babul-Baum schon für 7 Uhr 30 ein, dem Zeitpunkt, da sich die Werkstore zum ersten Male wieder öffnen sollten. In einem flammenden Appell hielt er den Streikenden entgegen, wenn sie jetzt nicht zu ihrem Eid stünden, wäre jede Chance für einen Wandel auf lange Zeit dahin. Vielmehr würde sich das Vorurteil bestätigen, Arbeiter seien schwach und prinzipienlos, jederzeit mit Geld zu bestechen. Auch Fabrikbesitzer hätten auf lange Sicht nichts von Mitarbeitern, die zu schwach seien, um zu ihrem Gelübde zu stehen. Andererseits, versicherte Gandhi, wolle er keinerlei Druck ausüben und werde jeden Streikbrecher eigenhändig an den Streikposten vorbei in die Fabrik geleiten. Es gelang ihm, die Arbeiter weiter für die gemeinsame Sache zu bewegen.

Gleichwohl verschlechterte sich die Stimmung unter der Streikgemeinde in den kommenden Tagen rapide. Am 15. März war die Versammlung auf knapp tausend Teilnehmer geschrumpft. Ringsum sah man nur niedergeschlagene Gesichter. In diesem hoch brisanten Moment spürte Gandhi, dass er persönlich ein Zeichen setzen musste, um die Streikenden aus ihrer Apathie zu reißen. Plötzlich, mit einer unaussprechlichen Klarheit verkündete er, er könne es keinen Augenblick dulden, dass die Arbeiter ihren Eid brechen. Und dann gelobte er feierlich, keine Nahrung zu sich zu nehmen, bis die Forderung der Streikenden auf 35prozentige Lohnerhöhung erfüllt sei. Notfalls müsse man bereit sein, für seine Prinzipien zu sterben. Ob diese Aktion improvisiert war oder in Gandhis gedanklichen Konzeptionen schon bereit lag, ist bis heute unklar. Auf jeden Fall erwachte die Versammlung wie aus einem Trancezustand. In diesem Augenblick war Gandhi derjenige geworden, der durchhalten musste, der sich in diesem ersten Hungerstreik um einer politischen Sache willen bis aufs Äußerste mit der Notlage der Arbeiterschaft solidarisierte. Es war das erste von 17 »Fasten bis zum Tode«, bei denen am Ende ganz Indien den Atem anhielt und viele ein Licht entzündeten, um dem Mahatma in der Dunkelheit nahe zu sein.

Das Fasten wurde von den Unternehmern zunächst belächelt, ein weiterer obskurer Schritt des Fanatikers. Die Arbeiterschaft hingegen war von neuer Begeisterung erfüllt. Es vergingen nun einige spannungsreiche Tage. Schließlich unterbreitete Ambalal eine Kompromissformel: Am ersten Tag solle den Arbeitern 50 % mehr Lohn gezahlt werden, am zweiten Tag 20 %. Das weitere solle dann ein unabhängiger Schlichter entscheiden. Keine der Parteien sei dabei unterlegen. Gandhi nahm diesen Vorschlag skeptisch auf; der Buchstabe des Versprechens sei erfüllt, aber nicht sein Geist. Dennoch verkündete er am 18. März einer jubelnden Streikgemeinschaft eher niedergeschlagen die bevorstehende Lösung, um dann sein Fasten abzubrechen. Man mag den Ausgang des

Konflikts in Ahmedabad als faulen Kompromiss ansehen, und gewiss war dieser Arbeitskampf noch nicht mit den späteren landesweiten Kampagnen Gandhis zu vergleichen, bei denen die Weltöffentlichkeit zum gebannten Zeugen wurde. Dennoch: Gandhis persönliche Krise, der Kampf mit Resignation und Stagnation, konvergierte hier mit der Krise Indiens, und das Ereignis von Ahmedabad stellte laut Erikson die entscheidende Probe für sein kommendes Wirken als Befreier Indiens dar. Ein Jahr später drängte es Gandhi zu nationaler Führerschaft. Am 6. April 1919, dem »schwarzen Sonntag«, propagierte er einen »Hartal«, die Schließung aller Geschäfte und Arbeitsstätten aus Protest gegen das »Anti-Aufruhr-Gesetz«. Zum ersten Mal gelang es Gandhi, das gesamte Land in einer Satyagraha-Aktion gegen die britische Kolonialmacht hinter sich zu bringen. Seine Festnahme löste Krawalle mit Todesopfern aus. In der aufgeputschten Atmosphäre kam es am 13. April zum Massaker von Jallianwalla Bagh, wo der englische General Dyer auf eine Menge tausender wehrloser Zivilisten feuern ließ. Gandhi musste einsehen, dass die Zeit für große nationale Aktionen noch nicht reif war, es noch mehr Vorbereitung und Disziplin, noch mehr geschulter Agitatoren bedurfte.

Gleichwohl war Gandhis Komet in Indien aufgegangen. 1920 übertrug ihm der Nationalkongress die Führerschaft. Unter allen Politikern, glaubt Erikson, schien wiederum er der einzig Verfügbare zu sein, der die sich abzeichnende gewaltige Aufgabe des Unabhängigkeitskampfes anzugehen vermochte. Noch einmal hielt Gandhi einige Jahre inne. Im März und April 1930 schließlich erfolgte der berühmte »Salz-Marsch«, die wohl bekannteste Demonstration gewaltlosen Widerstandes im 20. Jahrhundert. Die Besteuerung des Salzes durch die Kolonialherren war der Gipfel empörender Unterdrückungsmaßnahmen, traf die Ärmsten der Armen am härtesten. Einem Volk wurde das Recht verwehrt, an den Stränden seines eigenen Landes eine lebensnotwendige Substanz zu entnehmen. Gandhi organisierte von Ahmedabad aus einen stets anschwellenden Pilgerzug, vorbei an einer begeisterten Bevölkerung und schwer bewaffneter Polizei. Am Ende des Weges entnahm er feierlich einen Klumpen Salz aus dem Arabischen Meer, um kurz darauf verhaftet zu werden. Als 2500 seiner Anhänger versuchten, das Salzwerk von Dharansana zu besetzen, wurden sie von britischen Sicherheitskräften brutal zusammengeschlagen, ohne auch das geringste Zeichen von Gegenwehr. Fassungslos übermittelte die Weltpresse das Aufeinandertreffen staatlich gelenkten Terrors mit zu allen Formen des Leidens bereiten Friedenskämpfern. Gandhis Siegeszug war nun nicht mehr aufzuhalten. Nur kurze Zeit später konferierte er mit dem britischen Vizekönig Lord Irwin. Churchill höhnte über den halbnackten Fakir. Doch Irwin bezeichnete die Begegnung mit Gandhi als eine der außergewöhnlichsten seines Lebens. Gandhi war zur weltbekannten Symbolfigur im Kampf gegen den Kolonialismus geworden. Europa hatte endgültig sein moralisches Prestige in Asien verloren.

Der weiteren Geschichte des Mahatma widmet Erikson nur noch wenige Seiten. Gandhi erntete nicht mehr die Früchte seines Tuns. Nach dem Triumph der Unabhängigkeit 1947 hatte er auf einen friedlichen Ausgleich zwischen Moslems und Hindus gehofft und den Moslems aus freien Stücken möglichst viele Regierungsämter angeboten. Jetzt, da der gemeinsame Feind abgezogen war, verstärkten sich die Spannungen zwischen den Religionsgruppen. Die nun folgenden Massaker zwischen Moslems und Hindus reihten sich nahtlos in die Katastrophen des 20. Jahrhunderts ein. Sie warfen Schatten auf Gandhis Persönlichkeit und brachten sein Friedensinstrument in Misskredit. Der Hass, den der Prophet der Gewaltlosigkeit nicht mehr einzudämmen vermochte, traf ihn am Ende selber.

10.6 Eriksons Nähe zu Gandhis Wahrheit

Literarisch glänzend und in der psychoanalytischen Interpretation überzeugend hat Erikson das Überragende und zugleich Widersprüchliche in der Persönlichkeit Mahatma Gandhis herausgearbeitet, jene, wie Loch es formulierte, »Synthese von Phallizität und Heiligkeit« (1972, S. 79). Im grundlegenden Appell des Buches zu Pazifismus und Humanität wird »Gandhis Wahrheitskraft zu Eriksons Wahrheitskraft« (Coles, 1974, S. 428). Angesichts der Möglichkeit tausendfachen nuklearen Overkills muss die Menschheit radikal neue Formen der Konfliktlösung ins Auge fassen, liegt ein Stück zukunftsweisender Vernunft darin, Gegensätze in Liebe und gegenseitiger Achtung auszutragen als durch Gewaltanwendung immer wieder Kettenreaktionen eskalierenden Hasses auszulösen.

Gandhis Wahrheit besteht für Erikson in der kompromisslosen Weigerung, anderen Menschen im Konfliktfall Schaden zuzufügen, physischen Schmerz ebenso wie alle Formen von Bedrohung, Erniedrigung oder Beschuldigung. All dies schürt Angst, Misstrauen und Wut, verschärft die Tendenz zu Gegenwehr und Rachsucht. Wer hingegen selbst auf den erbittertsten Gegner mit völliger Offenheit und Achtung zugeht, stößt auch bei ihm auf Reste von Aufgeschlossenheit, hilft ihm, aufwendige Verteidigungsstellungen und Verweigerungshaltungen aufzulösen, was wechselseitig Potentiale an Vertrauen und Versöhnung freisetzt. Gandhi spricht von »Experimenten mit der Wahrheit«: Gerecht ist, was keiner der Parteien Harm bereitet. Man muss sich der in einem Konflikt enthaltenen Wahrheit allmählich im Handeln annähern, bis sie im entscheidenden Moment gleichsam von einer »inneren Stimme« eingegeben wird. Nur durch freiwilliges Hinnehmen von Selbstleiden haben beide Seiten die Chance, die Angelegenheit zu einer befriedigenden, bereichernden zu machen. Es muss am Ende nicht Sieger oder Besiegte, moralisch Bessere oder Schlechtere geben. Alle mit Gewalt herbeigeführten Abkommen oder Friedensdiktate stellen keine echten Konfliktlösungen dar. Im Gegenteil: Sie erzeugen Wut und Ressentiment beim Unterlegenen, eine Mischung aus heuchlerischer Rechtschaffenheit und latentem Schuldgefühl beim Sieger. Die Kette fauler Kompromisse gibt immer wieder Anlass zu neuem Kämpfen und Morden, Gewalt pflanzt sich in tragischer Weise von Generation zu Generation fort.

All diese Überlegungen sind in den ethischen Geboten der Weltreligionen bereits ausgesprochen worden. Aber Gandhi war es, der das Prinzip der Gewaltlosigkeit im 20. Jahrhundert entschlossen wie kein anderer in die Tat umsetzte. Es ist für Erikson die Frage, ob Satyagraha wirklich so realitätsfern ist, so weit weg von den Abgründigkeiten der menschlichen Psyche. Vielleicht hat Gandhi ein neues Ritual der Konfliktlösung geschaffen, das Menschen erlaubt, mit gegenseitigem Vertrauen aufeinander zuzugehen, der Instinktsicherheit analog, die in den pazifizierenden Ritualen sozialer Tierarten eingebaut ist. Und ist nicht auch Freuds Methode, den Menschen mit seinen primitiven Leidenschaften und Moralismen zu versöhnen, ein Beitrag zur schrittweisen Überwindung von Gewalt und Etnozentrismus? Auch die Psychoanalyse, so Erikson, setzt sich gewaltlos auseinander – allerdings mit dem »inneren Feind« der abgelehnten Triebe und Phantasien – erfordert die radikale Offenheit des Patienten ebenso wie das Vermeiden jeder moralistischen Beurteilung auf Seiten des Arztes. Das erfordert ebenfalls enorme Anstrengung und Disziplin, und auch bei diesem Verfahren nähert man sich nur langsam der Wahrheit an, die, ist sie erst einmal aufgedeckt, für beide Seiten befreiend wirkt. Eriksons Hang zur Versöhnung seiner beiden geistigen Väter ist in manchen Textpassagen nicht zu übersehen, und es ist die Frage, ob der zutiefst skeptische Freud solchen Vergleichen zugestimmt hätte. So eindrucksvoll Erikson Wesen und Macht friedlicher Militanz diskutiert – letztlich nimmt er nicht ausreichend zur Frage Stellung, ob und wann es für ihn Grenzen der gewaltlosen Methode gibt. Man muss sich vor Augen halten, dass Gandhi in einer eher fatalistischen Kultur wirkte und es mit vergleichsweise immer noch gemäßigten Gegenspielern zu tun hatte. Ist Gewaltlosigkeit noch ein probates Mittel im Kampf gegen zutiefst destruktive Diktatoren; kann man damit amokläuferisch aufeinander einschlagende Bürgerkriegsparteien stoppen?

Erikson hat aus seiner persönlichen Faszination gegenüber Gandhi keinen Hehl gemacht und ihn mehrfach mit Christus und Franz von Assisi verglichen. Ähnlich wie im Luther-Buch freilich schlüsselt er seine Gegenübertragung in Bezug auf den Mahatma nicht weiter auf. Verkörpert Gandhi den idealen Vater seiner Kindheit? Identifiziert er sich insgeheim mit jenen postadoleszenten Anhängern in Gandhis Ashram? War »passiver Widerstand« nicht eine Haltung, die er als Heranwachsender selber oft genug an den Tag legte? Zweifellos ist Erikson der Gefahr einer Idealisierung nicht ganz entgangen, wenn er bisweilen gar den Mahatma mit »Du« anredet, als sei er noch unter den Lebenden. Auf der anderen Seite ist er nicht ein ergebener Jünger, spürt man mitunter zwischen den Zeilen ein Stück Unbehagen und Ärger. In der Mitte des Buches greift Erikson zu dem ungewöhnlichen Stilmittel, Gandhi einen fiktiven Brief zu schreiben. Ganz offen gesteht er ein, dass er bisweilen kaum noch imstande war, mit dem Schreiben fortzufahren, weil er in Gandhis leidenschaftlicher Berufung auf Wahrheit auch »die Gegenwart einer nicht greifbaren Art von Unwahrheit zu verspüren glaubte« (1978a, S. 273). Gerade in Gandhis moralischem Rigorismus zeige sich viel an unterdrückter Gewalt gegen sich selber und andere. Ein verkappter Sadismus spreche beispielsweise aus Äußerungen, in denen Abscheu gegen Sinnlich-Triebhaftes sich mit Vorwürfen gegen Frau und Kinder koppelt. Schonungsloser als andere Biographen rechnet Erikson mit Gandhis Frauenbild ab, vor allem der bisweilen herabsetzenden Behandlung von Kasturba (vgl. Alexander, 1996, S. 312), zeigt auf, wie sehr Gandhi seine Familie mit seinen Moralismen belastet haben muss. Der älteste Sohn Harilal beispielsweise endete als tragisch Gescheiterter. Weiter kritisiert Erikson in seinem Brief, wie stark Gandhi das Leben seiner Anhänger usurpierte, dazu neigte, Menschen, die ihm nahe standen »als Besitz und als persönlichen Schandpfahl anzusehen« (1978a, S. 288), ebenso Gandhis Mangel an Bereitschaft, von irgendjemand etwas anzunehmen oder zu lernen, es sei denn, »seine innere Stimme gab ihre Zustimmung« (1978a, S. 289). Erikson glaubt nicht, dass Satyagraha nur auf asketische Frauen und Männer beschränkt bleiben darf, die glauben, »sie könnten die Gewalt nur durch sexuelle (Selbst-)Abrüstung überwinden« (1978a, S. 277). Es genüge nicht mehr, ein scharf beobachtender Moralist zu sein. Erst die tiefenpsychologische Einsicht in unsere unbewussten Widersprüche und Ambivalenzen, so letztlich das Gesamtfazit von Eriksons Buch, mache wirklich innerlich bereit zu Satyagraha.

Nicht zu übersehen ist, dass Eriksons Werk von einer Konstruktion ausgeht, der Vorstellung, dass Gandhi die Ingredienzien seiner Größe schon früh gespürt hat, dass er eine Mission in sich trug und es ihm quasi von Kindheit an vorgezeichnet war, zum Mahatma aufzusteigen. Immer wieder ist die Rede von der »einzigartigen Sonderstellung« Gandhis in seiner Familie, von einer »inneren Stimme«, die Gandhi an kritischen Punkten seiner Laufbahn die »richtigen Entscheidungen« eingegeben habe, von der sich immer mehr festigenden Überzeugung, der »einzig Verfügbare« für die Lösung drängendster Probleme zu sein. Es ist die Frage, ob Erikson hier nicht ein Modell schafft, das in sich geschlossen und plausibel wirkt, ob die Etappen von Gandhis Leben wirklich so folgerichtig aufeinander aufbauten. Alles bewegt sich in seiner

Darstellung auf das Ereignis von Ahmedabad hin. Hätte Gandhi hier einen Misserfolg erlebt, so die implizite Annahme Eriksons, wäre seine gesamte Mission zum Scheitern verurteilt gewesen. Hier, so scheint es, sucht sich der Psychohistoriker Erikson »seine psychodramatische Krise selber aus« (Saini, 2004, S. 349). Man muss fragen, ob der Textilstreit von Ahmedabad wirklich die Schlüsselsituation in Gandhis Karriere darstellte, obwohl er in sonstigen Biographien nur am Rande Erwähnung findet und auch in Richard Attenboroughs bekanntem Gandhi-Film nicht auftaucht. Hatte Gandhi nicht schon vor Ahmedabad in der Kampagne von Champaran Satyagraha auf indischem Boden angewandt? Und erfolgte nicht erst beim landesweiten Hartal im April 1919 der eigentliche Durchbruch zum nationalen Führer?

Auch verwundert es, warum das umfassende Werk nicht gründlicher die allmähliche Konsolidierung der Mahatmaschaft bis hin zu den spektakulären Erfolgen der 1940er Jahre weiter verfolgt. Ähnlich wie im Luther-Buch endet die Studie im mittleren Erwachsenenalter, widmet Erikson der Integritätskrise des alternden Gandhi nur noch einige Seiten. Vielleicht will er das strahlende Ereignis von Ahmedabad nicht zu sehr durch die tragischen Geschehnisse am Ende von Gandhis Leben belasten. Es bleibt festzustellen, dass Erikson gerade in seinen so bewegenden psychohistorischen Werken dem eigenen Anspruch einer möglichst umfassenden psychoanalytischen Biographik nicht ganz gerecht wird.

Nachwort

Dieses Buch hat auf wenigen Seiten Grundpositionen im komplexen Werk Erik Homburger Eriksons herausgestellt, jenes genialen Grenzgängers und Autodidakten, der wie kaum ein anderer psychoanalytisches Gedankengut in das Bewusstsein einer breiteren Öffentlichkeit gehoben hat. Seit Eriksons Tod im Jahr 1994 hat sich der gesellschaftliche Wandel weiter beschleunigt, hat sich seine Prognose, dass Identitätsfragen und Identitätsprobleme in der Moderne mehr und mehr zum »psychischen Gepäck« des Alltagsmenschen zählen, bewahrheitet. Der »flexible Mensch« (Sennett, 2010), die »Patchwork-Identität« (Keupp, 1997), die »Bastelexistenz« (Hitzler & Honer, 1994), das »unternehmerische Selbst« (Bröckling, 2007) – in Zeiten der Globalisierung und digitalen Revolution scheinen gänzlich neue Kommunikationsformen, Lebens- und Beziehungsmuster und neue Persönlichkeitstypen zu entstehen. Noch nie gab es so viele Rechte und Chancen, eigenständig zu wählen, wie, mit wem, wofür man leben will, noch nie prasselten so viele Reize auf das Individuum ein, war das Selbsterleben so vielschichtig, facettenreich und zum Teil gegensätzlich-diffus. Viele junge Menschen scheinen heute in der neuen Zeit angekommen, experimentieren unaufgeregt mit unterschiedlichen Lebensauffassungen und Zukunftsmodellen, nehmen, stets in virtuellen Sphären unterwegs und universal vernetzt, mit der halben Welt Kontakt auf, haben es gelernt, mit Vielfalt, kultureller Heterogenität, innerer und äußerer Widersprüchlichkeit umzugehen.

Auf der anderen Seite hinterlässt der Verlust an Halt gebenden Traditionen und Werten nicht selten ein soziales und existenzielles Vakuum. Im Strudel der medialen Reize und Fake-News, der rasch wechselnden Moden, Konsum- und Sinnsuggestionen einen subjektiven Standpunkt, eine authentische Identität aufrechtzuerhalten, wird zur schwierigen

Herausforderung. Der zunehmende Kult des Ego, der Hang zu Polarisierung, schrillen Urteilen und sprachlicher Verrohung untergräbt Verantwortlichkeit, Gemeinsinn, sozialen Kitt. Und das neoliberale Diktat allumfassender Ökonomisierung scheint weltweit zunehmend ähnliche Persönlichkeitstypen hervorzubringen, die alles dem Zwang zu Effizienz, Produktivität und Leistungssteigerung unterordnen. Die äußerlich diffus erscheinende Identität mit hartem narzisstischem Kern scheint in Zeiten des universalen Marktes zum neuen Anpassungsmuster zu werden und hat in der Gestalt des derzeitigen amerikanischen Präsidenten eine zweifelhafte politische Galionsfigur gefunden. Derweil wächst die Zahl der Menschen, denen es immer schwerer fällt, Ordnung, Zusammenhang und Sinn in ihrem Leben zu finden, die sich dem Druck zu Flexibilität, Beschleunigung und Selbstoptimierung nicht mehr gewachsen fühlen. Das »erschöpfte Selbst« (Ehrenberg, 2004), die »bedrängte Seele« (Conzen, 2017) – mehr und mehr verschwimmen klassische psychiatrische Krankheitsbilder mit Gefühlen von Überforderung, Selbstzweifeln, Scham und Ohnmacht, mehr und mehr geht es in Beratung und Psychotherapie um Stützung und Klärung der verunsicherten Identität.

Immer deutlicher erleben wir gesellschaftliche Trends zu Rückwärtsgewandtheit, Abgrenzung und Vereinfachung, zu »resistenten«, »widerständigen Identitäten« (Castells, 2002). Man sucht wieder Orientierung in traditionellen Werten, Autoritätsverhältnissen und Lebensformen, zieht sich auf das Überschaubare, Heimatliche, Geschlossene zurück. Daraus können sich einfallsreiche Experimente und Visionen ergeben, neue Lebensformen, Mentalitäten, Kunststile, die phantasievoll globale Einflüsse mit lokalen Traditionen verschmelzen. Leicht schlägt indessen die resistente Identität in die fundamentalistische oder nationalistische Verengung um. Der weltweite Zuwachs an Autoritarismus, Populismus, Rassismus und Extremismus, der Aufbau von Mauern und Grenzzäunen, das Aufkündigen internationaler Abmachungen und Verträge zeugt von einer destruktiven Identitätspolitik, die Hand anlegt an mühsam aufgebaute demokratische Lebensformen und Werte. Welche Selbstgerechtigkeit, welcher Hass dadurch mittlerweile auch in westlichen Gesellschaften freigesetzt werden, zeigt sich in den Anfeindungen und Pöbeleien jener sich in den sozialen Medien wechselseitig aufputschenden rechten und linken Gruppen. Und es muss beschämen, dass in Deutschland, dem Heimatland Eriksons, antisemitische Attitüden wieder salonfähig geworden sind.

Manche von Eriksons Beiträgen und Denkanstößen wirken im Unberechenbaren des derzeitigen Weltgeschehens wie ein Vermächtnis. Mehr denn je muss die Psychoanalyse an ihrer grundlegend kulturkritischen Position festhalten und dabei auch an eine Selbstprüfung wissenschaftlichen Geistes appellieren. So sehr manche der »gehetzten« Patienten unserer Tage auf eilige Lösungen drängen – Psychotherapie darf sich nicht auf ein reines »Coachen«, das rasche Symptombeseitigen und Wiederfit-Machen für den Wettbewerb beschränken. Nach wie vor bleibt es Aufgabe der Psychoanalyse, durch gründliche Introspektion, die Bearbeitung innerer Ambivalenzen und Selbsttäuschungen, den Freiheitsspielraum des Ich zu erweitern und gleichzeitig Wert und Würde des Individuums gegen gesellschaftliche Zwänge zu verteidigen – nicht zuletzt gegen das potentiell Krankmachende postmoderner Flexibilitätsanforderungen.

Wir dürfen es nicht zulassen, dass der Mensch in Zeiten des Internets und des globalen Marktes zum Opfer der eigenen Artefakte wird, zum bloßen Rollenbündel, Daten-Aggregat oder Konsumfetischisten. Das »Empowerment«, die Stärkung demokratischen Bewusstseins, individueller Kritik- und Widerstandsfähigkeit, muss mehr denn je zur zentralen Aufgabe von Psychotherapie, Pädagogik, Kulturarbeit und Bildungspolitik werden. Es gilt, die Stimme zu erheben gegen die Auswüchse hemmungslosen Kapitalismus, technologischen Größenwahns und gieriger Ausplünderung der natürlichen Ressourcen, gegen Armut, Ausbeutung und Verelendung, Gewalt und Fanatismus. Letztlich wächst und bewährt sich alle menschliche Identitätsfindung in der generativen Verpflichtung, uns weiterzugeben, Sorge zu tragen – für unsere Kinder und Nachkommen, das Gemeinwohl, letztlich für das Schicksal des ganzen Planeten. Am Ende von »Der junge Mann Luther« hat es Erikson einst auf den Punkt gebracht: »Jede Generation schuldet der nächsten einen verlässlichen Schatz an Grundvertrauen« (1975a, S. 292).

Literatur

Abele, T. (2004), Zur Jugendpsychologie von Erik Homburger Erikson, in: Hofmann, H. & Stiksrud, A. (Hg.), Dem Leben Gestalt geben. Erik H. Erikson aus interdisziplinärer Sicht, Wien, S. 113–126
Adams, E. C. (1977), Das Werk von Erik H. Erikson, in: Eicke, D. (Hg.). Die Psychologie des 20. Jahrhunderts Bd. III, Freud und die Folgen (2), S. 301–347
Adorno, Th. W. (1955), Zum Verhältnis von Soziologie und Psychologie, in: Soziologica. Frankfurter, Beiträge zur Soziologie, Bd. 1, S. 11–45, Frankfurt a. M.
Arenz, B. (1980), Leben und Werk des Psychoanalytikers Erik Homburger Erikson, Dissertation, Universität Mainz
Balint, M. (1966), Urformen der Liebe und die Technik der Psychoanalyse, Bern und Stuttgart
Bohleber, W. (1992), Nationalismus, Fremdenhass und Antisemitismus. Psychoanalytische Überlegungen, in: Psyche – Z Psychoanal 46,2, S. 689–709
Bornkamm, H. (1969), Luther und sein Vater. Bemerkungen zu Erik H. Eriksons »Der junge Mann Luther. Eine psychoanalytische und historische Studie«, in: Zeitschrift für Theologie und Kirchengeschichte 66, S. 38–61
Bresch, K. (2004), Orientexpress Karlsruhe Wien Kopenhagen. Eriksons psychoanalytische Erfahrungen bei Anna Freud, in: Hofmann, H. & Stiksrud, A. (Hg.), Dem Leben Gestalt geben. Erik H. Erikson aus interdisziplinärer Sicht, Wien, S. 47– 58
Bröckling, U. (2007), Das unternehmerische Selbst. Soziologie einer Subjektivierungsform, Frankfurt a. M.Caplan, P. J. (1976), Erikson's Concept of Inner Space: A Data-Based Reevaluation, in: American Journal of Orthopsychiatry Vol 49(1), S. 109–123
Castells, M. (2002), Das Informationszeitalter, Wirtschaft, Gesellschaft, Kultur. Teil 2: Die Macht der Identität, Opladen
Chasseguet-Smirgel, J. (1981), Das Ich-Ideal. Psychoanalytischer Essay über die Krankheit der Idealität, Frankfurt a. M.
Coles, R. (1974): Erik H. Erikson – Leben und Werk, München
Conzen, P. (1996), Erik H. Erikson. Leben und Werk, Stuttgart, Berlin, Köln
Conzen, P. (2000), Urvertrauen, in: Mertens, W., Waldvogel, B. (Hg.), Handbuch psychoanalytischer Grundbegriffe, S. 778–780, Stuttgart

Conzen, P. (2002), Wer sich nicht sorgt, stagniert. Zum 100. Geburtstag von Erik H. Erikson, in: Forum der Psychoanalyse 18, S. 156–175

Conzen, P. (2005), Fanatismus. Psychoanalyse eines unheimlichen Phänomens, Stuttgart

Conzen, P. (2017), Die bedrängte Seele. Identitätsprobleme in Zeiten der Verunsicherung, Stuttgart

Denifle, H. (1904), Luther in rationalistischer und christlicher Beleuchtung, Mainz

Ellwanger, W. (2004), Identität und Entwicklung. Wie hat Erikson Freuds Gedanken weitergeführt? In: Hofmann, H. & Stiksrud, A. (Hg.), Dem Leben Gestalt geben. Erik H. Erikson aus interdisziplinärer Sicht, Wien, S. 27–46

Elrod, N., Heinz, R., Dahmer, H. (1978), Der Wolf im Schafspelz. Erikson, die Ich-Psychologie und das Anpassungsproblem, Frankfurt a. M.

Erikson, E. H. (1955–56), Zu Sigmund Freud: ›The Origins of Psychoanalysis‹, in: Psyche – Z Psychoanal 9, S. 90–116

Erikson, E. H. (1956–57), Das Problem der Identität, in: Psyche – Z Psychoanal 10,1, S. 114–176

Erikson, E. H. (1957a), Trieb und Umwelt in der Kindheit, in: Freud in der Gegenwart. Vorträge an den Universitäten Frankfurt und Heidelberg, Frankfurt a. M.

Erikson, E. H. (1957b), Sigmund Freuds psychoanalytische Krise, in: Freud in der Gegenwart. Vorträge an den Universitäten Frankfurt und Heidelberg, Frankfurt a. M.

Erikson, E. H. (1959–60), Identität und Entwurzelung in unserer Zeit, in: Psyche – Z Psychoanal 13, S. 25–36

Erikson, E. H. (1966a), Einsicht und Verantwortung. Zur Rolle des Ethischen in der Psychoanalyse, Stuttgart

Erikson, E. H. (1966b), Die menschliche Stärke und der Zyklus der Generationen, in: Psyche – Z Psychoanal 20, S. 241–286

Erikson, E. H. (1968), Die Ontogenese der Ritualisierung, in: Psyche – Z Psychoanal 22, S. 481–502

Erikson, E. H. (1973), Auobiographisches zur Identitätskrise, in: Psyche – Z Psychoanal 27,2, S. 793–831

Erikson, E. H. (1975a), Der junge Mann Luther. Eine psychoanalytische und historische Studie, Frankfurt a. M.

Erikson, E. H., (1975b), Dimensionen einer neuen Identität, Frankfurt a. M.

Erikson, E. H. (1978a), Gandhis Wahrheit. Über die Ursprünge der militanten Gewaltlosigkeit, Frankfurt a. M.

Erikson, E. H. (1978b), Kinderspiel und politische Phantasie. Stufen in der Ritualisierung der Realität, Frankfurt a. M.

Erikson, E. H. (1978c), Dr. Borgs Lebenszyklus, in: Provokation und Toleranz. Festschrift für Alexander Mitscherlich zum siebzigsten Geburtstag, Frankfurt a. M.

Erikson, E. H. (1980a), Psychoanalytic Reflections on Einstein's Centenary, in: Einstein and Humanism, New York: Aspen Institute for Humanistic Studies

Erikson, E. H. (1980b), On the Generational Cycle: an Adress, in: International Journal of Psychoanalysis 61, S. 213–222

Erikson, E. H. (1981a), Jugend und Krise. Die Psychodynamik im sozialen Wandel, Berlin und Wien

Erikson, E. H. (1981b), Identität und Lebenszyklus. Drei Aufsätze, 7.Aufl., Frankfurt a. M.

Erikson, E. H. (1981c), The Galilean Sayings and the Sense of ›I‹, in: Yale Review, Spring, S. 321–362

Erikson, E. H. (1982a), Kindheit und Gesellschaft, 8. Aufl., Stuttgart

Erikson, E. H. (1982b), Lebensgeschichte und historischer Augenblick, Frankfurt a. M.

Erikson, E. H. (1983), Interviewpartner, Der Lebenszyklus und die neue Identität der Menschheit, in: Psychologie Heute, 10 (12), S. 28–41

Erikson, E. H., vom Scheidt, J. (Hg.) (1987), Der unbekannte Freud. Neue Interpretationen seiner Träume, Frankfurt a. M.

Erikson, E. H. (1988), Der vollständige Lebenszyklus, Frankfurt a. M.

Erikson, E. H., Erikson, J. M., Kivnick, H. Q. (1986), Vital Involvement in old age, New York

Erikson, K. T. (1978), Die widerspenstigen Puritaner. Zur Soziologie abweichenden Verhaltens, Stuttgart

Erikson Bloland, S. (2007), Im Schatten des Ruhms. Erinnerungen an meinen Vater Erik H. Erikson, Gießen

Evans, R. I. (1967), Dialogue with Erik Erikson, New York, Evanston und London

Frank, H. (1990), Erik Homburger Erikson in Karlsruhe. Kindheit und Jugend, in: Jahrbuch der Kindheit 7, S. 81–89

Freud, A. (1936), Das Ich und die Abwehrmechanismen, Wien

Freud, S. (1905), Drei Abhandlungen zur Sexualtheorie, GW 5, S. 1–119

Freud, S. (1914), Zur Einführung des Narzissmus, GW 10, S. 137–170

Freud, S. (1915a), Triebe und Triebschicksale, GW 10, S. 210–232

Freud, S. (1915b), Das Unbewusste, GW 10, S. 264–303

Freud, S. (1920), Jenseits des Lustprinzips, GW 13, S. 1–69

Freud, S. (1921), Massenpsychologie und Ich-Analyse, GW 13, S. 71–161

Freud, S. (1923), Das Ich und das Es, GW 13, S. 237–289

Freud, S. (1927), Die Zukunft einer Illusion, GW 14, S. 325–380

Freud, S. (1930), Das Unbehagen in der Kultur, GW 14, S. 419–506

Freud, S. (1933), Neue Folge der Vorlesungen zur Einführung in die Psychoanalyse, GW 15

Freud, S. (1941), Ansprache an die Mitglieder des Vereins B'Nai B'Rith, G. W. 17, S. 50–53

Friedman, L. J. (1999), Identity's Architect. A Biographie of Erik H. Erikson, New York

Frey, H. P., Haußer, K. (1987), Entwicklungslinien sozialwissenschaftlicher Identitätsforschung, in: dies. (Hg.), Identität. Entwicklungen psychologischer und soziologischer Forschung, S. 3–26, Stuttgart

Goffman, E. (1967), Stigma – Über Techniken der Bewältigung beschädigter Identität, Frankfurt a. M.
Grunberger, B. (2001), Vom Narzissmus zum Objekt, Gießen
Hartmann, H. (1939), Ich-Psychologie und Anpassungsproblem, in: Internationale Zeitschrift für Psychoanalyse 24, S. 62–135
Haußer, K. (1983), Identitätsentwicklung, München, New York
Hitzler, R., Honer, A. (1994), Bastelexistenz. Über subjektive Konsequenzen der Individualisierung, in: Beck, U. & Beck-Gernsheim, E. (Hg.), Riskante Freiheiten, Individualisierung in modernen Gesellschaften, Frankfurt a. M., S. 307–325
Hofmann, H. (2004), Die letzten Lebensstufen. Eriksons Beitrag zu einer Entwicklungspsychologie des höheren Lebensalters, in: Hofmann, H. & Stiksrud, A. (Hg.), Dem Leben Gestalt geben. Erik H. Erikson aus interdisziplinärer Sicht, Wien, S. 173–193
Hofmann, H., Stiksrud, A. (Hg.) (2004), Dem Leben Gestalt geben. Erik H. Erikson aus interdisziplinärer Sicht, Wien
Jacobson, E. (1973), Das Selbst und die Welt der Objekte, Frankfurt a. M.
Janeway, E. (1971), Man's World Woman's Place, New York
Keniston, K. (1983), Erikson und seine Zeit in Harvard, in: Psychologie Heute 10 (12), S. 31
Kernberg, O. F. (1983), Borderline-Störungen und pathologischer Narzissmus, Frankfurt a. M.
Keupp, H. u. a. (1999), Identitätskonstruktionen. Das Patchwork der Identitäten in der Spätmoderne, Reinbek
Klein, M. (1950), Contributions to Psychoanalysis, 1921–1945, London
Kohut, H. (1973), Narzissmus. Eine Theorie der psychoanalytischen Behandlung narzisstischer Persönlichkeitsstörungen, Frankfurt a. M.
Kohut, H. (1979), Die Heilung des Selbst, Frankfurt a. M.
Krappmann, L. (1978), Soziologische Dimensionen der Identität, 5.Aufl., Stuttgart
Kuld, L. (2004), Rezeption der Psychologie Erik H. Eriksons in der neueren Religionspädagogik, in: Hofmann & Stiksrud (Hg.), Dem Leben Gestalt geben. Erik H. Erikson aus interdisziplinärer Sicht, Wien, S. 269–277
Lichtenstein, H. (1961), Identity and Sexuality, in: Journal of the American Psychoanalytic Association, S.171–261
Linn, M., D, Linn, S. (1991), Glaube, der heilt in den acht Lebensstadien, Graz, Wien und Köln
Loch, W. (1972), Rezension zu »Gandhis Wahrheit«, in: Psyche – Z Psychoanal 26,1, S. 79–80
Mahler, M. S., Pine, F., Bergmann, A. (1978), Die psychologische Geburt des Menschen. Symbiose und Individuation, Frankfurt a. M.
Marsal, E. (2004), Identität und Selbst bei Erik H. Erikson. Eine psychologisch-philosophische Studie, in: Hofmann, H. & Stiksrud, A. (Hg.), Dem Leben Gestalt geben. Erik H. Erikson aus interdisziplinärer Sicht, Wien, S.79–93
Mead, G. H. (1963), Mind, Self and Society, Chicago und London

Mitscherlich, A. (1977), Die Unfähigkeit zu trauern. Grundlagen kollektiven Verhaltens, München, Zürich

Müller, P. (2004), Erik H. Erikson: »Der junge Mann Luther« – wiedergelesen, in: Hofmann, H. & Stiksrud, A. (Hg.), Dem Leben Gestalt geben. Erik H. Erikson aus interdisziplinärer Sicht, Wien, S. 309–335

Nadig, R. (1985), Urvertrauen und Identität bei Erik H. Erikson, in: Psychologische Menschenkenntnis 21,1, S. 3–14

Neidhart, W. (1972), Der junge Mann Luther. Eine Buchbesprechung, in: Zeitschrift für praktische Theologie und Religionspädagogik 4, S. 325–332

Neubaur, C. (1981), Der entstörte Störer. Kritische Reaktionen auf Erik H. Erikson und die Ich-Psychologie, in: Merkur 35,3, S. 315–321

Obermann, H. A. (1986), Luther. Mensch zwischen Gott und Teufel (17. Aufl.), München

Oerter, R., Montada, L. (Hg.) (1982), Entwicklungspsychologie, München

Parin, P. (1980), Rezension zu ›Lebensgeschichte und historischer Augenblick‹, in: Psyche – Z Psychoanal 34,2, S. 652–656

Piers, M. (1982), Die Entwicklung des Menschen nach Eriksons Phasenlehre, München

Reiter, P. J. (1937), Martin Luthers Umwelt, Charakter und Psychose, Kopenhagen

Richter, H. E. (1976), Flüchten oder Standhalten, Reinbek

Riemann, F. (1961), Grundformen der Angst und die Antinomien des Lebens. Eine tiefenpsychologische Studie über die Ängste des Menschen und ihre Überwindung, München

Roazen, P. (1997), Erik H. Erikson. The Power and Limits of a Vision, Northvale, NJ

Rohde-Dachser, C. (1979), Das Borderline-Syndrom, Bern

Rosenkötter, L. (1975), Rezension zu Coles: Erik H. Erikson – Leben und Werk, in: Psyche – Z Psychoanal 29,1, S. 470–473

Rutschky, K. (1994), Pionier des Urvertrauens. Zum Tode des Psychoanalytikers Erik Erikson, in: FAZ 14.6.94

Saini, T, (2004), »Gandhis Wahrheit« wiedergelesen von einem Erikson-Fan, in: Hofmann, H. & Stiksrud, A. (Hg.), Dem Leben Gestalt geben. Erik H. Erikson aus interdisziplinärer Sicht, Wien, S. 337–350

Scharfenberg, J. (1985), Luther in psychohistorischer Sicht, in: Wege zum Menschen 37 (1), S. 15–27

Scheel, O. (1917), Luther. Vom Katholizismus zur Reformation, Tübingen

Schneider-Flume, G. (1985), Die Identität des Sünders. Eine Auseinandersetzung theologischer Anthropologie mit dem Konzept der psychosozialen Identität Erik H. Eriksons, Göttingen

Sennett, R. (2010), Der flexible Mensch. Die Kultur des neuen Kapitalismus, 8. Aufl., Berlin

Smith, P. (1913), Luthers Early Development in the Light of Psychoanalysis, in: American Journal of Psychology XXIV

Stierlin, H. (1975), Eltern und Kinder im Prozess der Ablösung, Frankfurt a. M.
Wächter, J.-D. (2004), Identität als Bildungsideal? In: Hofmann, H. & Stiksrud, A. (Hg.), Dem Leben Gestalt geben. Erik H. Erikson aus interdisziplinärer Sicht, Wien, S. 253–267
Wartenberg, G. (1991), Eriksons Autobiographie als Spiegel seiner Auseinandersetzung mit Ich-Identität, in: Jahrbuch für psychoanalytische Pädagogik 3, S. 178–187
Zelfel, A. (2004), Erikson – ein Antifeminist? Annäherung an die Frage einer weiblichen Identität, in: Hofmann, H. & Stiksrud, A. (Hg.), Dem Leben Gestalt geben. Erik H. Erikson aus interdisziplinärer, Sicht, Wien, S. 95–110

Personen- und Sachregister

A

Abraham, K.   113
Abrahamsen, K.   14
Abwehrmechanismen   36, 127, 137, 158
Adler, A.   22
Adoleszenter   145, 149
Adoleszenz   19, 43, 97, 149, 168, 170, 188
Adorno, Th.   42
Aggression   99, 127, 182
aggressiv   39, 117, 140
Aggressivität   142
Agieren   171
Aichhorn, A.   16, 90
Aktualität   49, 69
Ambivalenz   60
anal   79
anale Phase   66

B

Balint, M.   101, 156, 171
Biebring. E.   16
bisexuell   201
Blos, P.   15
Bohleber, W.   67
Borderline-Patienten   74
Borderline-Syndrom   172

C

Chasseguet-Smirgel, J.   156

D

Deckerinnerung   210
Delegation   97
Depression   29, 77
depressiv   93, 160, 181
Destruktivität   57, 215
Deutsch, H.   16

E

epigenetisch   72, 110, 203, 207
Erikson Bloland, S.   14 f., 18
Es   22, 28, 134
Evolution   47, 107
evolutionär   56
Exhibitionismus   84

F

Fanatiker   66
fanatisch   151
Fanatismus   153
Federn, P.   16, 26
Fenichel, O.   116
Fixierung   114
Freud, A.   16 f., 21, 28, 71, 90, 113

Freud, S. 16, 21, 33, 41, 46, 62, 70, 83, 87, 115, 137, 144, 194, 198
Friedman, L. 14

G

Gandhi 20, 34, 174
generativ 52, 55, 104, 122, 175, 194
Generativität 52, 102, 108, 215
genetisch 37
genital 121, 210
Genitalität 100
Geschlechtsidentität 121
Größen-Selbst 68
Gruppenidentität 32, 125, 128

H

Hartmann, H. 12, 16, 21, 28, 49, 51, 71
Hass 53, 139, 224
Hitler, A. 68, 176
Homburger, Th. 14 f.
Hysteriker 163
hysterisch 34, 63

I

Ich 22, 26, 47, 81, 134, 141, 147, 160, 165, 191, 202
Ich-Entwicklung 118
Ich-Funktionen 28, 51, 118
Ich-Ideal 36, 180
Ich-Identität 26
Ich-Psychologie 23
Ich-Stärke 32, 99
Ich-Stärkung 198
Identität 44, 91, 107, 120, 153, 155, 175, 195, 204, 206
- berufliche 96
- existentielle 25
- gesamtmenschliche 71
- geschlechtliche 93
- negative 35, 57, 132, 170

- persönliche 25
- psychosoziale 33
Identitätsbildung 42, 146
Identitätsdiffusion 93, 187, 197
Identitätsfindung 33, 40
Identitätsgefühl 26, 50, 76, 133, 171, 202
Identitätskrise 13, 39, 97, 164, 177, 209
Identitätspsychologie 18, 24
Identitäts-Vacuum 192
Identitätsverwirrung 19, 47, 95, 150, 164, 167, 173, 178
Ideologie 57, 83, 145, 148, 152
ideologisch 145, 184, 192
Instinkt 64
instinktiv 60
Integrität 106, 111, 186, 201
Intimität 44, 96, 98, 111, 215
Introjekt 34, 145
Introjektion 38
Introspektion 195, 198

J

Jacobson, E. 21, 116, 158

K

Kastrationskomplex 86
Kernberg, O. 21, 77 f., 100, 116, 158, 172
Klein, M. 21, 66, 78
Kohut, H. 21, 27, 78, 95, 108, 158
Kris, E. 16

L

Latenzphase 89, 92
Latenzzeit 189
Lebenszyklus 37, 50, 109, 202, 214
Libido 103
Lorenz, K. 55
Luther 19, 174

M

Mahler, M. 21, 78, 158
Masochismus 155
masochistisch 123
Massenpsychologie 48, 193
Massenpsychose 65
Melancholie 76
Metapsychologie 23
Minderwertigkeitsgefühl 91
Modalität 73, 116, 125
Modus 73, 116, 125, 161
Moratorium 211
– psychosoziales 93

N

Narzissmus 49, 105
– der kleinen Differenzen 60
– gesunder 27
narzisstisch 41, 44, 75, 82, 142, 147, 168
Neurose 47
neurotisch 91, 203

O

Objektbeziehung 73
Objektrepräsentanzen 30
Objektwahl 96
ödipal 149, 211
ödipale Phase 90
Ödipuskomplex 86, 195, 197
oral 128, 169
orale Phase 38, 67, 72, 119, 154
ozeanisches Gefühl 62

P

Paranoia 65
paranoid 160
paranoid-schizoid 147
paranoid-schizoide Position 66
Parentifizierung 207

Parin, P. 70, 130
Perversion 114
phallisch 181, 208
phobisch 130
Piaget, J. 110, 144
prägenital 119
Projektion 53, 133, 135, 138, 155
Pseudo-Speziation 56, 58
Pseudo-Spezies 55, 60
Psychodynamik 36
psychodynamisch 141, 170
Psychohistorie 174
Psychohistoriker 227
psychohistorisch 178, 195, 227
psychopathologisch 197
Psychose 25, 29, 165, 194
psychotisch 139, 188

R

Rapaport, D. 12
Realitätsprinzip 61
Regression 155
regressiv 124
Reik, T. 101
Ritual 60, 80, 205, 224
Ritualisierung 61
Ritualismus 62
Rohde-Dachser, C. 77

S

Sadismus 215, 226
sadistisch 63
Scham 81, 130
Scham-Wut 135
schizoid 94, 138, 161
Schizophrenie 165
Schuldgefühl 74, 127, 180, 205, 224
Selbst 28, 105, 161, 201
– erweitertes 31
– wahres 31
Selbstbild 58
Selbstrepräsentanzen 39
Serson, J. 17

Sexualität 24, 39, 112, 172, 183, 210
sexuell 85, 128, 187, 203, 226
Spitz, R. 21, 78, 116, 158
Stierlin, H. 104
Sublimierung 89

T

Tiefenpsychologie 132
totalitär 150
Totalitarismus 68
Traum 136
Trauma 123
Trieb 47, 113, 225
Triebobjekt 168
Tugend 52, 76, 103

U

Über-Ich 22, 28, 54, 81, 87, 134, 145, 147, 182, 187, 191, 209
Übertragung 133

unbewusst 27, 59, 180, 211
Unbewusstes 18, 46, 136, 139, 174
Urmisstrauen 67, 77, 153
Urvertrauen 38, 73, 80, 111, 126, 153, 156, 183, 189

V

Verdrängung 36, 133
Voyeurismus 84

W

wechselseitige Regulation 51, 53, 73, 101
Winnicott, D. W. 21, 156
Wut 52, 125, 224

Z

zwanghaft 86, 103, 117, 188
Zwangsneurotiker 130